Klaus D. Niemann

Von der Unternehmens-
architektur zur IT-Governance

Edition CIO

Herausgegeben von Andreas Schmitz und Horst Ellermann

Der Schlüssel zum wirtschaftlichen Erfolg von Unternehmen liegt heute mehr denn je im sinnvollen Einsatz von Informationstechnologie. Nicht ob, sondern WIE die Informationstechnik der Motor für wirtschaftlichen Erfolg sein wird, ist das Thema der Buchreihe. Dabei geht es nicht nur um Strategien für den IT-Bereich, sondern auch deren Umsetzung – um Architekturen, Projekte, Controlling, Prozesse, Aufwand und Ertrag.

Die Reihe wendet sich an alle Entscheider in Sachen Informationsverarbeitung, IT-Manager, Chief Information Officer – kurz: an alle IT-Verantwortliche bis hinauf in die Chefetagen.

Konsequente Ausrichtung an der Zielgruppe, hohe Qualität und dadurch ein großer Nutzen kennzeichnen die Buchreihe. Sie wird herausgegeben von der Redaktion der IT-Wirtschaftszeitschrift CIO, die in Deutschland seit Oktober 2001 am Markt ist und in den USA bereits seit 18 Jahren erscheint.

Bereits erschienen:

Netzarchitektur – Entscheidungshilfe für Ihre Investition
Von Thomas Spitz

Management von IT-Architekturen
Von Gernot Dern

Kommunikationssysteme mit Strategie
Von Peter Fidrich

Chefsache IT-Kosten
Von Theo Saleck

Chefsache Open Source
Von Theo Saleck

Outsourcing realisieren
Von Marcus Hodel, Alexander Berger und Peter Risi

Optimiertes IT-Management mit ITIL
Von Frank Victor und Holger Günther

Von der Unternehmensarchitektur zur IT-Governance
Von Klaus D. Niemann

Weitere Titel sind in Vorbereitung.

www.vieweg.de

Klaus D. Niemann

Von der Unternehmens-architektur
zur IT-Governance

Bausteine für ein wirksames IT-Management

Mit 50 Abbildungen

Springer Fachmedien
Wiesbaden GmbH

Bibliografische Information Der Deutschen Nationalbibliothek
Die Deutsche Nationalbibliothek verzeichnet diese Publikation in der
Deutschen Nationalbibliografie; detaillierte bibliografische Daten sind im Internet über
<http://dnb.d-nb.de> abrufbar.

Die Wiedergabe von Gebrauchsnamen, Handelsnamen, Warenbezeichnungen usw. in diesem Werk berechtigt auch ohne besondere Kennzeichnung nicht zu der Annahme, dass solche Namen im Sinne von Warenzeichen- und Markenschutz-Gesetzgebung als frei zu betrachten wären und daher von jedermann benutzt werden dürfen.

Höchste inhaltliche und technische Qualität unserer Produkte ist unser Ziel. Bei der Produktion und Auslieferung unserer Bücher wollen wir die Umwelt schonen: Dieses Buch ist auf säurefreiem und chlorfrei gebleichtem Papier gedruckt. Die Einschweißfolie besteht aus Polyäthylen und damit aus organischen Grundstoffen, die weder bei der Herstellung noch bei der Verbrennung Schadstoffe freisetzen.

1. Auflage Oktober 2005

Alle Rechte vorbehalten
© Springer Fachmedien Wiesbaden 2005
Ursprünglich erschienen bei Friedr. Vieweg & Sohn Verlag | GWV Fachverlage GmbH, Wiesbaden 2005
Lektorat: Dr. Reinald Klockenbusch / Andrea Broßler

Konzeption und Layout des Umschlags: Ulrike Weigel, www.CorporateDesignGroup.de
Umschlagbild: Nina Faber de.sign, Wiesbaden

ISBN 978-3-528-05856-2   ISBN 978-3-8348-9066-5 (eBook)
DOI 10.1007/978-3-8348-9066-5

Vorwort

Dieses Buch wendet sich an IT-Entscheider, die vor der Aufgabe stehen, Innovationspotenziale der IT trotz schrumpfender Budgets zu erhalten und sogar neu zu erschaffen. Es befasst sich mit dem Thema, IT-Governanceprozesse aufzusetzen, die ein „Durchsteuern" vom strategischen Plan bis hin zur operativen Umsetzung gewährleisten. Diese Steuerungsaufgabe verlangt nach Orientierung und umfassender Transparenz, nach einem Management-Informationssystem für den CIO.

Eine Unternehmensarchitektur liefert hier klare Antworten, deckt auf, woran es mangelt, zeigt die Wechselwirkungen und Abhängigkeiten von Geschäft, Anwendungen und Infrastruktur. Sie liefert die Grundlage für Analysen, die uns Steuerungsinformationen geben und IT-Governance mit Überblick erlauben.

Das Modewort IT-Governance kommt da nicht von ungefähr. Man ahnt, man erkennt, dass da etwas im Argen liegt. Man weiß, dass man etwas tun muss, um die IT zu bewegen, wenn man nicht zur oft zitierten magischen Orange, werden will, die n-mal ausgepresst noch immer Saft liefert[1]. Steuerung, ja Beherrschung ist da doch eine schöne Antwort. Aber wohin steuern wir? Kennen wir die Punkte, an denen das Getriebe zu schmieren ist, wissen wir, wo der Rost sitzt?

Ungezählte Beispiele technologischer Spielereien, heterogener Infrastrukturlandschaften, nicht ausgelasteter Server, redundanter Hardware, überflüssiger Entwicklungswerkzeuge bevölkern die Erfahrungsberichte aus dem IT-Dschungel. Mein Pepitum: **Erst optimieren, dann synchronisieren.** Die ungeschmierte, langsame, angerostete IT-Maschine kann nicht mit dem Business Schritt halten. Die Taktraten sind zu unterschiedlich. Da wird es nichts mit dem Alignment, da scheitert jede Synchronisation.

Eine Unternehmensarchitektur bringt Licht ins Dunkel und schafft Transparenz. Es hilft nichts – wenn wir aus dem Teufelskreis der „magischen Orange" ausbrechen wollen, wenn wir „Bu-

---

[1] Stephen Norman, CIO von Merril Lynch, nutzte dieses Bild auf dem MIT CIO Summit am 22.5.2003, um die Situation vieler IT-Bereiche zu charakterisieren, die Jahr für Jahr immer wieder mit neuen Einsparungsvorgaben konfrontiert werden.

siness Alignment" anstreben, wenn wir den Wert der IT für das Geschäft demonstrieren und den „asset value" steigern wollen, dann müssen wir uns die notwendige Transparenz verschaffen. Dann wird es Zeit, Analyseinstrumente bereitzustellen und Licht in die IT zu bringen. Denn im Dunkeln steuert es sich schwer!

Dieses Buch hält eine Botschaft bereit für alle, die vor diesen Herausforderungen stehen. Diese Botschaft wird wohl am besten durch ein afrikanisches Sprichwort ausgedrückt, das Thomas L. Friedman in seinem Besteller „The World Is Flat" zitiert (FRI2005):

> Every morning in Africa, a gazelle wakes up.
> It knows it must run faster than the fastest lion or it will be killed.
> Every morning a lion wakes up.
> It knows it must outrun the slowest gazelle or it will starve to death.
> It doesn't matter whether you are a lion or a gazelle.
> When the sun comes up, you better start running.

Wenn Optimierung und Steuerung der IT Ihre Aufgabe ist, dann soll Ihnen dieses Buch dabei helfen, den bestmöglichen Start für diesen Lauf zu finden. Es soll Ihnen helfen, ein Informations- und Steuerungssystem für Ihre IT aufzubauen, das Transparenz schafft und Sie dabei unterstützt, den aktuellen Anforderungen an die IT zu begegnen.

Dieses Buch soll Ihnen als Basis zur Orientierung und Entscheidungsfindung dienen. Es soll Ihnen ein hilfreiches **Managementhandbuch für den Aufbau einer Unternehmensarchitektur und eines Architekturmanagements** sein. Dazu werden in Kurzform die Essentials zum Thema Unternehmensarchitektur dargestellt. Was ist es? Wie sieht es aus? Was bringt es? Was kostet es? Das geschieht mit dem Verständnis, dass IT-Architekturen zunächst einmal zweckmäßig und stabil zu sein haben. Zweckmäßig heißt, die richtigen Dinge richtig zu tun. Stabilität heißt Sicherheit.

Lassen Sie sich steuern, werden Sie zur „magic orange" oder steuern Sie lieber selbst? Wenn Sie das Steuer lieber selbst in die Hand nehmen, dann gibt Ihnen dieses Buch einen Überblick zu den verfügbaren Navigationsinstrumenten. Auch für die Anhänger der „magic orange" gibt es etwas zu lesen: Eine Unternehmensarchitektur wird Ihnen helfen, den letzten Tropfen Saft zu finden, zu konsolidieren, zu homogenisieren, Effizienz zu steigern und Kostentreiber zu analysieren.

An der Entstehung dieses Buches haben viele Menschen mitgewirkt. Danken möchte ich den Teilnehmern unserer „architecture management days"[2] hier in Deutschland und meinen Kollegen international im „Architecture Forum" der OpenGroup für viele anregende Erfahrungsberichte und Diskussionen, ohne die so mancher Gedanke nie entstanden wäre. Dieses Buch wäre nie entstanden ohne die Geduld und Kompromissbereitschaft meiner Familie.

Braunschweig, im September 2005

Klaus D. Niemann

---

[2] Näheres zu dieser Veranstaltungsreihe finden Sie auf der Website zu diesem Buch www.unternehmensarchitektur.de

Inhaltsverzeichnis

1 Einführung: Wenn alles einfach funktioniert

Ein bekannter Werbespot aus der Automobilindustrie verwendet den Slogan: „Isn't it nice, when things just work?". Ist es nicht schön, wenn die Dinge einfach funktionieren? Gilt das nicht auch für die IT-Unterstützung Ihrer Geschäftsprozesse, für die Ausrichtung Ihrer Investitionen in IT-Infrastruktur und Anwendungsentwicklung auf die Unternehmensziele und -strategien? Ist es nicht schön, wenn die IT genau das tut, was sie soll? Und das kostengünstig, reibungslos, einfach elegant! Schöne neue Welt - aber wer von Ihnen glaubt mir, wenn ich behaupte, dass genau das es ist, wozu dieses rätselhafte Wesen, der IT-Architekt, mit seiner Unternehmensarchitektur da ist? Einfach nur dafür sorgen, dass die Dinge funktionieren, so wie sie es sollen. So wie Sie, die Auftraggeber, die Anwender, die Kunden, die Benutzer es wollen. Moment, da höre ich schon die Stimmen aus dem Hintergrund: Wenn die doch mal sagen würden, was sie wollen, wenn sie sich klar ausdrücken würden, wenn sie nicht alle naslang ihre Meinung ändern würden.

Nun, genau deshalb ist dieser Job nicht trivial: Genau dann, wenn wir die Dinge zum Funktionieren bringen, zum Wohle des Ganzen, trotz fehlender Exaktheit der Vorgaben, trotz "moving targets", sind wir erfolgreich! Was Erfolg ist, das bestimmt der Kunde, nicht der Architekt. „Success is defined by the beholder, not the architect" (MRE2002) – diesen Satz wünsche ich mir zusammen mit dem Einführungszitat aus dem Werbespot in großen Lettern in jedem IT-Architekturbüro. Der IT-Architekt ist Mittler zwischen Kundenwunsch und dem technisch und ökonomisch sinnvoll Machbaren! Genau an dieser Stelle unterstützt er den Projektleiter, wägt ab zwischen Kundenwunsch, Komplexität der technischen Umsetzung und den daraus resultierenden Kosten für Entwicklung und Betrieb.

Dieses Buch wendet sich an IT-Entscheider, CIOs, die vor der Frage stehen, wie sie in Zeiten schrumpfender IT-Budgets dennoch Innovationspotenziale erhalten und sogar neu schaffen können. Es widmet sich der Aufgabe, Governanceprozesse aufzusetzen, die ein „Durchsteuern" vom strategischen Plan bis hin zur operativen Umsetzung gewährleisten. Es will eine Basis zur

Orientierung und Entscheidungsfindung liefern, Management-handbuch für den Aufbau einer Unternehmensarchitektur und eines Architekturmanagements sein. Es will aufzeigen, wie IT-Governanceprozesse durch eine Unternehmensarchitektur unterstützt werden, die Transparenz zur Entscheidungsfindung und Orientierung für die Steuerungsaufgabe schafft.

Es besteht kein wissenschaftlicher Anspruch, kein Anspruch, ein Methodenhandbuch zu schreiben. Zur Abdeckung dieses Detaillierungsgrades, zur operativen Umsetzung gibt es ein Architekturmanagement-Framework, zu dem Sie auf der Website zum Buch mehr erfahren können[3]. Das Ziel war es eher, ein „Lesebuch" zum Thema Unternehmensarchitektur, angereichert mit Zitaten, Erfahrungen, „best practices" für die Entwicklung von Unternehmensarchitekturen und Übersichten zum Vorgehen zu schaffen. Unternehmensarchitekturen und das dazu gehörige Architekturmanagement bergen aus meiner Überzeugung große Potenziale, die heute noch vielfach brach liegen.

1.1   Übersicht: Das Wesentliche in Kurzform

Über die gesamte Entwicklungszeit dieses Buches verfolgt mich bereits das Zitat von Charlotte von Stein in einem Brief an Johann Wolfgang von Goethe: "Lieber Freund, entschuldige meinen langen Brief, für einen kurzen hatte ich keine Zeit." Immer wieder war die Versuchung groß, die Details aufzuklappen, in die Innereien der Architekturmanagementprozesse einzusteigen. Und immer wieder waren Konzentration auf das Wesentliche und Lesbarkeit gefragt.

Und jetzt kommt der Versuch, das Ganze noch einmal einzudampfen, ein „summary" für den ganz eiligen Leser zu erstellen. Diese Kurzfassung und die anschließenden Hinweise zum Buch sollen auch den Gebrauch als Handbuch erleichtern: schnelle Orientierung zum gesuchten Thema und Verweis auf die vertiefenden Kapitel.

Der rote Faden und die Kernaussagen in Kürze:

---

[3] www.unternehmensarchitektur.de

Kapitel 2

- Eine Unternehmensarchitektur ist eine strukturierte und aufeinander abgestimmte Sammlung von Plänen für die Gestaltung der IT-Landschaft eines Unternehmens, die in verschiedenen Detaillierungen und Sichten, ausgerichtet auf spezielle Interessengruppen, unterschiedliche Aspekte von IT-Systemen und deren Einbettung in das Geschäft in vergangenen, aktuellen und zukünftigen Ausprägungen darstellen.

- Unternehmensarchitektur bringt Positionsbestimmung.

- Architekturmanagement plant, organisiert, kontrolliert und steuert die Entwicklung der Unternehmensarchitektur:

- Der vom Kunden definierte Zweck des Systems muss im Mittelpunkt des Architekturmanagements stehen.

- Die Unternehmensarchitektur ist das Management-Informationssystem des CIO, bringt Licht ins Dunkel und liefert Steuerungsinformationen.

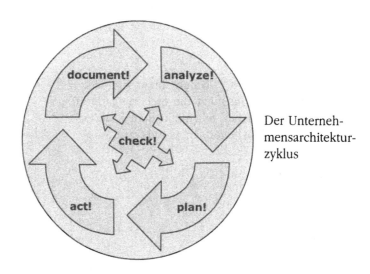

Der Unternehmensarchitektur-zyklus

Anforderungs- und Portfoliomanagement, Unternehmensarchitekturmanagement, Programm- und Servicemanagement bilden unter dem Dach von IT-Strategie und IT-Governance das IT-Management-Framework.

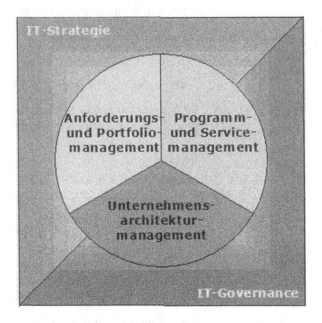

Ziele

Kapitel 3

Eine Unternehmensarchitektur schafft Transparenz: Informationen als Entscheidungs- und Steuerungsgrundlage. IT-Governance mit Überblick.

Eine Unternehmensarchitektur unterstützt die Steuerung der IT dabei, mit minimalem Risiko die richtigen Dinge richtig zu tun.

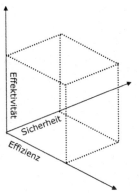

IT-Governance steuert,

Unternehmensarchitektur informiert.

- Mehr als 50% aller IST-Analysen von Anwendungslandschaften decken Redundanzen, Lücken oder Brüche auf.

- Jede (überflüssige) Entwicklungslinie kostet Sie p.a. mindestens 2 Mitarbeiterkapazitäten zuzüglich Lizenz-, Update-
  und Ausbildungskosten.

- Eine Konsolidierung der Infrastrukturlandschaft bringt 10 -
  20% Einsparung.

- Sicherstellen, dass wir nicht mit einer auf Effizienz getrimmten Maschine mit voller Kraft in die falsche Richtung
  fahren.

- Portfoliomanagement und Architekturmanagement sind
  komplementär.

- Das „Housekeeping" ist unter dem Strich sogar wichtiger
  als Portfolio-Planung der Neuprojekte: Nur 20 % der Kosten über den Lebenszyklus einer IT-Anwendung sind initiale Entwicklungskosten – die anderen 80% sind Integrati-
  ons- und Betriebskosten.

- Eine Unternehmensarchitektur schafft Transparenz hinsichtlich potenzieller Risiken.

- Ein Architekturmanagement birgt in seinen Prozessen Mechanismen des Risikomanagements.

Kapitel 4

Die Kernfragen, die von einer Unternehmensarchitektur zu beantworten sind:

- Was wird durch IT-Systeme unterstützt?

- Wie wird diese Unterstützung realisiert?

- Womit wird diese Unterstützung realisiert?

- Welche Kosten entstehen? Welcher Nutzen? Welche Lücken gibt es? Welche Brüche und welche Redundanzen?

- Weshalb, zu welchem Zweck werden IT-Systeme eingesetzt? Welcher Business Case steht dahinter? Welche Anforderungen liegen dem System zu Grunde?

Strukturierte Dokumentation der Unternehmensarchitektur ist Grundlage für „compliance"-Prüfungen. Eine „Landkarte" beschreibt die Zusammenhänge zwischen Geschäft, Anwendungen und Infrastruktur.

Für spezifische Interessengruppen werden jeweils adäquate Sichten auf die Unternehmensarchitektur bereit gestellt.

Einsatzszenarien und Referenzarchitekturen sind die wirkungsvollsten Instrumentarien, wenn es um Konvergenz von Architekturen und Homogenisierung geht.

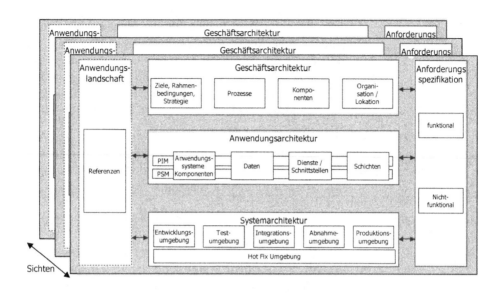

Der Wert einer Unternehmensarchitektur erschließt sich insbesondere in ihrer Nutzung als Navigationssystem für den IT-
Governance-Prozess. Geben Sie sich nicht mit Übersichtsdarstellungen und Landkarten Ihrer Anwendungs- und Infrastrukturlandschaft zufrieden. Sorgen Sie dafür, dass die wertvollen
Informationen in Ihrer Unternehmensarchitektur auch aktiv für
Analysen und darauf basierende Planungsprozesse genutzt
werden.

Analyse

Kapitel 5

Analyse der Anwendungslandschaft hinsichtlich:

- Schnittstellen
- Heterogenität
- Komplexität
- Konformität

- Abhängigkeit
- Abdeckung
- Kosten
- Nutzen

Heterogene Infrastruktur ist in der Regel eine Folge heterogener Anwendungslandschaft – dort muss mit der Konsolidierung begonnen werden. Verhindern wir effizientes Arbeiten
auf der falschen Baustelle!

Goldene Regel zu Werkzeugen für das Management von Unternehmensarchitekturen und zu Tools für Compliance-Prüfungen: Sie müssen in der Lage sein, schnell Antworten auf heute drängende Fragen zu liefern, aber gleichzeitig die Flexibilität besitzen, auf neue, heue noch unbekannte Fragestellungen angewandt zu werden.

Planung

Kapitel 6

Bebauungsplanung ist das fachlich getriebene Vorgehen zur Entwicklung der Soll-Struktur einer Anwendungslandschaft bestehend aus den Bereichen Geschäfts-, Anwendungs- und Systemarchitektur:

- zugesicherte Aktualität der Unternehmensarchitektur-Inhalte („as is model)" sicherstellen,

- Szenarien aus einem IST-Zustand der Unternehmensarchitektur ableiten und fortentwickeln („what-if analysis").

- Szenarien versionieren,

- favorisiertes Szenario zum Soll-Zustand („to be model") weiterentwickeln.

- im Gültigkeitszeitraum unterschiedliche Modelle historisieren.

To Be Model:

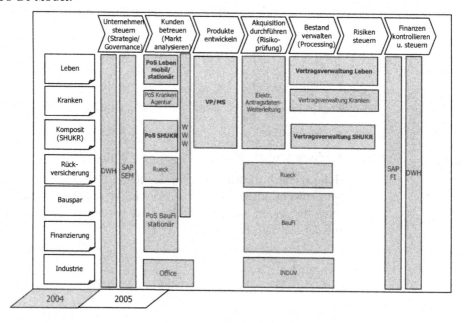

Umsetzung

Kapitel 7

Eine der bedeutendsten Herausforderungen für den Aufbau eines funktionsfähigen Architekturmanagements liegt in der Überwindung der Kluft zwischen strategischer Planung und operativer Umsetzung:

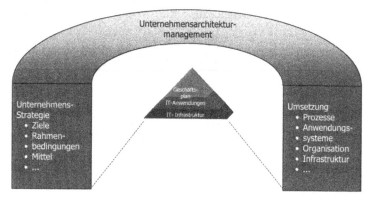

Fachliche Anforderungen werden im Anforderungsmanagement erhoben und strukturiert. Das Architekturmanagement zeichnet verantwortlich für das „Housekeeping". Ergebnisse des Anforderungs- und des Architekturmanagements fließen unter dem Dach der IT-Strategie in das Portfoliomanagement ein, dessen Ergebnisse wiederum in die Bebauungsplanung münden.

Programm- und Servicemanagement sind für die Umsetzung in Projekten, Programmen und Linie verantwortlich. Die Transformation von Geschäfts- und IT-Strategie in operative Wirklichkeit wird durch den Governanceprozess gesteuert.

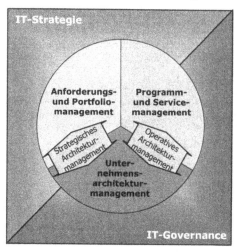

Die Prozesse des strategischen und operativen Architekturmanagements müssen verbindlich eingeführt werden. Vermeiden Sie lange Diskussionen. Über nichts wird im IT-Bereich so gerne und lange diskutiert, wie über Architekturen!

Organisation des Architekturmanagements

- zentral
- diversifiziert

- dezentral
- verteilt

Entwicklung und Pflege einer Unternehmensarchitektur als Navigationsinstrument der IT-Governance erfordert ca. 0,7 – 1% der IT-Personalkapazität.

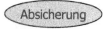

Absicherung

Kapitel 8

Durch Prozesse, Gremien und Messverfahren:

☞ Verbindlichkeit

☞ Abstimmung und Beteiligung

Kritische Erfolgsfaktoren für die Prozessdefinition:

☞ Ergebnisorientierung

☞ Marketing

☞ Unterstützung

☞ Agilität

☞ Messbarkeit

Gremien:

☞ Governance-Board

☞ Architektur-Board

☞ Sounding-Board

Messverfahren:

☞ COBIT®

☞ Architekturmanagement-Scorecard

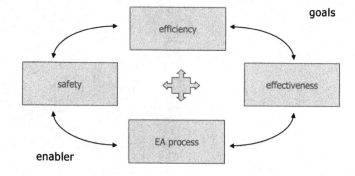

1.2   Orientierung: Hinweise für den Leser

Die in diesem Buch verwendeten Beispiele entstammen überwiegend dem Banken- und Versicherungsbereich, lassen sich aber leicht auf andere Branchen übertragen. Das Thema Unternehmensarchitektur ist für jedes Unternehmen relevant.

Die Modelle in diesem Buch werden für den fortgeschrittenen Leser keine Überraschung bieten. Im Gegenteil, vielleicht wird mancher Details vermissen, Sonderfälle anführen, Detail-reichere Ausarbeitung der operativen Umsetzung anmahnen. Ich konzentriere mich in diesem Buch darauf, den großen Bogen zu schlagen, den Überblick zu schaffen, um dem Leser die Chance zu geben, ausgehend von der eigenen Situation die Expedition zu planen. Ich werde hier die Sehenswürdigkeiten benennen, einige Bilder zeigen, auf schlechte Wegbedingungen aufmerksam machen. Aber es ist nicht mein Ziel, einen detaillierten Routenplan inkl. aller GPS-Koordinaten auszuarbeiten, ein Kochbuch mit allen Zutaten finden Sie in diesem Buch nicht. Den detaillierten Plan werden wir nur situativ entwickeln. Wie T. Gilb (GIL1988) uns rät: Ziele sollte man stets so wählen, dass sie auch erreichbar bleiben.

Aus diesem Grund wurde bei dem Aufbau der in diesem Buch verwendeten Modelle nach dem KISS-Grundsatz ("keep it simple and smart") verfahren. Detailinformationen finden Sie in den zahlreichen Quellen, die ich angegeben habe, und auf der Website zum Buch[4], über die Sie auch Kontakt aufnehmen und Feedback geben können.

Kapitel 2: Einarbeiten

Kapitel 2 dieses Buches legt Grundlagen, definiert Begriffe und stellt Zusammenhänge her. Es ist zur Einarbeitung und Heranführung an das Thema gedacht.

Kapitel 3: Ziel und Zweck definieren

In Kapitel 3 werden wir uns gemeinsam anschauen, welchen Nutzen eine Unternehmensarchitektur für die IT-Governance in Ihrem Unternehmen hat und welche Zielsetzungen damit verbunden sind. Eine Unternehmensarchitektur schafft Transparenz, entwickelt Grundlagen zur Identifikation und Steuerung von Maßnahmen, mit denen Effizienz, Effektivität und Sicherheit der IT optimiert werden.

---

[4] www.unternehmensarchitektur.de

Kapitel 4: Struktur verstehen

Kapitel 4 erläutert die Struktur einer Unternehmensarchitektur, stellt die Komponenten und deren Beziehungen dar, erläutert Darstellungsformen und gibt Einblicke in das Metamodell einer Unternehmensarchitektur. Dieser Teil soll Ihnen bei der Strukturierung und Dokumentation Ihrer Unternehmensarchitektur helfen.

Kapitel 5: Analyseverfahren kennen lernen

Kapitel 5 stellt Analyseverfahren für Unternehmensarchitekturen dar. Die Nutzung der Informationsbasis, die Auswertung der darin enthaltenen Attribute und Beziehungen ist hier das Thema. Es interessieren uns z.B. Aussagen zu Abdeckungsgraden, Heterogenität, Komplexität, Kosten und Nutzen. Dieses Kapitel wird denen helfen, die eine Unternehmensarchitektur besitzen und sie einsetzen wollen, um die notwendige Transparenz zur Steuerung der IT zu gewinnen.

Kapitel 6: Bebauungsplanung verstehen

Kapitel 6 stellt das Thema Bebauungsplanung dar. Wie lassen wir die Erkenntnisse aus der Analyse in eine Planung der zukünftigen IT-Bebauung münden? Wie erstellen wir die Zielarchitektur, das „Zielfoto"? Wie bewerten wir Bebauungsalternativen? In diesem Teil werden Sie praktische Hinweise für das Thema IT-Bebauungsplanung finden.

Kapitel 7: Aufbauen und bewerten

Kapitel 7 beschäftigt sich mit „best practices" zum Aufbau von Unternehmensarchitekturen. Wie überbrücken wir die Distanz zwischen strategischer Planung und operativer Umsetzung? Welche Prozesse sind dazu notwendig? Welche Werkzeuge können helfen? Was kostet das? Was nutzt das? Hier finden Sie Tipps und Hinweise zu Entwicklung und Nutzung einer Unternehmensarchitektur.

Kapitel 8: Steuern, messen, absichern

In Kapitel 8 geht es um die Steuerung der Weiterentwicklung einer Unternehmensarchitektur. Wie wird der Umsetzungsprozess gemessen, geprüft und abgesichert? Wie wird Architekturmanagement gemessen? Wie kann eine Unternehmensarchitektur als Management-Informationssystem zur Ablage von Kennzahlen und Performanceindikatoren für die IT-Governance genutzt werden?

2 Grundlagen: Den Ausgangspunkt finden

Isn't it nice, when things just work?

Im ersten Abschnitt unserer gemeinsamen Reise durch die Welt der Unternehmensarchitektur und IT-Governance will ich versuchen, die Sehenswürdigkeiten, Flora und Fauna zu erläutern. Ein kleiner Reiseführer, der uns dabei helfen soll, die anschließenden Betrachtungen zu den Themen Dokumentation, Analyse, Planung, Umsetzung und Kontrolle von Unternehmensarchitekturen im Kontext von IT-Strategie und Governance anzustellen.

Dieses Kapitel wird uns einige Definitionen der gebräuchlichsten Begriffe liefern: Was ist eine Unternehmensarchitektur, wie grenzt sie sich gegen eine IT-Architektur ab, was ist Architekturmanagement und welche Rolle spielt der IT-Architekt? Wie spielen IT-Strategie und IT-Governance zusammen? Wie sehen die Zusammenhänge aus zwischen Unternehmensarchitekturmanagement, Portfolio-, Anforderungs-, Service und Programmmanagement? Begriffsdefinitionen, Beispiele, Abgrenzungen sollen zur Vorbereitung der anschließenden vertieften Auseinandersetzung mit den Inhalten dargestellt werden.

2.1 Unternehmensarchitektur

So wie jedes Gebäude seine Architektur hat, so hat jedes Unternehmen eine Unternehmensarchitektur. Mal ist sie geplant entstanden, mal einfach gewachsen. Mal ist sie bekannt, und die ihr innewohnenden Potenziale werden genutzt, mal ist sie einfach nur vorhanden. Sie bezweifeln das?

Vorhandene Pläne nutzen

Wohl jedes Unternehmen mit einem nennenswert großen IT-Bereich besitzt Pläne: Datenmodelle, Geschäftsprozessmodelle, Komponentenmodelle, Modulstrukturdiagramme, Netzwerkpläne, Inventarlisten, Infrastrukturpläne, Hardwarelisten, Funktionsbäume. Selbst ohne IT haben Sie Pläne: Organigramme, Arbeitsplatzbeschreibungen, Verfahrensanweisungen, Strategien. Pläne sind erforderlich, um komplexe Systeme bauen und betreiben zu können. Nur mit Hilfe von Plänen können wir große Systeme verstehen. Die gesamte IT-Unterstützung eines großen Unternehmens ist ein System von Systemen, eine Aggregation von

Komplexität. Eine Unternehmensarchitektur ist eine Aggregation von Plänen. Und viele dieser Pläne haben Sie heute bereits.

Sie besitzen bereits eine Unternehmensarchitektur!

Genau deshalb besitzen Sie bereits eine Unternehmensarchitektur. Aber nutzen Sie diese Architektur auch? Stellen Sie Beziehungen her von Geschäftsprozessdiagrammen zu Komponentendiagrammen und zu Infrastrukturplänen (um die IT-Unterstützung Ihrer Geschäftsprozesse zu dokumentieren)? Analysieren Sie diese Beziehungen hinsichtlich Abhängigkeiten, Kosten und Auslastung? Bewerten Sie die Qualität Ihrer Anwendungslandschaft für das Geschäft? Analysieren Sie Ihre Infrastrukturlandschaft hinsichtlich Redundanz und Auslastung?

Nutzen Sie ihre Unternehmensarchitektur?

Und ist diese Sammlung von Plänen, die Sie besitzen, dieser aktuelle Stand Ihrer Unternehmensarchitektur gut genug, um sie auch wirklich nutzen zu können? Sind die Pläne aktuell genug, umfassend genug, stehen sie in Beziehung zueinander, sind sie syntaktisch und semantisch abgeglichen? Oder bietet das Ganze eher das Bild der Box in so manchem Kofferraum, in der die Stadtpläne und Landkarten mit unterschiedlichstem Maßstab und Alter, verschiedenster Abdeckung und Herkunft gesammelt werden?

Unternehmensarchitektur ist nicht optional

In der Tat, eine Unternehmensarchitektur ist nicht optional, sie ist immer vorhanden. Manchmal wohl geordnet, geplant und entwickelt, mit aufeinander abgestimmten Straßen, Bauwerken und Versorgungsleitungen. Manchmal eher zufällig entstanden, gewachsen in Teilbereichen, die ohne Wissen voneinander Straßen, Versorgungsleitungen und Häuser errichten - kennen auch Sie solche „IT-Blaumilchkanäle"?

Anforderungen bestimmen den Umfang

Unternehmen haben unterschiedliche Anforderungen an die Tiefe und Breite ihrer Architekturmodelle. Kleine Unternehmen mit wenig IT-Durchdringung wie der mittelständische Handwerksbetrieb bewältigen diese Aufgabe „on the fly", Großunternehmen mit hoher Abhängigkeit von IT-Unterstützung benötigen tragfähige Modelle und Prozesse zur Entwicklung und Pflege ihrer Unternehmensarchitektur.

Nährboden einer Unternehmensarchitektur

Das Handlungsfeld für Aufbau und Nutzung von Unternehmensarchitekturen leitet sich aus der Dynamik und der Komplexität des Unternehmens ab. Marktbewegungen, Veränderungen der Geschäftsfelder, Anpassung der Organisation, Merger und ähnliche Erscheinungen resultieren in hoher Volatilität des Unternehmens und seines Umfelds. Diese Volatilität erzeugt Anforderungen an die IT, die eine Unternehmensarchitektur als Analyse-

und Steuerungsinstrument unabdingbar machen. Auch die Komplexität des Unternehmens, abgeleitet aus seiner Größe, seiner Struktur, seiner räumlichen Verteilung, erzeugt solche Anforderungen (s. Abb. 2-1). Wird die Grenze dieses Handlungsfeldes in Ihrer Organisation überschritten, dann sollten Sie über den Aufbau einer Unternehmensarchitektur nachdenken, dann entsteht auch der Nährboden, den Sie für den Aufbau einer Unternehmensarchitektur benötigen. In gewissem Maße lässt sich der Grenzübertritt durch Virtuosität im Umgang mit den IT-Assets, durch Erfahrung und ein hohes Maß an fachlicher Qualifikation in Ihrer IT-Organisation hinauszögern, aber je komplexer und dynamischer Ihr Unternehmen ist oder wird, umso wahrscheinlicher und notwendiger wird die Auseinandersetzung mit dem IT-Steuerungsinstrumentarium einer Unternehmensarchitektur.

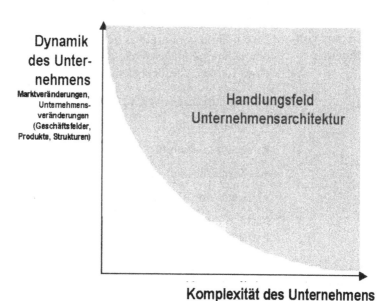

Abb. 2-1: Handlungsfeld Unternehmensarchitektur

Die richtige Flughöhe finden

Das richtige Maß an Detailreichtum, den richtigen Abstraktionsgrad finden – das ist wohl einer der kritischen Erfolgsfaktoren für den Aufbau einer nutzbringenden Unternehmensarchitektur. Es zu abstrakt anzufangen, bedeutet, den Übergang in die operative Umsetzung, die Durchgängigkeit zu gefährden. Die Inhalte mögen dann für die strategische Diskussion am Tisch des CIO angemessen sein, die Verankerung im operativen Tun, Voraussetzung für Governance bei der Umsetzung, fehlt aber. Diesem Aspekt des Brückenschlags vom strategischen zum operativen Architekturmanagement werde ich mich etwas später noch ausführlicher widmen (s. Kapitel 7, Umsetzung: Unternehmensarchitekturen entwickeln). Es zu detailliert anzufangen, bedeutet schlicht und einfach, in der Masse unterzugehen. Das richtige Maß an Detailreichtum zu finden, heißt, sich an den mit einer Unternehmensarchitektur verfolgten Zielen zu orientieren, den Zweck in den Mittelpunkt zu stellen. Nicht das Modell um des Modells willen entwickeln. Größe des Unternehmens, Grad der räumlichen Verteilung, Organisationsstruktur, spezielle Ausgangssituationen nach Fusionen oder Zukäufen, Budgets - das sind weitere Rahmenbedingungen, die eine Bestimmung des richtigen Abstraktionsgrades beeinflussen. Dazu ist Fingerspitzengefühl erforderlich, Erfahrung notwendig, methodische Regelwerke können unterstützen. Der ultimative Tiefenmesser ist hier noch nicht gefunden, Aufmerksamkeit ist gefragt!

Ein Satz von Plänen

Lassen Sie uns nun etwas genauer das anschauen, was wir unter einer Unternehmensarchitektur verstehen wollen. Die Architektur eines Gebäudes drückt sich in einer Menge von Plänen aus:

- Grundrisse der Stockwerke,

- Querschnitte,

- Leitungspläne für Gas, Wasser, Elektrik,

- Kapazitätsplanungen für Lüftung, Heizung, Klima,

- Lage- und Hausanschlusspläne.

Nicht für jedes Gebäude benötigt man alle Arten von Plänen: Einfache Garagen haben in der Regel nur ein Stockwerk, Einfamilienhäuser benötigen in unseren Breitengraden nur selten komplizierte Pläne für Lüftungs- und Klimatechnik.

Auch die Architektur eines Unternehmens erschließt sich anhand einer Menge von Plänen:

- operationalisierte Unternehmens- und IT-Ziele,

- Geschäftsprozessmodelle,

- Organisationsmodelle,

- Bebauungspläne für IT-Anwendungen und Infrastruktur,

- Analysemodelle für IT-Anwendungen,

- Technologiemodelle für die IT-Infrastruktur („Warenkörbe").

Besser: Eine strukturierte Sammlung von Plänen

Eine Unternehmensarchitektur ist eine Sammlung solcher Pläne, die Aspekte des Geschäfts wie z.B. Ziele, Rahmenbedingungen oder Geschäftsprozesse, Aspekte der fachlichen IT-Unterstützung wie z.B. Anwendungssysteme, Datenbestände oder einzelne Programme und Aspekte der technischen IT-Unterstützung wie z.B. Rechnerplattformen, Netzwerke oder technische Softwarekomponenten, in ihrem Zusammenwirken in vergangenen, aktuellen und zukünftigen Ausprägungen darstellen. Da jeder der genannten Aspekte für sich bereits eine erhebliche Komplexität besitzen kann, ist die Rede von mehreren Plänen, die Ausschnitte (Aspekte oder Teilaspekte) oder spezifische Sichten darstellen können. Sichten werden in der Regel dann gebildet, wenn es gilt, Aspekte darzustellen, die für spezifische Interessengruppen relevant sind.

Innerhalb der Unternehmensarchitektur können die fachlichen Aspekte zu einer Geschäftsarchitektur, die Aspekte der fachlichen IT-Unterstützung zu einer Anwendungsarchitektur, die der technischen IT-Unterstützung zu einer Systemarchitektur zusammengefasst werden. Damit ergibt sich die Unternehmensarchitekturpyramide (s. Abb. 2-2).

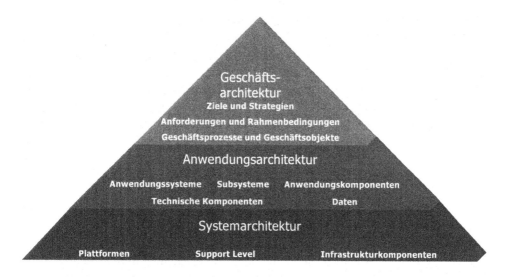

Abb. 2-2 Die Unternehmensarchitekturpyramide

Stadt- versus Gebäudeplanung

Der Begriff „Architektur" ist im IT-Bereich seit einigen Jahren eingeführt (dennoch will ich ihn im Folgenden gemeinsam mit weiteren Begriffen aus diesem Umfeld definieren). Sobald wir jedoch über eine Unternehmensarchitektur reden, über ein Konstrukt, das deutlich mehr Verankerung im Geschäft verlangt, das gar nicht ohne genaue Kenntnis des Geschäfts entstehen kann, dann stellt sich die Frage nach der Abgrenzung zwischen IT-geprägten Architekturen wie der Software- oder Anwendungsarchitektur und der Systemarchitektur von diesem Konstrukt einer Unternehmensarchitektur. Oftmals wird zu dieser Abgrenzung der Vergleich zwischen Städteplanung (manchmal auch „City Planning" genannt) und Architektenarbeit in Bereich der Gebäudeplanung herangezogen. So wie die Unternehmensarchitektur das Zusammenspiel vieler Einzelteile spezifiziert, so beschreibt der Städteplan das Ensemble von Straßen, Versorgungsleitungen, Nahverkehr, öffentlichen Plätzen und Gebäuden, Gewerbe- und Wohngebieten, bis hin zum Anschluss einzelner Gebäude an das Ganze. Demgegenüber beschreibt die Software- oder Anwendungsarchitektur die Konstruktionsweise und -prinzipien eines Anwendungssystems, seine Zerlegung in Subsysteme und Module, die Bildung von Schichten, die Konstruktion von Schnittstellen, die Kontrolle und Datenflüsse. Ähnlich der Architektur eines Gebäudes, die uns neben der Raumaufteilung in verschiedenen Schnitten auch Außenansichten, Grundrisse, Leitungspläne für Wasser, Strom und Heizung zeigt.

Unsere Pläne sind gleichzeitig Karte und Route

Der Begriff Architektur wird im Städte- und Hausbau sowohl für Planungen eines zukünftigen Zustands, wie auch für aktuelle Zustände oder Ergebnisse verwendet. Sprechen wir von der Architektur eines Gebäudes oder eines Stadtteils, so meinen wir das, was wir wahrnehmen: die Raumaufteilung, die Versorgungsleitungen, die Zuwegungen. Genau den gleichen Begriff verwenden wir, wenn es um ein Modell des Gebäudes oder des Stadtteils geht. Hier steht nicht die Wahrnehmung, sondern deren Antizipation durch Zuhilfenahme von Papier, Modellkarton oder Bildschirm im Mittelpunkt. Die Pläne, über die wir reden, sind gleichzeitig Karte und Route.

Unsere Pläne zeigen Ist- und Soll-Zustände

Eine Architektur ist immer Bauplan für zukünftige Systeme wie auch Dokumentation vorhandener oder abgelöster Systeme - je nachdem, aus welcher zeitlichen Perspektive wir darauf schauen. So enthält eine Unternehmensarchitektur in jeder ihrer verschiedenen Ebenen sowohl Sichten, die als Bauplan für zukünftige Systeme zu verstehen sind, wie auch Sichten, die aktuell vorhandene oder bereits abgelöste Systeme dokumentieren. Beide Einsatzoptionen - Umsetzungs- und Lageplan - sind erforderlich, sowohl auf der strategischen Ebene des Bebauungsplans wie auch auf der operativen Ebene des Projekts.

Bebauungs-planung heißt, Szenarien zu entwickeln und zu bewerten

Ebenso kann auch in einer Unternehmensarchitektur jeder der genannten Pläne neben dem aktuellen mehrere historische und zukünftige Stände besitzen. Außerdem kann es, bezogen auf den Ist-Zustand, vergangene oder zukünftige Zustände, verschiedene Versionen von Plänen geben: z.B. Ausprägungen eines Netzwerkplanes für verschiedene Standorte oder alternative Planungsszenarien für die Anwendungssystembebauung wie z.B. Eigenentwicklung, Standardsoftware oder ein „Application Service Providing". Diese unterschiedlichen historischen Zustände und Versionen der Pläne müssen gegeneinander vergleichbar sein, um den Prozess der Bebauungsplanung zu unterstützen. Wenn beispielsweise in einem aktuellen Plan der Anwendungssysteme Kostentreiber im Betrieb ermittelt werden und diese Schwachstellen behoben werden sollen, dann ist es erforderlich, alternative Zukunftsszenarien zu entwerfen und zu evaluieren.

Eine Unter-nehmensar-chitektur lie-fert Orientie-rungspunkte

Architekturen helfen uns also dabei, neue Ausprägungen einer Anwendungslandschaft oder neue Systeme zu planen, sie spezifizieren fachliche Vorgaben, sie definieren Konstruktionsprinzipien, sie legen die einzusetzende Infrastruktur fest. Aber Architekturen helfen uns auch dabei, uns in einer aktuell vorhandenen Anwendungslandschaft zurecht zu finden, ein aktuell eingesetztes System zu analysieren, Auslastungsgrade und Nutzungsarten von Infrastruktur aufzudecken, Schnittstellen zu identifizieren. Genau dies tun wir aktuell immer wieder, z.B. wenn wir

- neue Systeme planen, um deren Schnittstellen zu spezifizieren,

- Altsysteme durch Standardsoftware ablösen, um Migration von Datenbeständen und Aufbau neuer Schnittstellen zu planen,

- Änderungen in unserer Anwendungslandschaft, wie z.B. neue Postleitzahlen oder gesetzliche Vorgaben, berücksichtigen müssen,

- Anwendungs- und/oder Infrastrukturlandschaften konsolidieren oder

- den Leistungskatalog im Rahmen eines Outsourcing-Projektes definieren.

Wie oft haben Sie bereits den Grundstein zu einer Unternehmensarchitektur gelegt?

Immer dann beschäftigen Sie sich mit Architekturen, Sie lassen Architekturen entwickeln, Sie lesen sie, Sie interpretieren sie, Sie ziehen die erforderlichen Rückschlüsse. Und anschließend geraten diese Architekturen in Vergessenheit, sie werden vielleicht noch im Rahmen der Wartung einzelner Systeme verwendet, aber nicht mehr im Ganzen aktualisiert und gepflegt. So kommt es, dass viele Bestandteile einer Unternehmensarchitektur in manchen Unternehmen bereits entwickelt wurden - nicht einmal, sondern viele Male. Haben auch Sie schon einmal gezählt, wie viele Ist-Aufnahmen ihrer Anwendungslandschaft in den letzten, sagen wir 10 Jahren erstellt wurden? Durch das letzte Großprojekt, das die gesamte Landschaft betraf, durch die Strategieberatung, die im Auftrag des Vorstands Effizienzsteigerungspotenziale im IT Bereich durchleuchten sollte, durch das Jahr 2000-Projekt, durch die Unternehmensberatung, die ein Programm zur Service- und Kundenorientierung konzipieren sollte, aber leider nicht auf das nur in Papierform existierende Modell der Vorgängerberatung zurückgreifen konnte?

Wozu das Ganze?

Aber wozu brauchen wir das Ganze? Haben wir unseren Laden nicht im Griff, fehlt uns die Virtuosität im Umgang mit unseren IT-Spielzeugen, dass wir solch komplexe Machwerke benötigen? Oder haben wir etwa all diese Pläne bereits - an diversen Wänden bei der Geschäftsprozessmodellierung, der Anwendungsentwicklung, den Netzwerkadministratoren? Und will uns hier vielleicht jemand den alten Wein im neuen Schlauch verkaufen?

Planung am Reißbrett

Hier und da ist die These zu finden, dass die betriebliche Realität, das unternehmerische Umfeld, der Markt und, diesem folgend, auch die IT-Landschaften sich so schnell ändern, dass eine Planung am Reißbrett gar nicht sinnvoll und möglich sei (WIN2004). Deshalb sei eine Unternehmensarchitektur obsolet, nicht wirtschaftlich, nicht amortisierbar. Diese Diskussion vernachlässigt eines: Der Wert einer Unternehmensarchitektur entsteht nicht allein aus der vorausschauenden, der strategischen Planung. Der Wert einer Unternehmensarchitektur ist schon allein durch ihre bloße Existenz gegeben. Denn wie wollen wir auf die schnelle Veränderung der Märkte reagieren, wie wollen wir das sich vehement bewegende Geschäft unterstützen, wenn wir nicht wissen, wo wir stehen, wenn wir unser komplexes System von Systemen gar nicht durchschauen?

Unternehmensarchitektur bringt Positionsbestimmung

So wie der Nutzen von Karte und Kompass bereits mit der Positionsbestimmung beginnt und dann ergänzt wird durch die Möglichkeit, mit ihrer Hilfe navigieren zu können, eine neue Route planen zu können, so beginnt der Nutzen einer Unternehmensarchitektur bereits bei der Dokumentation und Analyse des Ist-Zustandes der IT-Unterstützung, um daraus den richtigen neuen Plan abzuleiten.

Vorhandene Potenziale nutzbar machen

Da entsteht gar nicht erst die Frage, ob wir denn Unternehmensarchitekturen in kurzen Zyklen am Reißbrett planen können. Zunächst einmal müssen die Hausaufgaben gemacht werden, müssen Potenziale vorhandener Modelle genutzt und Lücken im Ist-Modell geschlossen werden. Sicher benötigen wir Agilität, sicher müssen wir flexibel sein, sicher müssen wir unsere Modelle aktuell halten, aber aus dieser Erkenntnis heraus lieber alles so lassen wie es ist? Vorhandene Potenziale nicht nutzen?

Aktive Nutzung der Unternehmensarchitektur ist das Ziel

Mein Plädoyer ist eines für die Planung von Unternehmensarchitekturen, eine Planung, die sich an den Anforderungen, am Geschäft des Unternehmens ausrichtet - denn Planung bringt Ahnung. Eine Planung, die verschiedene, bisher einzeln entwickelte Modelle, zusammenführt, ihre Abhängigkeiten aufzeigt, sie auswert- und nutzbar macht. Und die dafür sorgt, dass diese Modelle gepflegt und aktuell gehalten werden. Mein Plädoyer spricht sich dafür aus, Unternehmensarchitekturen nicht nur zu dokumentieren, sondern sie aktiv zu nutzen, sie zu analysieren, sie als Grundlage für Planungen zu verwenden und diese Planungen anschließend umzusetzen. Mein Plädoyer geht davon aus, dass der Zweck einer Unternehmensarchitektur darin besteht, die Dinge ins Rollen zu bringen. Wie der in meiner Einleitung zitierte Werbeslogan so schön sagt: Isn't it nice, when things just work? Wäre es nicht schön, wenn die Dinge einfach funktionieren würden?

Zusammenfassend will ich Ihnen meine Definition einer Unternehmensarchitektur geben:

> Eine Unternehmensarchitektur ist eine strukturierte und aufeinander abgestimmte Sammlung von Plänen für die Gestaltung der IT-Landschaft eines Unternehmens,
>
> - die in verschiedenen Detaillierungen und Sichten,
> - ausgerichtet auf spezielle Interessengruppen (z.B. Manager, Planer, Auftraggeber, Designer),

- unterschiedliche Aspekte von IT-Systemen (z.B. Daten, Funktionen, Schnittstellen, Plattformen, Netzwerke)

- und deren Einbettung in das Geschäft (z.B. Ziele, Strategien, Geschäftsprozesse)

- in vergangenen, aktuellen und zukünftigen Ausprägungen darstellen.

Mit dieser Definition entsteht zunächst eine statische Sicht auf den Begriff Unternehmensarchitektur, das Produkt „Unternehmensarchitektur" ist definiert. Wie aber bauen wir es auf, nutzen wir es? Nach einer Definition des Begriffs „IT-Architektur" will ich darauf in Kap. 2.3, Architekturmanagement, näher eingehen.

2.2 IT-Architektur

Eine IT-Architektur ist der Bauplan eines IT-Systems, das auch ein System von Systemen sein kann. Der Bauplan beschreibt die Gliederung des Systems in Komponenten und Schichten, spezifiziert die Aufgaben und Kompetenzen der Komponenten und Schichten, setzt die Bauteile in Beziehung zu den funktionalen und nicht-funktionalen Anforderungen:

- Welches Bauteil benötigen wir, um eine spezifische fachliche oder technische Anforderung (z.B. eine Rentenberechnung oder eine Verfügbarkeit von 7*24 Stunden) zu erfüllen?

- Welches Bauteil erfüllt welche Anforderungen?

- Welche Bauteile erzeugen aus sich heraus neue Anforderungen (z.B. ein spezifisches Datenbanksystem)?

- Welche Widersprüche oder Abhängigkeiten bestehen zwischen Anforderungen?

Außerdem spezifiziert der Bauplan Schnittstellen zwischen den Komponenten, den Schichten und nach außen. Er gibt Konventionen für die Realisierung vor und beschreibt das Kommunikationsverhalten des Systems.

Der ANSI/IEEE Standard 1471- 2000 sagt uns:

„Konzeptionell ist eine IT-Architektur die fundamentale Organisation eines Systems, verkörpert durch seine Komponenten, deren Beziehungen zueinander und zur Umgebung und die Prinzipien, die das Design und die Weiterentwicklung bestimmen.

Praktisch wird eine IT-Architektur durch Architekturbeschreibungen aus der Sicht der Stakeholder repräsentiert."

Eine umfangreiche Sammlung von Definitionen findet sich beim Software Engineering Institute unter dem Titel "How Do You Define Software Architecture". (SEI2003). Unter vielen anderen Definitionen habe ich dort die folgende von B. Boehm gefunden:

- "A collection of software and system components, connections, and constraints.

- A collection of system stakeholders' need statements.

- A rationale which demonstrates that the components, connections, and constraints define a system that, if implemented, would satisfy the collection of system stakeholders' need statements".

2.3 Architekturmanagement

Das Architekturmanagement ist verantwortlich für die Planung, Entwicklung, Nutzung und Pflege der Unternehmensarchitektur. Es organisiert die zugehörigen Prozesse, kontrolliert und steuert die Entwicklung. Damit beschreibt Architekturmanagement Verfahrensweisen zur engen Verzahnung von Geschäft, IT-Anwendungen und IT-Infrastruktur.

Architekturmanagement ist zuständig für

- die strategischen Prozesse zur Dokumentation, Analyse und Planung der Unternehmensarchitektur,

- die operativen Prozesse zur durchgängigen Umsetzung der Unternehmensarchitektur, zur Konformitätsprüfung gegen Referenzarchitekturen und definierte „Warenkörbe" der Infrastruktur,

- die Definition der Dokumentationsverfahren,

- die Analyse- und Planungsmethodik,

- Evaluationsverfahren,

- Werkzeuge und deren Integration in die Werkzeuglandschaft,

- Vorgehensweisen und Verantwortlichkeiten,

- Kennzahlen und Controlling.

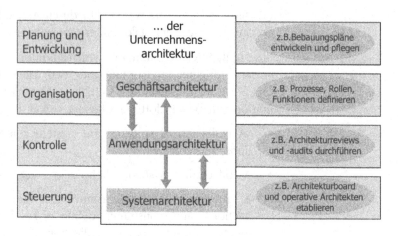

Abb. 2-3: Architekturmanagement

Operatives und strategisches Architekturmanagement

Architekturmanagement besitzt eine operative und eine strategische Dimension. Dokumentation, Analyse und Planung der Unternehmensarchitektur auf der strategischen Ebene müssen in Maßnahmen münden, die in Projekten oder Linientätigkeiten operativ umzusetzen sind. Auch dabei muss das Architekturmanagement unterstützen, z.B. in den Bereichen Anwendungs- und Systemarchitektur Referenzarchitekturen entwickeln, deren Einsatz und Umsetzung überwachen, tätige Mithilfe leisten, Dinge ins Rollen bringen.

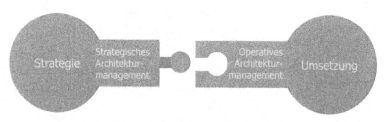

Abb. 2-4: Operatives und strategisches Architekturmanagement

Architekturmanagement ist der Prozess zur Unternehmensarchitektur

Im Architekturmanagement sind all die Prozesse, Methoden, Werkzeuge Verantwortlichkeiten und Standards zusammengefasst, die notwendig sind, um die Dinge zum Funktionieren zu bringen, um dafür zu sorgen, dass IT-Systeme genau das tun, was sie sollen, kostengünstig, reibungslos und elegant. Architekturmanagement ist - ganz einfach formuliert - der Prozess zur Unternehmensarchitektur.

**„Housekee-
ping"**

Das Architekturmanagement ist das Instrument im Orchestergra-
ben des IT-Managements, mit dem die Hausarbeit getan wird:
Anwendungs- und Infrastrukturlandschaft pflegen, den Wert vorhandener „assets" erhalten und steigern, neue Komponenten
nahtlos integrieren, alles aufeinander abstimmen und zum Funktionieren bringen. „Housekeeping" steht hoch im Kurs, wenn die
Budgets für Neuprojekte schwinden!

2.4   IT-Architekt

Der Architekt als Mittler zwischen Kundenwünschen und dem
technisch und ökonomisch sinnvoll Machbaren – für den Kunden äußert sich das in dem schon mehrfach zitierten sehr simp-
len Satz: „Isn't it nice, when things just work?" Auch der IT-
Architekt ist dann am erfolgreichsten, wenn die Dinge einfach
funktionieren – sowohl technisch wie auch fachlich.

**Holistischer
Ansatz**

Der IT-Architekt wendet Methoden an, greift auf Heuristiken zurück, hat Werkzeuge zur Verfügung, kommuniziert mit den Kunden des IT-Bereichs, der Anwendungsentwicklung, dem Infrastrukturbereich, der Abnahme- und Deployment-Organisation
und dem Systembetrieb. Der IT-Architekt sorgt sich mit einem
holistischen Anspruch um die bestmögliche Lösung, die Lösung,
die den Kundenerwartungen entspricht, das beste Preis-
/Leistungsverhältnis aufweist, standardkonform für Anwendungsentwicklung und -betrieb, wartbar, robust, komplikations- und
risikoarm ist.

**Architektur:
induktiver
oder dedukti-
ver Prozess?**

Die Literatur vermittelt uns nach wie vor das Bild, ein IT-
Architekt gehe überwiegend mit nicht-messbaren Elementen um,
benütze nicht-quantitative Werkzeuge, arbeite überwiegend mit
Erfahrungswerten. Architektenarbeit wird als induktiver Prozess
verstanden, während Ingenieursarbeit als messbar, quantitativ
erfassbar, mit analytischen Tools arbeitend und von harter Wis-
senschaft abgeleitet als deduktiver Prozess beschrieben wird
(JAC2004). Die Wahrheit liegt wohl eher in der Mitte. Maier und
Rechtin beschreiben die Rolle des IT-Architekten als Übersetzer
zwischen den Konzepten des Kunden im Aufgabenbereich und
den Konzepten des Entwicklers im Lösungsbereich. Sie stellen
weiterhin fest, dass gute IT-Architekten über die Rolle des Über-
setzers hinauswachsen und eine eigene visionäre Kombination
von Technologie und Zweck entwickeln, die über die Erwartungen von Entwickler und Kunde hinausgeht (MRE2002).

Der Zweck des Systems steht im Mittelpunkt Gemeinsam ist allen diesen Definitionen, dass der vom Kunden definierte Zweck des Systems im Mittelpunkt der Bemühungen des IT-Architekten stehen muss. Gern und häufig zitiertes Beispiel: President Kennedy sagte nie: „Baut mir eine 3-stufige Rakete mit einer Mondlandungsfähre." Er sagte: "Wir werden die Ersten auf dem Mond sein!" Laut Meier und Rechtin wird ein System erfolgreich sein, wenn es einen sinnvollen Zweck erfüllt und in akzeptabler Dauer zu einem erschwinglichen Preis realisiert wird. Der sinnvolle Zweck ist dabei das entscheidende Merkmal.

> IT-Architeken sind genau diesen Kriterien verpflichtet: Ein System mit sinnvollem und nutzbringendem Zweck in akzeptabler Dauer und hoher Qualität zu einem erschwinglichen Preis zu realisieren.

Modellierung ist eine Kernaufgabe des Architekten IT-Architekten tun dies genau wie ihre Verwandten im Hausbau auf dem Reißbrett, sie tun es mit Modellen. Modellierung ist eine Kernaufgabe des Architekten. Aber beachten Sie bitte Eines: Die Modellierung muss für den Kunden und den Entwickler verständlich sein, sie darf sich nicht zur Geheimwissenschaft des IT-Architekten entwickeln. Eine Notation, die von Kunden oder Entwicklern nicht verstanden, nicht akzeptiert, nicht benutzt wird, ist nutzlos. Der IT-Architekt macht sich damit selbst zum Druiden, zum Geheimwissenschaftler, der im Elfenbeinturm sitzt.

Dies gilt ebenso für alle anderen Werkzeuge und Methoden, die ein IT-Architekt einsetzt. Alles muss der Zielgruppe adäquat sein, muss verständlich und nachvollziehbar sein. Das zu Grunde liegende Framework der Unternehmensarchitektur muss schlicht und einfach dem Ziel dienen, die Dinge zum Funktionieren zu bringen.

Wenn der IT- und Unternehmensarchitekt diese Rolle wahrnimmt, wenn Unternehmensarchitektur und Architekturmanagement in der beschriebenen Form etabliert sind, dann sind die Türen geöffnet für den Aufbau eines IT-Managementframeworks (s. Kap. 2.9, Unternehmensarchitektur im IT-Management-Framework), in dem fachliche Anforderungen und Housekeeping synchronisiert in ein Portfoliomanagement einfließen, unter dem Dach einer IT-Strategie durch Governanceprozesse gesteuert.

2.5   Corporate Governance

Auf der Suche nach Definitionen des Begriffs Corporate Governance finden wir z.B. in Deutschland den Corporate Governance Kodex (DGI2003), der „wesentliche gesetzliche Vorschriften zur Leitung und Überwachung deutscher börsennotierter Gesellschaften (...) darstellt und international und national anerkannte Standards guter und verantwortungsvoller Unternehmensführung enthält". Weiter heißt es dort: „Der Vorstand entwickelt die strategische Ausrichtung des Unternehmens (...) und sorgt für ihre Umsetzung. (...) Der Vorstand sorgt für ein angemessenes Risikomanagement und Risikocontrolling im Unternehmen."

Informationen: der Schlüssel zur Corporate Governance

Gute und verantwortungsvolle Unternehmensführung, strategische Ausrichtung des Unternehmens und deren Umsetzung, angemessenes Risikomanagement und Risikocontrolling – diesen Prinzipien ist also das Top-Management unserer Unternehmen verpflichtet. Welcher IT-Manager würde nicht angesichts dieser Liste voller Begeisterung reagieren, wenn man ihn nach seinem Beitrag zur Umsetzung dieser Prinzipien fragte. Und er würde sicher darauf hinweisen, dass Informationen der Schlüssel zum Erfolg des Corporate-Governance Programms sind, dass jede Unternehmensführung Transparenz benötigt, dass jede Umsetzung von Strategien eines klar definierten und auf der Basis aller Informationen entwickelten Kurses bedarf, dass Risikomanagement und -controlling nicht im Dunkeln, sondern nur im Licht einer transparenten Informationsbasis stattfinden können. Und er würde dann seine Ausführungen damit beenden, das die IT ja schließlich mit ihren Informationssystemen genau dieses Licht produziert, ohne dass jede Steuerung, jede Navigation, jede Kontrolle und Kurskorrektur unmöglich ist.

Governance: informiert entscheiden

Governance-Prinzipien einzuhalten heißt auch, informiert zu entscheiden. Governance setzt Planung, Organisation, Kontrolle und Steuerung, kurz Management, auf der Basis umfassender Information voraus.

IT liefert Informationen

Was tut nun der IT-Bereich, um Planungs-, Kontroll- und Steuerungsprozesse der Fachabteilungen zu unterstützen, um bei Neuorganisation und -ausrichtung zu helfen, um an der Umsetzung von Corporate Governance-Prinzipien mitzuwirken? Er liefert genau diese umfassende Information. Mit Data Warehouse-Systemen, mit Business Intelligence Suites, mit Management oder Executive Information Systems. Genau diese Systeme nutzt das Management der Fachabteilungen, wenn es darum geht, das Geschäft zu optimieren, Kosten zu sparen, neue Märkte zu erschließen, neue Produkte zu entwickeln oder zu platzieren. Genau diese Systeme unterstützen mit den von ihnen bereitgestellten Informationen gute und verantwortungsvolle Unternehmensführung, strategische Ausrichtung des Unternehmens und deren Umsetzung, angemessenes Risikomanagement und Risikocontrolling.

IT-Systeme: wichtige Rolle bei der Steuerung des Unternehmens

Schauen wir uns ein kleines Beispiel an: Anhand seiner Kennzahlen erkennt der Vorstand, dass ein Produktbereich nicht rentabel arbeitet. Die Vorgabe für die Leitung des Produktbereichs: Kosten senken, Umsatz ausweiten. Was tut das Management des Produktbereichs, um diese Vorgabe umzusetzen? Am Anfang jedes Handelns wird vermutlich eine Analyse des Ist-Zustandes stehen, um z.B. die Kostenverteilung über die Abteilungen des Bereiches oder über die Prozessschritte detailliert aufzulisten, oder um die Umsatzverteilung über die Vertriebskanäle genauestens zu verstehen. Das Zahlenmaterial für diese Analyse wird aus den Informationssystemen des Unternehmens gewonnen. Auch bei der Steuerung der aus der Analyse hergeleiteten Maßnahmen werden vermutlich IT-Systeme eine bedeutende Rolle spielen.

IT unterstützt Corporate Governance

IT spielt also eine wichtige Rolle, wenn es um Themen der Corporate Governance geht. Das zeigen uns auch immer wieder gesetzliche Vorgaben wie z.B. der Sarbanes Oxley Act, Section 404, (SAR2002) oder die Sharma Risk Map aus Solvency II (ZBR2004), die erhöhte Anforderungen an das Unternehmens-interne Kontrollsystem und damit an die IT stellen. Wie aber ist es um die Governance des IT-Bereichs selbst bestellt?

2.6 IT-Governance

Wo finden wir das Management-Informationssystem des CIO?

Schauen wir uns ein anderes kleines Beispiel an: Der Vorstand verordnet Kosteneinsparungen, die für den IT-Bereich eine Kürzung des Budgets um 15% bedeuten. Nun steht unser CIO in einer ähnlichen Situation wie sein Fachabteilungskollege im o.g. Beispiel. Aber welches Informationssystem steht dem CIO zur Verfügung, um eine initiale Analyse zur Vorbereitung seiner Strategie zu erstellen? Wo finden wir eine Informationsbasis, die uns IT-Anwendungen, IT-Infrastrukturkomponenten, deren Abhängigkeiten zum Geschäft (Organisationseinheiten und Geschäftsprozesse) und in Ergänzung dazu Kosten, Risiken, laufende Projekte und verfügbare IT-Mitarbeiter aufzeigt und auswertbar macht? Hat hier der Schuster mal wieder die schlechtesten Schuhe? Liefert der IT-Bereich für alle Unternehmensbereiche die für eine Umsetzung der Corporate Governance kritischen Informationen, hat aber selbst keine Werkzeuge um seine IT-Governance-Prozesse zu entwickeln und zu steuern?

Unternehmensarchitektur: Informationen für eine wirksame IT-Governance

Wo finden wir das Management-Informationssystem des CIO? Wo gibt es das Modell, in dem die IT-Assets mit all ihren Abhängigkeiten, Wirkungen, und Querbezügen so dokumentiert sind, dass sie transparent, analysierbar und planbar werden? Die Antwort auf diese Fragen finden wir in einer Unternehmensarchitektur. Sie ist das Modell, in dem alle IT-Assets in der benötigten Form miteinander vernetzt dokumentiert sind. Sie liefert die Analyse- und Planungsunterstützung, die für eine wirksame IT-Governance unverzichtbar ist.

Das IT Governance Institut (www.itgi.org) definiert IT-Governance folgendermaßen: „IT-Governance liegt in der Verantwortung des Vorstands und des Managements und ist ein wesentlicher Bestandteil der Unternehmensführung. IT-Governance besteht aus Führung, Organisationsstrukturen und Prozessen, die sicherstellen, dass die IT die Unternehmensstrategie und -ziele unterstützt. IT-Governance stellt sicher, dass

- die Erwartungen an die IT erfüllt werden,

- die IT-Ressourcen kontinuierlich geplant, gesteuert und optimiert werden,

- die Performance der IT gemessen wird

- und die Risiken gemindert werden".

Erwartungen zu erfüllen, das heißt, die richtigen Dinge zu tun, effektiv zu handeln. IT-Ressourcen zu planen, zu steuern, zu optimieren und die Performance zu messen, das heißt, die Dinge richtig zu tun, effizient zu handeln. Die Risiken zu minimieren, das heißt, Sicherheit zu schaffen.

Effektivität

Effizienz

Sicherheit

Es geht also um Effektivität, Effizienz und Sicherheit. Die richtigen Dinge richtig und sicher tun. Eine Unternehmensarchitektur liefert uns die notwendige Übersicht, das Verständnis für die Zusammenhänge von Unternehmenszielen, Geschäftsprozessen, fachlichen Anforderungen, Projekten, IT-Anwendungen, IT-Plattformen und IT-Infrastruktur. Sie verknüpft diese Elemente miteinander, zeigt Wirkungen und Abhängigkeiten auf, dokumentiert Kosten, Risiken, Verfügbarkeit, Stabilität und viele andere Attribute.

Analyse der Schwachstellen

Und eine Unternehmensarchitektur kann noch deutlich mehr. Sie kann nicht nur die Ist-Situation dokumentieren, sie liefert auch Verfahren zur Analyse der Schwachstellen. Wo sitzen die Kostentreiber in der Anwendungslandschaft? Wo existieren redundante Entwicklungstechnologien? Wo ist die Unterstützung der Geschäftsprozesse unzureichend? Wo gibt es Redundanzen? Diese Ist-Analyse ist die Basis eines wirksamen IT-Governance-Prozesses, ist Bestandteil einer Corporate Governance und damit unverzichtbar.

Entwicklung von Planszenarien

Was folgt auf die Analyse? Planung der Maßnahmen und Umsetzung. Die Unternehmensarchitektur hilft uns bei der Planung, sie ist Grundlage für die Entwicklung von Planszenarien, in denen alternative Wege der IT-Bebauung evaluiert werden. Eine Unternehmensarchitektur ist demnach zentrales Instrument jedes Governance-Programms. Wie sollen wir leiten, lenken und steuern, wenn wir nicht wissen, wo wir stehen, wie der Weg aussieht und wo cs hingchcn soll?

2.7 Unternehmensarchitektur als Grundlage der IT-Governance

Der Zusammenhang zwischen Unternehmensarchitektur und IT-Governance wird in jüngster Zeit immer wieder beschworen: von Herstellern, von Analysten, von Beratern, aber auch von Anwendern, die ihre Erfahrungen aus der Integration von Architektur, Portfolio, Programmen, Projekten und Services unter dem Dach von IT-Strategie und IT-Governance in die Diskussion einbringen. Was aber hat es auf sich mit dem viel zitierten IT-Governance-Framework, in dem die Dreifaltigkeit von Enterprise Architecture Management, Portfolio-Management und Programm- und Service-Management ihren Dienst tut? Wo liegt der Nutzen, welcher Wert entsteht daraus, welche Bedeutung und Wichtigkeit hat das Ganze für ein zeitgemäßes IT-Management? Welche Zusammenhänge gibt es zwischen IT-Governance und Unternehmensarchitektur? Was bedeutet es im Detail, informiert zu steuern statt im Dunkeln zu agieren?

Beispiel

Um diese Fragen aufzuklären, möchte ich ein Beispiel zur Kosteneinsparung im IT-Bereich verwenden. Was geschieht üblicherweise, wenn dem CIO eine Vorgabe zur Einsparung in Höhe von 15% auf den Tisch kommt? Die Suche nach Einsparungspotenzialen beginnt. Eine übliche Verteilung der Kosten in großen IT-Bereichen lt. Gartner Survey 2001 zeigt uns Abb. 2-5.

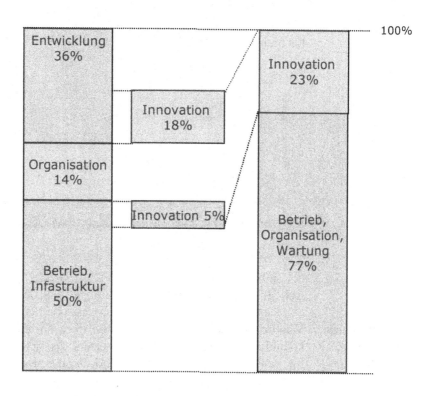

Abb. 2-5: Ausgangssituation zur Verteilung der IT-Kosten

23% für wirkliche Innovationen

Da bereits in den letzten Jahren eine deutliche Reduktion von Neuentwicklung gegenüber der Wartung zu verzeichnen war, gehe ich in meinem Beispiel für den Bereich Entwicklung von einem Anteil von 50% für korrektive Wartung und 50% für Neuentwicklung und adaptive Wartung aus. Ca. 18% des IT-Budgets werden also in der Entwicklung für Innovation ausgegeben. Im Bereich des Betriebs gehe ich von einem Anteil in Höhe von 10% an Innovation aus, der in Technologieprojekte investiert wird. Insgesamt haben wir also in der Ausgangssituation unseres Beispiels einen Anteil von nur ca. 23% für wirkliche Innovationen, mit denen der Wert der IT für das Geschäft gesteigert werden kann.

Diese Annahmen decken sich weitgehend mit den Ergebnissen einer Forschungsarbeit (PFE2003), die eine deutliche Reduktion des Innovationsanteils am gesamten IT-Budget über die letzten Jahre aufzeigt (s. Abb. 2-6). Aktuelle Beobachtungen deuten sogar auf eine noch weitergehende Einschränkung des Innovationsanteils hin, der ich mit den Annahmen für unser Fallbeispiel Rechnung getragen habe.

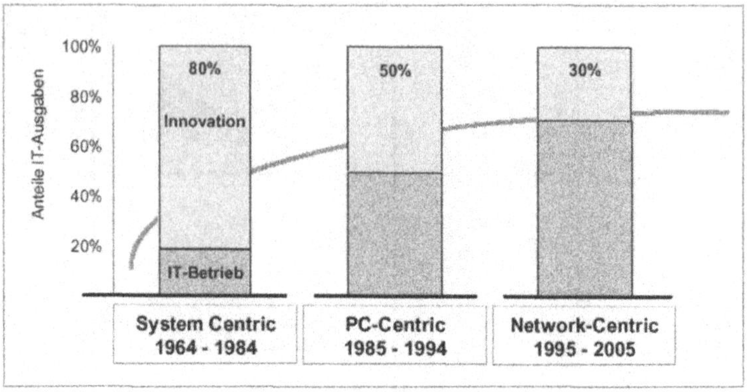

Abb. 2-6: Innovationsanteil am IT-Budget (PFE2003)

Investitionen in Neuentwicklung reduzieren

Was tut nun der CIO in unserem Beispiel, um die Vorgabe der IT-Budgetkürzung um 15% umzusetzen? Da sich die Ausgaben für Betrieb, korrektive Wartung und Organisation nur mit Hilfe vorbereitender Maßnamen[5] reduzieren lassen, wird in der Regel zunächst der nahe liegende Ansatz gewählt: Die Investitionen in die Neuentwicklung von Anwendungen und in Technologieprojekte werden zurückgefahren. Nach Zurückrechnung des Gesamtbudgets auf die neue Baseline in Höhe von 85% des Ursprungsbudgets (s. Abb. 2-7) ergeben sich relative Anteile von

- 27% für die Entwicklung (davon 6% in der Neuentwicklung und adaptiven Wartung, 21% in der korrektiven Wartung, die sich nicht ad-hoc reduzieren lassen),
- 16% für die Organisation (keine kurzfristige Einsparung, relative Steigerung) und
- 57% für den Betrieb (mit einem auf 4% reduzierten Budget für Technologieprojekte).

Damit sinkt der Anteil des für echte Innovation verfügbaren IT-Budgets auf 10%.

---

[5] Z.B. durch Konsolidierung der Infrastruktur, Optimierung der Systeme, Outsourcing, Optimierung der Organisation

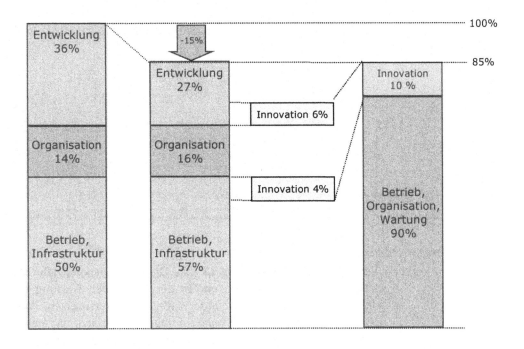

Abb. 2-7: IT-Kostenverteilung nach Budgetkürzung

Ist der IT-Bereich eine „magische Orange"?

Spätestens seit der Präsentation von Stephen Norman, CIO von Merril Lynch, auf dem MIT CIO Summit am 22.5.2003 wissen wir, dass viele Unternehmen ihren IT-Bereich als „magische Orange" betrachten, die man n-mal auspressen kann, um doch immer wieder neuen Saft zu gewinnen (LUT2004). Wir können also davon ausgehen, dass die in unserem Beispiel konstruierte Situation sich in ökonomisch schlechten Zeiten Jahr für Jahr mit immer neuen Einsparungsvorgaben wiederholen wird.

Abwärtstrend der Innovationskraft

Das Ergebnis zeigt uns Abb. 2-8: Sinkende IT-Kosten bei reduzierter Innovationskraft der IT – eine gefährliche Situation für den IT-Bereich. Wenn diese „magische Orange" auch in ihrem Unternehmen zum Standardrepertoire gehört, dann haben Sie es mit einem dauernden Abwärtstrend der Innovationskraft Ihres IT-Bereichs zu tun, den es zu brechen gilt. Ein klassisches Beispiel für eine Governance-Aufgabe, die durch eine Unternehmensarchitektur unterstützt wird.

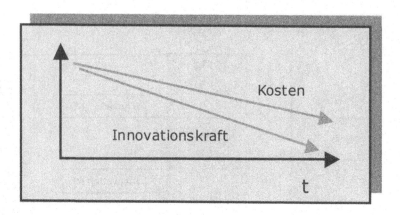

Abb. 2-8: Sinkende Innovationskraft

Wie geht man so etwas an? Es gilt, Optimierungspotenziale im Betrieb, in der Organisation und in der korrektiven Wartung zu identifizieren und entsprechende Maßnahmen aufzusetzen. Der Umsetzungsprozess bedarf einer stringenten Steuerung, Mess- und Kontrollverfahren sind zu etablieren. Es geht ja letztlich um eine überlebensnotwendige Neugestaltung des IT-Portfolios, die Governance unabdingbar macht.

Innovations-budget wieder auf das Aus-gangsniveau bringen

Nach der für unser Beispiel angenommenen IT-Budgetkürzung um 15% (Säule 1 und 2 in Abb. 2-9) haben wir einen Anteil von 21% für Wartung, 16% für Organisation und 53% für Betrieb und Infrastruktur. Um Kapazitäten für Innovationen zu schaffen, die dringend zur Verbesserung der Position des IT-Bereichs erforderlich sind, ist es ratsam, in diesen drei Bereichen nach Wegen zur Optimierung zu suchen (Säule 3 in Abb. 2-9). Das Ziel dabei muss es sein, das verfügbare Innovationsbudget mindestens wieder auf das in Abb. 2-5 gezeigte Ausgangsniveau zu bringen, um für zukünftige Herausforderungen gewappnet zu sein (Säule 4 und 5 in Abb. 2-9).

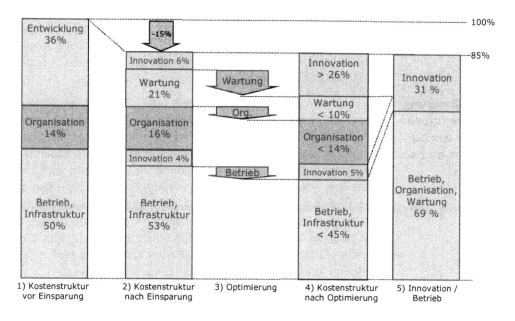

Abb. 2-9: IT-Kostenverteilung nach Optimierung

Optimierung verlangt nach Information

Zur Optimierung von Betrieb, Infrastruktur und Wartung ist zunächst einmal eine Übersicht, eine Dokumentation der Anwendungs- und Infrastrukturlandschaft des Unternehmens notwendig. In kleinen Organisationen hat man das im Hinterkopf, große Organisationen benötigen dazu etwas mehr: eine Liste, einen Plan, ein Modell, ein Informationssystem oder eben eine Unternehmensarchitektur. Wenn wir an die „magische Orange" denken und uns verdeutlichen, dass wir es hier keineswegs mit einer einmaligen Situation, sondern mit einer immer wiederkehrenden Aufgabe zu tun haben, dann spricht vieles für die Unternehmensarchitektur, deren Pflege in einem laufenden Prozess organisiert ist.

Die Unternehmensarchitektur ist ein Instrument des Governance-Prozesses

Das „Management-Informationssystem" des CIO steht dann laufend aktualisiert zur Verfügung, hilft Abhängigkeiten und Risiken, Lücken und Redundanzen, Komplexität und Schnittstellen, Heterogenität, mangelnde Konformität, Kostentreiber und Nutzen-"Bremsen" zu identifizieren. Die Unternehmensarchitektur macht das IT-Portfolio auswertbar, unterstützt die strategische Planung durch „as is" und „to be" -Modelle, enthält „key performance indicators" und ist damit ein mächtiges Instrument im Governance-Prozess.

Eine Unternehmensarchitektur ist das Management-Informationssystem des CIO, Analyse- und Planungsverfahren rund um die Unternehmensarchitektur schaffen „Business Intelligence" für den IT-Bereich. Damit ist die Unternehmensarchitektur Grundlage eines jeden IT-Governance- Programms.

Optimierung ohne Information ist eine Fahrt im Dunkeln

Eine Unternehmensarchitektur stellt uns die Zusammenhänge zwischen Geschäftsprozessen, Organisationseinheiten, Anwendungssystemen, Plattformen und Infrastruktursystemen her. Ohne Dokumentation dieser Zusammenhänge wird die Optimierung von Betrieb, Infrastruktur und Wartung zu einer Fahrt im Dunkeln, eine abenteuerliche Exkursion ohne Landkarte, Ausrüstung und Proviant. Häufig genug wird dann mit der Attitüde eines „pragmatischen Vorgehens" dort mit der Optimierung angefangen, wo die Schwachstellen offensichtlich sind. Nicht selten ist das der Infrastrukturbereich, wo differenzierte Zahlen vorhanden sind und damit schnell Kostentreiber identifiziert werden können. Und ebenso schnell läuft der Optimierungsprozess dann wieder ins Leere, weil die Abhängigkeiten zur Anwendungslandschaft und zum Geschäft nicht betrachtet wurden.

Kennen Sie das „lamppost problem"?

> On a dark night, a man was on his hands and knees under a lamppost searching inch by inch for a lost object. A policeman came along and asked what he was doing. "Looking for my house keys", was the answer. "And where did you drop them?" "Over there by the bushes", was the answer. "Then why are you looking here?" "Because the light is better."

Optimierung muss vom Geschäft ausgehen

Wir sollten also bei dem Versuch, unsere IT auf neue Herausforderungen abzustimmen und den Abwärtstrend der Innovationskraft zu brechen, auch im Dunkeln suchen, auch dort wo es kalt und unbequem ist, wo Abhängigkeiten bestehen, vielleicht auch unbequeme Abstimmungen mit der Fachseite erforderlich werden. Diese Abhängigkeiten, Querbeziehungen, Rahmenbedingungen müssen immer dann berücksichtigt werden, wenn eine wirklich umfassende Optimierung erforderlich ist – sei es aus der unserem Beispiel zu Grunde liegenden Situation – einer massiven Budgetkürzung, sei es, weil ein Merger seine Spuren in der IT-Landschaft hinterlassen hat oder auch aus anderen Gründen heraus. Immer dann muss die Optimierung oben beginnen, beim Geschäft und bei der Anwendungslandschaft. Denn Heterogenität, Ineffizienz, Redundanz der Infrastruktur ist in der Regel eine Folge suboptimaler Gestaltung der Anwendungslandschaft.

Komplexe Schnittstellen, heterogene und redundante Entwicklungstechnologien, verschenkte Re-use-Potenziale, redundante Systeme, nicht abgeschlossene Migrationen, mangelnde Integration der Anwendungslandschaft – das sind häufig die wahren Ursachen von Komplexität, Ineffizienz und hohen Kosten auch in der Infrastrukturlandschaft. Diese Ursachen verlangen nach der gesamthaften Analyse in einer Unternehmensarchitektur.

Für den Unternehmensarchitekten bedeutet das, seine Arbeit auf diese Anforderungen auszurichten und Unternehmensarchitektur zukünftig verstärkt als Mittel der IT-Governance zu sehen.

2.8 Aufbau und Nutzung einer Unternehmensarchitektur

Aus der Definition ist deutlich erkennbar, dass eine Unternehmensarchitektur in der Lage ist, uns die oft gestellten Fragen nach dem Ausgangspunkt, der Wegbeschaffenheit und dem Ziel unserer Reise zu beantworten, die uns durch vielfältige IT-Landschaften führt, ausgerichtet auf Effizienzsteigerung, orientiert am Geschäft und dessen dynamischer Veränderung, sich sorgend um versteckte Risiken. Kontrolle über diesen Kurs nennen wir IT-Governance, die Unternehmensarchitektur ist das Navigationsinstrument, das GPS des CIO.

Landkarte Diese Analogie hilft uns dabei zu verstehen, was die wesentlichen Schritte beim Aufbau und bei der Nutzung einer Unternehmensarchitektur sind. Wie bei einer Reise benötigen wir zunächst mal eine Landkarte, eine Dokumentation des zu bereisenden Gebietes. Das ist die Unternehmensarchitektur, die aus Elementen vieler vorhandener Modelle – Geschäftsprozessmodelle, Organisationsmodelle, IT-Produktlisten, IT-Infrastrukturkataloge u.ä. – zusammengesetzt und aufgebaut wird. Das erfordert semantische und syntaktische Abstimmung der vorhandenen Modelle, damit die Referenzen zwischen den Modellebenen richtig aufgebaut werden können.

Reiseinformationen Sobald wir die Karte für unser Reisegebiet haben, interessieren uns Informationen zu den Sehenswürdigkeiten, zu Hotels, zu den Strassenverhältnissen. Wir lesen Reiseführer, befragen das Internet und unseren Automobilclub, schließlich analysieren wir das ganze Material. Auch eine Unternehmensarchitektur eröffnet erst dann einen Blick auf ihren wirklichen Wert, wenn sie nicht nur als statisches Bild gesehen wird, sondern aktiv zu Analysen herangezogen wird. Viele Unternehmen beginnen erst dann den Wert der Unternehmensarchitektur zu begreifen, wenn aus ihren

Inhalten wirklich das Management Information System des CIO wird.

Routenpla-
nung

Auf die Analyse unserer Karten, Reiseführer und Straßeninformationen folgt die Planung der Route. Wir machen wahrscheinlich mehrere Ansätze, um alles Sehenswerte richtig miteinander zu verbinden, schließlich haben wir einen Routenplan, der zusammen mit der üblichen Urlaubs-Checkliste für den Inhalt der Koffer Ausgangspunkt unserer Reise wird. Auch die Analyse der Unternehmensarchitektur muss ihre Fortsetzung in der Entwicklung von Planszenarien finden, die gefundene Schwachstellen adressieren und Lösungsmöglichkeiten aufzeigen. Im Folgenden steht auf der Agenda, Planszenarien zu evaluieren, ein Soll-Bild zu entwickeln und eine Planung zu erstellen, die dann in das Projektportfolio und das Programmmanagement einfließen, um den strategischen Plan Wirklichkeit werden zu lassen.

Wenn unsere Reise dann endlich stattfindet, uns hoffentlich viele Erlebnisse und viel Sehenswertes bringt, dann folgt für so manchen Mitmenschen der krönende Abschluss mit der Vorführung der Urlaubsvideos im Bekanntenkreis. Auch für die Unternehmensarchitektur schließen sich an die Planung schließlich Umsetzung und Kontrolle an.

Der Unter-
nehmensar-
chitektur-
Zyklus

Eine Unternehmensarchitektur, die so ausgeprägt ist, dass wir sie unmittelbar im Kontext eines IT-Governance-Programms nutzen können, entsteht also aus dem Zyklus von Dokumentation, Analyse, Planung, Umsetzung und Kontrolle (s. Abb. 2-10).

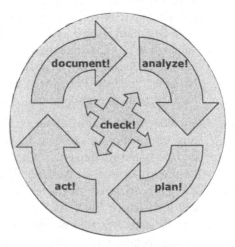

Abb. 2-10: Der Unternehmensarchitektur-Zyklus

Die Kapitel 4 bis 8 in diesem Buch stellen dar, wie Unternehmensarchitekturen strukturiert und dokumentiert werden können, mit welchen Verfahren diese Dokumentation auswert- und nutzbar ist, wie daraus Soll-Szenarien entwickelt werden, welchen Beitrag ein Architekturmanagement letztlich zur Umsetzung leistet und wie das Ganze gesteuert und abgesichert wird.

2.9 Unternehmensarchitektur im IT-Management-Framework

Wenn eine Unternehmensarchitektur nach diesen Prinzipien geformt und weiterentwickelt wird, dann ist sie ein wirksames Instrument in den Händen des IT-Managements, unterstützt Governance und Strategie, spielt bei der Umsetzung im Dreiklang mit Portfolio- und Programmmanagement (Abb. 2-11). Dann erscheint auch die Disziplin des „enterprise architecture managements" mit anderer Bedeutung auf der Agenda der Unternehmen.

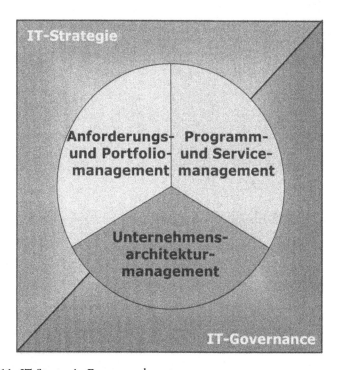

Abb. 2-11: IT-Strategie-Framework

Das Zusammenspiel der Prozesse von Anforderungs-, Portfolio-, Programm-, Service- und Unternehmensarchitekturmanagement unter den Zielsetzungen der IT-Strategie und der Steuerung durch die IT-Governance zeigt uns Abb. 2-12.

Die IT-Strategie liefert die Partitur für dieses Orchester, das Anforderungsmanagement kümmert sich um die Wünsche der Zuhörer, das Unternehmensarchitekturmanagement stellt die Spielstätte bereit, pflegt die Instrumente und sorgt für gutes Licht, das Portfoliomanagement bringt die Wünsche von Zuhörern, Orchester und Dirigent in Einklang mit dem verfügbaren Budget, das Programm- und Servicemanagement sorgt für Logistik und Unterhaltung.

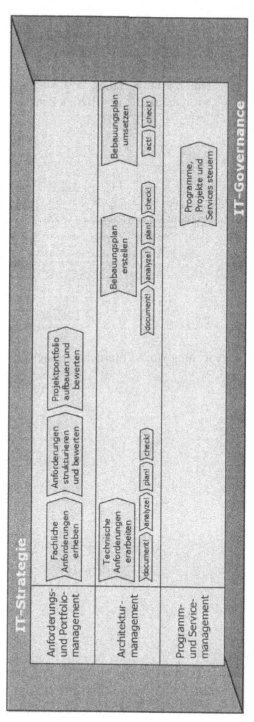

Abb. 2-12: IT-Managementprozesse

Die Unternehmensarchitektur gibt den IT-Managementprozessen die notwendige Orientierung. Sie hilft, Position und Kurs zu bestimmen, sie identifiziert zuverlässig Kursabweichungen. In den folgenden Kapiteln werden wir uns gemeinsam den Prozessen zur Entwicklung und Nutzung einer Unternehmensarchitektur nähern, die im Überblick in Abb. 2-13 dargestellt sind:

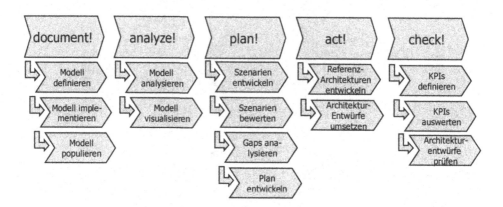

Abb. 2-13: Entwicklung einer Unternehmensarchitektur

3   Ziele: Die richtigen Dinge richtig tun

Before the flight it's opinion,

after the flight it's fact!

Mit diesem geflügelten Wort aus der Luftfahrtindustrie werden wohl nur die wenigsten meiner Leser zufrieden sein, wenn es um die Frage nach Kosten und Nutzen einer Unternehmensarchitektur geht. Dennoch hat der Spruch einen für uns bedeutsamen Kern: Nur der echte Flug, der echte Aufbau einer Unternehmensarchitektur verschaffen uns Fakten zur Bewertung des Nutzens im konkreten Einzelfall.

Deshalb will ich hier zunächst auf die Nutzenpotenziale, auf die Zielsetzungen eines Unternehmensarchitekturmanagements eingehen. Was können wir denn überhaupt erwarten? Worauf müssen wir uns konzentrieren? Was sind die Handlungsfelder?

Unternehmensarchitektur schafft Transparenz

Wenn wir eine Unternehmensarchitektur unter dem Gesichtspunkt der IT-Governance betrachten, dann geht es vordergründig um Transparenz: Informationen als Entscheidungs- und Steuerungsgrundlage. Wie wir im vorangegangenen Kapitel gemeinsam gesehen haben, geht es aber nicht nur um das statische Gebilde einer Unternehmensarchitektur. Es geht auch um die Instanz Architekturmanagement, um die Organisation, um laufende Prozesse. Es geht um nachhaltige Bereitstellung von Steuerungsinformationen. Und es geht darum, im IT-Management die Brücke von der strategischen Planung zur operativen Umsetzung zu schlagen.

Deshalb ist unser Rundflug nicht allein mit dem Zweck der Übersicht und Transparenz verbunden. Wir wollen auch sehr konkret etwas bewegen: Anwendungs- und Infrastrukturlandschaft optimieren, IT auf das Geschäft ausrichten, Risiken beherrschbar machen. Darum geht es in diesem Kapitel.

Im Kapitel 7 werde ich Erfahrungen echter Flüge darstellen: Kosten des Aufbaus einer Unternehmensarchitektur, Quantifizierung des Nutzens, Erfahrungsberichte.

3.1   Nutzenpotenziale einer Unternehmensarchitektur

In welchen Bereichen ist der Nutzen aus einer Unternehmensarchitektur evident? Die Antwort auf diese Frage ist direkt ableitbar aus dem, was wir im letzten Kapitel analysiert haben - die Anatomie einer Unternehmensarchitektur, ihre Struktur, ihre Bestandteile und Ausprägungen. Schauen wir gemeinsam zurück auf die wesentlichen Merkmale und fragen uns, welchen Nutzen wir wohl aus diesen ziehen können.

Zielgruppenspezifischer Nutzen

Eine Unternehmensarchitektur ist eine Sammlung von Plänen, die in verschiedenen Detaillierungen (Planer, Auftraggeber, Designer, usw.) unterschiedliche Aspekte (Daten, Funktionen, Netzwerke, etc.) in vergangenen, aktuellen und zukünftigen Ausprägungen darstellen. Übertragen wir diese Definition auf unser Beispiel von Städte-. und Gebäudeplanung, so helfen diese Pläne den verschiedenen Zielgruppen auf unterschiedliche Weise:

- Der Planer erkennt z.B. Baulücken, fehlende Versorgungsleitungen, zu enge Bebauung oder schwache Bausubstanz. Er kann auf dieser Basis Pläne entwickeln und deren Umsetzung überwachen.

- Der Auftraggeber erkennt fehlende Infrastruktur, mangelnde Auslastung, schlechte Kosten/Nutzen-Verhältnisse.

- Der Designer kann auf Erfahrungen aus früheren Plänen zurückgreifen, Anschlussstellen für Versorgungsleitungen identifizieren, einheitliche Fassaden herstellen.

- Der Erbauer erkennt, wo Versorgungsleitungen laufen, hat Bemaßungen und Materiallisten, weiß, wo tragende Wände stehen.

- Der Zulieferer kennt die genauen Abmessungen der von ihm bereitzustellenden Teile und deren erwartete Funktionalität.

Die richtigen Maßnahmen ...

Eine Unternehmensarchitektur nutzt demzufolge dem Planer, die Anwendungen und Infrastrukturkomponenten zu identifizieren, die Anforderungen aus dem Geschäft optimal zu unterstützen und gleichzeitig ein reibungsloses Funktionieren der IT zu gewährleisten. Dazu müssen neue Projekte zur Erfüllung fachlicher Anforderungen mit Erfordernissen der Restrukturierung und Optimierung unter einen Hut gebracht werden. Außerdem nutzt die Unternehmensarchitektur dem Auftraggeber, seine Investitionen in IT optimal zu planen, also die Handlungsfelder mit dem besten Kosten/Nutzen-Verhältnis zu identifizieren. Kurz: eine Unternehmensarchitektur hilft, die **richtigen** Maßnahmen zu identifizieren.

mit minimalem Risiko ...

Für den Erbauer entsteht der Nutzen einer Unternehmensarchitektur aus der Schaffung von Transparenz über Schnittstellen und zu berücksichtigende Abhängigkeiten, aus der Ermittlung und Behandlung von Risiken. Eine Unternehmensarchitektur hilft demnach, **Risiken** zu identifizieren und zu minimieren.

richtig umsetzen

Dem Designer hilft eine Unternehmensarchitektur, indem sie nutzbare Referenzarchitekturen bereitstellt, Evaluationsaufwände verkürzt, Standards setzt. Dem Zulieferer hilft sie, seine Leistungen exakt auf die Erwartungen abzustellen und die Passgenauigkeit zu gewährleisten. Eine Unternehmensarchitektur hilft also, die Maßnahmen **richtig** umzusetzen.

> Eine Unternehmensarchitektur unterstützt die Steuerung der IT dabei, mit minimalem Risiko die richtigen Dinge richtig zu tun.

Die Nutzenbereiche einer Unternehmensarchitektur

Die richtigen Dinge richtig zu tun, das heißt, Effizienz und Effektivität des Handelns zu gewährleisten. Die Abwesenheit von Risiken bedeutet Sicherheit. Demnach sind aus den Eigenschaften einer Unternehmensarchitektur drei Bereiche ableitbar, in denen ein unmittelbarer Nutzen zu erwarten ist:

- Effizienz der IT: die Dinge richtig tun,
- Effektivität der IT: die richtigen Dinge tun
- Sicherheit der IT: die Dinge risikoarm tun.

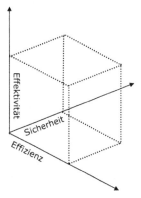

Der IT-Governanceprozess ist auf die gleichen Zielsetzungen ausgerichtet - Unternehmensarchitektur und Governance harmonieren in ihrer Zielfokussierung.

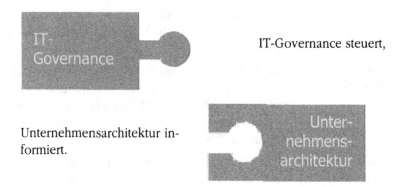

IT-Governance steuert,

Unternehmensarchitektur informiert.

Abb. 3-1 stellt uns die Zielstruktur eines Unternehmensarchitekturmanagements dar. Ausprägung, Priorisierung, Akzentuierung der Ziele variieren situativ. Das hängt deutlich von der Ausgangssituation im jeweiligen Unternehmen ab.

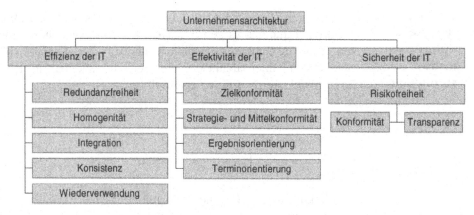

Abb. 3-1: Ziele des Architekturmanagements

Abb. 3-2 zeigt die Ausrichtung des Unternehmensarchitekturmanagements auf die drei Hauptziele.

Licht in den IT-Governanceprozess bringen

Bei minimalem Risiko die richtigen Dinge richtig tun – das setzt Wissen voraus. Eine Unternehmensarchitektur ist Quelle dieses Wissens und damit Voraussetzung dafür, Risikopotenziale zu erkennen, die richtigen, d.h. nutzbringenden Projekte und Maßnahmen anzugehen und dabei geradlinig vorzugehen. Das bedeutet, Licht in den IT-Governanceprozess zu bringen.

Es gibt eine andauernde Diskussion über den Wert einer Unternehmensarchitektur, über den ROI von Architekturmanagement, über Kosten und Nutzen. Da gibt es wie überall die Zweifler, die nach dem „business case" fragen, da gibt es Analysten und Berater, die Zahlen in den Raum stellen (z.B. HAR2002) und es gibt etliche Autoren und Gurus, die meinen, den „business value" von Unternehmensarchitekturen könne man ebenso wenig messen, wie den von strategischer Planung (BRO2004).

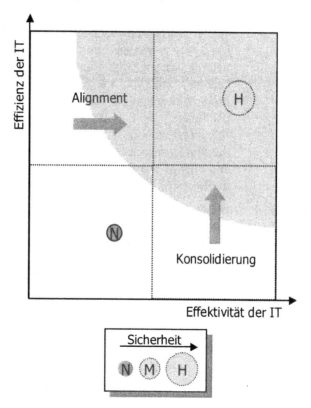

Abb. 3-2: Nutzenaspekte einer Unternehmensarchitektur

Die letztgenannte Gruppe erhält Hilfe von Autoren, die meinen, der Wert einer Unternehmensarchitektur könne tatsächlich nur durch den „return on assets" ausgedrückt werden (LOP2002).

T. Blevins, CIO der OpenGroup, formuliert das so: "Enterprise architecture is a means to an end and the end is about the assets within the enterprise that deliver measurable value. What enterprise architecture does is help you make decisions that are designed to improve the productivity of your business through the effective and efficient use of information technology. When you focus on Return on Assets, it helps you focus on the right things for your enterprise architecture effort."(BLE2005).

Zachman

Der Urvater aller Diskussionen rund um „enterprise architecture", John Zachman, formuliert den Nutzen einer Unternehmensarchitektur so:

„...CEOs declare that the biggest challenge facing the modern Enterprise is „change". A quick review of history of all the known disciplines that deal with complex objects (things) reveals that change starts with engineering descriptions of the things. There is no way to change hundred story buildings quickly (or safely) without starting with the building plans. There is no way to change Boing 747's quickly or (safely) without starting with the product description. There is no way to change automobiles, computers, "..." Enterprises. Or any other complex thing quickly or (safely) without starting with the descriptive representations of the thing you want to change. These issues of quality, timeliness and change are the conditions that are forcing us to face up to the issues of Enterprise Architecture" (ZAC2004).

Keine Veränderung ohne Unternehmensarchitektur

Damit sagt Zachman uns deutlich, dass eine Unternehmensarchitektur schlicht und einfach erforderlich ist, um das komplexe System der IT-Unterstützung eines Unternehmens an veränderte Rahmendingungen und Anforderungen anzupassen. Sie ist nicht etwa eine Option, sondern eine Vorbedingung!

Sollen wir uns auf den weisen Rat der Gurus und Verfechter des ROA-Ansatzes verlassen und die Unternehmensarchitektur mit dem Wert der durch sie geschaffenen „intangible assets" rechtfertigen? Oder gibt es doch den „business case", haben die Berater Recht, die Ihnen bis zu 30% Einsparungen versprechen? Sie, meine Leser, werden zu Recht eine Antwort erwarten.

Das eine tun, das andere nicht lassen

Meine Auflösung heißt „Das eine tun, das andere nicht lassen" und basiert, auch wenn sie zunächst vielleicht überaus pragmatisch klingt, auf einer Analyse der bereits gezeigten Nutzenpotenziale. Der scheinbare Widerstreit der oben zitierten Autoren entsteht aus einer Konzentration der Argumentation auf einzelne Nutzenpotenziale.

Kurzfristiger Nutzen durch Konsolidierung

Die Darstellungen des ROI einer Unternehmensarchitektur fokussieren auf den kurzfristigen Nutzen, der durch Effizienzsteigerungen, durch Konsolidierung von Infrastruktur- und Anwendungslandschaften realisierbar ist. Hier lassen sich sehr wohl Heuristiken ableiten, die uns etwas über den „business case", über den ROI einer Unternehmensarchitekturinitiative verraten.

Langfristiger Nutzen durch Alignment und Risikomanagement

Aber da gibt es noch mehr, da gibt es weitere Nutzenpotenziale, die gehoben werden wollen. Die langfristig sogar den größeren Effekt versprechen. Und hier kommen diejenigen zu Wort, die „enterprise architecture" über den „return on assets" (ROA) bewertet wissen wollen, die auf Effektivitätssteigerung, auf Alignment, auf Transparenz und Risikomanagement verweisen.

Zur Quantifizierung des Nutzens, zur Darstellung des Kosten/Nutzen-Verhältnisses verweise ich auf Kap. 7, Umsetzung: Unternehmensarchitekturen entwickeln, wo es u.a. um die Kosten einer Unternehmensarchitektur geht. Denn die Aufwände für die Optimierung dürfen nicht den Zuwachs an Wertschöpfungspotenzial der IT übersteigen.

3.2 Effizienz der IT optimieren

„do more with less"

Wenn wir über Effizienz reden, dann geht es darum, mit geringem Aufwand viel zu erreichen („do more with less"). Es geht um Optimierung von Produktionsstätten, Arbeitsprozessen, Werkzeugen und Verfahren. Im IT-Bereich gibt es da diverse Ansätze: Outsourcing von Entwicklungs- oder Serviceleistungen, Optimierung von Vorgehensmodellen und Entwicklungsumgebungen, Generatoren und Software Engineering Methoden. Eine Unternehmensarchitektur unterstützt die Optimierung der Anwendungslandschaft und schafft Effizienz, indem sie

- Redundanzen aufdeckt: Systeme mit weitgehend identischen Funktionen oder Infrastrukturkomponenten mit gleichem Einsatzbereich sind zu identifizieren. Nutzen entsteht aus der Beseitigung dieser Redundanz bzw. der Vermeidung durch ein effektives Management der Anforderungen in einem Unternehmensarchitekturmodell.

- Heterogenität sichtbar macht: Wie viele Entwicklungslinien, wie viele verschiedene Technologien setzen wir ein? Steht diese Zahl in einem akzeptablen Verhältnis zur Anzahl der Systeme und Einsatzbereiche? Der Nutzen entsteht aus der Standardisierung von Entwicklungslinien, der Spezifikation von Referenzarchitekturen, der Überwachung ihres Einsatzes und der Standardisierung von Infrastruktur.

- Schnittstellen analysiert: Wie viele Schnittstellen existieren in der Anwendungslandschaft? Wie sind sie technisch unterstützt? Welche Konsequenzen ergeben sich daraus für die Unterstützung von Geschäftsprozessen? Wie äußert sich das in den Aufwänden der Anwendungsentwicklung und – pflege? Nutzen entsteht aus der Integration von Anwendungssystemen.

- Konsistenz sicher stellt: In welchem Umfang sind Sonderbehandlungen implementiert? Wie häufig müssen Varianten von technischen Lösungen bereitgestellt werden? Welche Aufwände resultieren daraus für Entwicklung, Support und Betrieb? Der Nutzen einer Unternehmensarchitektur ergibt sich hier direkt aus einem effektiven Management der Anforderungen und aus der Beseitigung inkonsistenter Lösungen.

- Wiederverwendung unterstützt: Standardisierte Architekturen und Entwicklungsverfahren, homogene Infrastrukturen und konsistente Unterstützung fachlicher Anforderungen sind Voraussetzungen für ein hohes Maß an Wiederverwendung. Eine Unternehmensarchitektur unterstützt außerdem den Prozess des Wiederfindens – direkte Voraussetzung für das Wiederverwenden.

Aktuell stehen viele IT-Organisationen in der Situation, die Effizienz ihrer Infrastruktur- und Anwendungslandschaften optimieren zu müssen. M. Lutchen zitiert M. Doane, vice president Meta Group: „Over-acquisition of application software from 1995-2001, combined with a slow economy, has led clients into an era of management and consolidation. CIOs are increasingly in search of measurable business value from what is spent on IT." (LUT2004).

OpenGroup „TOGAF"

Eine der weltweit bedeutendsten Initiativen im Bereich der Unternehmensarchitektur kommt aus der OpenGroup[6], die in ihrem „Architecture Forum" das Framework TOGAF (The Open Group Architecture Farmework) entwickelt. Im „Executive Overview" zu TOGAF finden wir folgende Formulierung zum Nutzen einer Unternehmensarchitektur:

A more efficient IT operation

"Better defined structure and modularity in the IT infrastructure lead to a much more efficient overall IT operation: Lower software development, support, and maintenance costs, more application portability, improved interoperability and easier system and network management, a better ability to address critical enterprise-wide issues like security, easier upgrade and exchange of system components. The structure of existing and planned

---

[6] www.opengroup.org

systems is clearly defined, leading to: Reduced complexity in IT infrastructure, maximum return on investment in existing IT infrastructure, the flexibility to make, buy, or out-source IT solutions".

Die OpenGroup fokussiert ihre Argumentation also auf Verbesserungen in den Bereichen Standardisierung der Infrastruktur, Portabilität, Interoperabilität, Austauschbarkeit, Komplexitätsreduktion und Flexibilität.

U.S. Department of Housing and Urban Development

Das U.S. Department of Housing and Urban Development (HUD) konzentriert seine Argumente auf Wiederverwendung, Standardisierung, Homogenisierung und beschreibt auf seiner Website[7] die Nutzenerwartungen an seine Unternehmensarchitektur wie folgt:

"HUD's EA practice applies existing blueprints to accelerate system design and development. Blueprints are working documents. They define core business processes, common data elements, cross-cutting applications, and standard system platforms. Blueprints are used to verify common system needs that span program areas, and facilitate enhanced communication between program areas and technical staff to define custom requirements. Our leveraged approach means that system design does not start from scratch."

Konsolidierung

In all diesen Zieldefinitionen spielen Verringerung der Komplexität, Effizienzsteigerung, Verkürzung von Entwicklungszyklen und Homogenisierung eine große Rolle. Konsolidierung ist zurzeit ein oft gehörtes Schlagwort. Ob es nun um die Bereinigung von Infrastrukturlandschaften geht, denen eine mangelnde Auslastung oder ein zu hohes Maß an Heterogenität zur Last gelegt wird, ob es um Zusammenführung von Rechenzentren und Nutzung von Skaleneffekten geht, ob die Konsolidierung der Anwendungslandschaft nach einem Unternehmensmerger zur Diskussion steht, oder gar im Zuge eines Outsourcing-Projektes Services, Infrastrukturen, Plattformen und Anwendungen neu geordnet und abgestimmt werden müssen, immer geht es um Konsolidierung. Das lateinische "consolidare" bedeutet zunächst einmal "festmachen, sichern", doch IT-Konsolidierung geht häufig einher mit ordnen und sortieren, aufräumen, Ballast abwerfen, Transparenz schaffen, dokumentieren und Pläne erstellen. Pläne, wie sie in einer Unternehmensarchitektur zu finden sind.

---

[7] www.hud.gov/offices/cio/ea/index.cfm (11.3.2005)

Komplementär der IT-Governance

Eine Unternehmensarchitektur ist ein Instrument umfassender und durchgängiger Konsolidierung, sie stellt die notwendigen Pläne, die erforderlichen Referenzen, die Auswertungsmöglichkeiten und Dokumente zur Verfügung, die Sie benötigen, um zu ordnen, aufzuräumen, Ballast abzuwerfen und Ihre IT abzusichern. Aber eine Unternehmensarchitektur tut dies nicht einmalig, nicht Anlass-getrieben, nicht im Zuge eines Outsourcing-Projektes oder eines Mergers, sondern sie tut es dauernd, nachhaltig wirksam und fest im IT-Managementprozess als Komplementär der IT-Governance verankert.

Wenn Sie in den letzten Jahren eines der oben beispielhaft genannten Vorhaben durchgeführt haben, ein Outsourcing, einen Merger, ein Großprojekt mit Auswirkung auf die gesamte Anwendungslandschaft, eine Standardsoftwarebebauung, dann haben Sie mit hoher Wahrscheinlichkeit eine Unternehmensarchitektur oder einen großen Teil davon aufgebaut. Und haben Sie das Ergebnis gesichert? Haben Sie es gepflegt? Haben Sie eine Instanz geschaffen, die verantwortlich für dieses Ergebnis ist? Wenn nein, dann kommt das alles immer wieder neu auf Sie zu. Wenn ja, dann haben Sie eine gute Basis für all das, was wir gemeinsam in diesem Buch ergründen wollen.

Fahren Sie im Dunkeln ohne Licht?

Sie meinen, diese Pflege ist zu aufwändig, lohnt sich nicht? Wenn Sie keine laufend aktualisierte Übersicht zu den Kenngrößen Ihrer Unternehmensarchitektur besitzen, dann fahren Sie im Dunkeln ohne Licht! Lohnt es sich etwa nicht, für die Funktionsfähigkeit der Scheinwerfer in Ihrem Auto zu sorgen?

Schauen wir uns ein Fallbeispiel an:

Da gibt es das Unternehmen A, das vor wenigen Jahren beschlossen hat, im Zuge eines kleinen Pilotprojektes eine innovative Technologie zu erproben, mit deren Hilfe dann sukzessive vorhandene Altsysteme abgelöst werden sollten. Eine neue Entwicklungslinie "Java/J2EE" wurde im Zuge des Pilotprojektes aufgebaut. Ein Auszug aus der Einkaufs- und "to do"-Liste des Piloten liest sich wie folgt:

- Werkzeug zur Unterstützung der fachlichen Analyse und des Designs incl. Roundtrip-Engineering (forward und reverse Code Engineering) evaluieren und beschaffen

- Vorgehensmodell entwickeln

- Testverfahren und Werkzeug evaluieren und beschaffen

- J2EE Entwicklungs- und Produktionsumgebung evaluieren und bereitstellen

- Java und J2EE-Schulungen durchführen

- Integrationsverfahren und Werkzeuge für Host-Connectivity entwickeln / beschaffen

- Datenbankanbindung realisieren

- Plattform-übergreifendes Change and Configuration Management Verfahren definieren, Tool beschaffen

- ...

Der reine Infrastruktur-Anteil des Piloten betrug etliche Aufwandsmonate, zusätzlich wurden Lizenzen für Entwicklungswerkzeuge beschafft, Schulungen durchgeführt, externes Coaching beauftragt. Kosten: X1

Inzwischen ist die Entwicklungslinie "Java/J2EE" operativ, es gibt Mitarbeiter, die oben genannte Werkzeuge administrieren, den Support für Anwendungsentwickler leisten, interne Schulungen und Coaching durchführen. Wartungskosten für die Entwicklungsumgebung, Personalkosten für ihre Betreuung belaufen sich auf Y1.

Nun wurde in unserem Beispielunternehmen im Zuge eines extern vergebenen Projektes ein Webauftritt realisiert, eine Anwendung für Kunden im Internet bereitgestellt. Dazu wurde eine .NET-Entwicklungsumgebung aufgebaut. Die Einkaufsliste brauche ich nicht zu wiederholen, sie gleicht der oben genannten. Auch diese Entwicklungsumgebung wurde in die Linie übernommen. Kosten: X2. Kosten für den laufenden Betrieb der Entwicklungslinie .NET: Y2.

Fragt man jetzt Experten beider Entwicklungslinien, so reklamiert jeder für sich, die fachliche Aufgabenstellung des jeweils anderen Projektes auch mit seiner Entwicklungslinie umsetzen zu können. Aktuell gibt es sogar den Wettstreit beider Entwicklungslinien um Neuprojekte. Auch externe Experten kommen zu der Einschätzung, dass beide Entwicklungslinien weitgehend identische Einsatzszenarien bedienen.

Also ist hier etwas überflüssig: es existieren mehrere, kostenintensive technische Lösungen für ein Einsatzszenario. Ein Unfall? Luxus? Zufall?

Das Einsparpotenzial bei nachträglicher Konsolidierung: MAX (Y1, Y2)

> Vermeidung von Kosten durch proaktive Bebauungsplanung: MAX ((X1+Y1), (X2+Y2)).

Sie halten mein Bespiel für konstruiert, für wirklichkeitsfremd? Das ist es leider nicht. Es gehört sogar zum Alltäglichen, gehört zu den Standardbeispielen, die ich bei der IST-Aufnahme von Anwendungs- und Infrastrukturlandschaften häufig genug gesehen habe.

Natürlich gibt es viele Rechtfertigungen für das Entstehen einer solchen Situation: Zeitdruck, knappe Kapazitäten, mangelndes Know-how, um nur einige zu nennen. Nur eine gesamthafte Betrachtung aller Einflussfaktoren aus Geschäft und IT im Vorfeld unter Berücksichtigung von Projekt- und Folgekosten erlaubt eine fundierte Bewertung. Genau diese Zusammenhänge stellt eine Unternehmensarchitektur her.

redundante Entwicklungs-linien
Nahezu alle IST-Analysen von Anwendungslandschaften, die ich im Zuge des initialen Aufbaus von Unternehmensarchitekturen in den letzten Jahren durchgeführt oder kennen gelernt habe, identifizierten mindestens ein Einsatzszenario mit redundanten Entwicklungslinien. Dies wird Sie nicht wundern. In den meisten Fällen war das Vorhandensein redundanter Entwicklungslinien wohl bekannt, es bedurfte nicht des Aufbaus einer Unternehmensarchitektur, um diese Information zu Tage zu fördern. Wohl aber war die Sammlung der Informationen in der Unternehmensarchitektur notwendig, um aufzuzeigen, welche Konsequenzen diese Redundanz hinsichtlich Aufwänden und Kosten hatte. Außerdem zeigte sie auf, welche Abhängigkeiten bestanden und wie ein Konsolidierungsweg aussehen konnte. Das heißt, die Initialisierung der Unternehmensarchitektur war nicht notwendig, um Redundanz zu erkennen (das gelingt den meisten Organisationen im Bereich der Entwicklungslinien noch durch scharfes Hinsehen), wohl aber erforderlich, um die Konsolidierung zu begründen und zu steuern. Wissen Sie, wie viel der Betrieb einer Entwicklungslinie Sie p.a. kostet? Meine Erfahrung sagt, mindestens 2 Mitarbeiterkapazitäten zuzüglich Lizenz-, Update- und Ausbildungskosten.

In mehr als 50% aller IST-Analysen von Anwendungslandschaften wurden Redundanzen, Lücken oder Brüche festgestellt, die ein zusätzliches, aktuell nicht quantifizierbares Optimierungspotenzial eröffneten.

Komplexität und Schnittstellen

Im Zuge der eher technisch geführten Diskussion rund um das Thema EAI ist die Komplexität von Anwendungslandschaften mit einer Vielzahl von Schnittstellen bereits hinlänglich diskutiert. Interaktion von n Komponenten erzeugt im Maximalfall die Notwendigkeit, eine Anzahl von Schnittstellen x= (n*(n-1))/2 zu implementieren (s. Abb. 3-3). Die Reduktion der Schnittstellen auf das erforderliche Maß geht Hand in Hand mit der Beseitigung von Brüchen, d.h. der Integration von bisher getrennten Anwendungssystemen, wenn dies aus Sicht der Geschäftsprozesse sinnvoll ist.

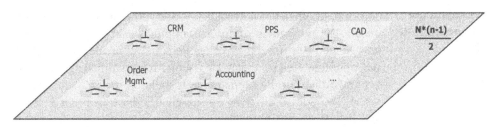

Abb. 3-3: Komplexität der Anwendungslandschaft

Einsparungspotenziale

Alle IST-Analysen von Infrastrukturlandschaften reduzierten die Heterogenität mit der anschließend durchgeführten Konsolidierung um 10 - 20%. Das heißt, dass von 100 zuvor eingesetzten Infrastrukturkomponenten nach der Konsolidierung noch 80 - 90 übrig blieben. Das führte in Folge zu einer Reduktion von Lizenzkosten in ähnlicher Größenordnung, im Personalkostenbereich reden wir von 5 - 15% Einsparungspotenzial.

Heterogenität im Keim ersticken

Die Architekturmanagementprozesse, die im Zuge des Aufbaus einer Unternehmensarchitektur in der Linie, in Projekten und in Gremien wie dem Architekturboard etabliert werden, tun ein Übriges: Sie überwachen laufend Anwendungslandschaft, Entwicklungslinien und Infrastrukturportfolio und tragen Sorge dafür, entstehende Heterogenität im Keim zu ersticken.

Was bringt uns also Konsolidierung? Was bringen uns Referenzarchitekturen? Was nutzen uns Einsatzszenarien? Was nutzt uns eine Unternehmensarchitektur?

Sie zeigen auf, wo wir Sand im Getriebe haben, wo wir Ballast mit uns herumschleppen, wo wir die Nadel im selbst aufgetürmten Heuhaufen gar nicht finden können. Im Idealfall einer laufend aktualisierten Unternehmensarchitektur, einer geplanten Bebauung sorgen sie dafür, dass die Heterogenität gar nicht erst entsteht. Sie sorgen für Effizienz. Und fangen dabei an der Wurzel an. Nicht die Komplexität managen mit immer neuen Werkzeugen, Generatoren, Prozessmodellen, sondern die Komplexität beseitigen oder gar nicht erst entstehen lassen.

Zusatzaufwand durch Heterogenität

Die Homogenisierung im Rahmen von Konsolidierungsmaßnahmen oder besser noch die proaktive Verhinderung einer Ausbildung heterogener Strukturen wirkt direkt auf die Effizienz der IT (s. Abb. 3-4). Jede zusätzliche Anwendung, jede weitere Standardsoftware, jede neue Infrastrukturkomponente, jede weitere Entwicklungslinie schafft zusätzlichen, nicht direkt produktiven Aufwand für Ausbildung, Einarbeitung, Test, Trouble Shooting, Integration.

Permanente Inspektion der IT

Sind wir so effizient wie möglich, oder verbrennen wir vielleicht unsere Deckaufbauten, um den Dampfer weiter auf Kurs zu halten? Nutzen wir unser wertvolles Personal über die Maßen, weil wir unnötige Heterogenität zulassen? Architekturmanagement ist verantwortlich für die permanente Inspektion der IT - sind wir so schnell, so gut, so effizient wie möglich, oder tragen wir unnötigen Ballast mit uns herum?

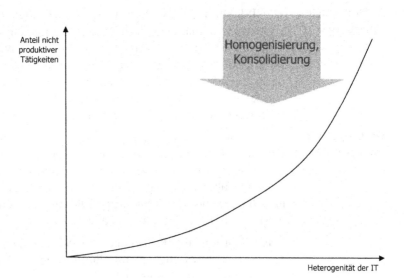

Abb. 3-4: Homogenisierung

Verbindung von operativem und strategischem Architekturmanagement

Der Nutzen kommt erst aus der Verbindung von operativem und strategischem Architekturmanagement. Nur wenn es uns gelingt, die im Rahmen einer Bebauungsplanung festgelegten Referenzarchitekturen auch durchgängig umzusetzen, nur wenn ein Architekturboard mit ausreichend Kompetenzen für die Einhaltung der Standards sorgt, nur wenn operative Software- und Systemarchitekten in den Projekten auf eine Arbeitsweise verpflichtet sind, die dem etablierten Standard Vorrang einräumt vor der kreativen Entwicklung immer neuer Lösungen für längst bekannte und bearbeitete Probleme, nur dann kann wirksam ein Wildwuchs wie in meinem oben gezeigten Beispiel verhindert werden.

Die OpenGroup zitiert aus einer ihrer Fallstudien: „One of our case studies says it all: "the strategies embodied in the architecture lead to enormous savings, not in measured terms of hundreds or thousands, but rather millions of dollars." According to a report from Corporate Executive Board Research, John Hancock realized a US$6.25 million savings on redundancies discovered through enterprise architecture. Dow realized US$300 million in new revenue as a result of implementing new projects identified by the enterprise architecture work. And Key Corporation realized 20% reduction in application maintenance resulting in a 1st year savings of US$7 million." (BLE2005).

3.3 Effektivität der IT optimieren

„business alignment"

Effektivität steht für „business alignment", meint Ausrichtung der IT auf das Geschäft. Konzentration der IT auf die richtigen Projekte, die richtigen Anwendungssysteme, die richtige Infrastruktur. Richtig heißt in diesem Kontext: mit maximalem Nutzen. Die Projekte durchführen, mit denen der größte Nutzen für wirtschaftliche und strategische Zielsetzungen des Unternehmens erreicht wird. Die Anwendungssysteme optimieren, die für das Geschäft am wichtigsten sind. Infrastruktur pflegen und beschaffen dort, wo die damit unterstützten Geschäftsprozesse die größte Wertschöpfung gewährleisten. Effektivität der IT mit Hilfe einer Unternehmensarchitektur zu optimieren, bedeutet

- Zielkonformität zu gewährleisten: Sind alle IT-Investitionen jederzeit optimal auf die wirtschaftlichen und strategischen Ziele des Unternehmens ausgerichtet? Werden solche Projekte priorisiert, die das beste Kosten/Nutzen-Verhältnis erwirtschaften? Stehen genau die Wartungsmaßnahmen im Mittelpunkt, die Anwendungssysteme mit dem höchsten Nutzen für das Geschäft optimieren? Fokussiert der Betrieb seine Servicequalität auf die Bereiche mit dem höchsten Wert für das Geschäft?

- Strategie- und Mittelkonformität sicher zu stellen: Konvergieren IT-Maßnahmen und Projekte mit der Geschäftsstrategie? Werden die zur Umsetzung der Strategie erforderlichen Mittel Termin- und Budget-gerecht bereitgestellt?

- Ergebnisorientierung in den Mittelpunkt zu stellen: Werden die „low hanging fruits" primär geerntet? Ist man jederzeit fokussiert auf solche Maßnahmen, die den besten Kosten /Nutzen-Effekt besitzen? Ist der Nutzen für das Geschäft hinreichend genau operationalisiert?

- Terminorientierung zu gewährleisten: Wird für alle Maßnahmen, Projekte und Linienaktivitäten überprüft, welche Reihenfolge den frühesten Nutzengewinn erzeugt? Stehen die „quick wins" ausreichend im Mittelpunkt? Wir alle wissen: Der frühe Vogel fängt den Wurm!

Erfahrungen von Vorreitern Aus der Erfahrung von Organisationen, die bereits eine umfangreiche Praxis im Bereich der Unternehmensarchitektur besitzen, können wir Berichte zum tatsächlichen Nutzen gewinnen. US-amerikanische Behörden und öffentliche Organisationen gehören hier zu den Vorreitern, da sie durch gesetzliche Vorgaben zum Aufbau von Unternehmensarchitekturen und Architekturmanagementprozessen verpflichtet wurden.

Federal Energy Technology Center Das „Federal Energy Technology Center" (FETC) beschreibt in seinem „Final Report" zur Enterprise Architecture (FET1999) seine Nutzenerwartungen an eine Unternehmensarchitektur wie folgt: "

- "Provides a structure in which FETC can manage its information and processes.

- Ensures that our information and technology support the business.

- Focuses systems development toward organizational needs, not individual desires.

- Leads to improved information quality.

- Leads to more efficient and effective information system development."

OpenGroup „TOGAF"

Im „Executive Overview" zum Architekturmanagement-Framework TOGAF der OpenGroup[8] finden wir folgende Formulierung zum Nutzen einer Unternehmensarchitektur:

"It is much easier to ensure access to integrated information across the enterprise: Maximum flexibility for business growth and restructuring, real savings when re-engineering business processes following internal consolidations, mergers, and acquisitions, an IT infrastructure much better equipped to support the rapid deployment of mission-critical business applications. Faster time-to-market for new products and services, leading to increased growth and profitability. In short, an effective IT architecture can make the difference between business success and failure. By investing in IT architecture, you are investing in: Business success, Independence from suppliers, Control over your own destiny"

Time to Market, Unterstützung des Geschäfts, Ausrichtung der IT, Flexibilität – das sind die Begriffe, die hier immer wieder auftauchen. Viele Leser werden denken: schwierig zu fassen, nicht wirklich greifbar, komplex.

Wenn uns eine Transparenz schaffende Unternehmensarchitektur dabei unterstützt, unnötige Heterogenität zu vermeiden, Komplexität zu reduzieren und somit Effizienz zu sichern bzw. zu steigern, dann haben wir doch schon eine Menge erreicht. Aber wie stellen wir sicher, dass wir die nun erworbenen effizienten Mittel auch für die richtigen Maßnahmen einsetzen? Wie stellen wir sicher, dass wir nicht mit einer auf Effizienz getrimmten Maschine mit voller Kraft in die falsche Richtung fahren?

Portfoliomanagement? Notwendig, aber nicht hinreichend!

Ist Portfoliomanagement die Antwort? Notwendig, aber nicht hinreichend meine Antwort! Wie funktioniert Ihr Portfoliomanagement? Ihre Kunden, die Fachbereiche stellen ihre Vorhaben im Rahmen einer Jahresplanung zusammen, alle Vorhaben werden hinsichtlich strategischer und wirtschaftlicher Bedeutung bewertet, das Ganze wird in ein Portfolio gegossen, und dann wird die rote Linie gezogen (s. Abb. 3-5) , die sich aus dem verfügbaren IT-Budget ergibt? So oder ähnlich mag das Prinzip aussehen. Vielleicht kann der IT-Bereich noch eigene Muss-Projekte (z.B. Netzwerkausbau) definieren. Vielleicht werden zusätzlich Abhängigkeiten zwischen Projekten analysiert. Vielleicht wird den Fachabteilungen vorher ein Budgetkorridor vorgegeben. Am En-

---

[8] www.opengroup.org

de entsteht aber immer wieder dieses Bild vom Portfolio mit der roten Linie, in dem Sie alle Projekte identifizieren können, die im nächsten Jahr durchzuführen sind.

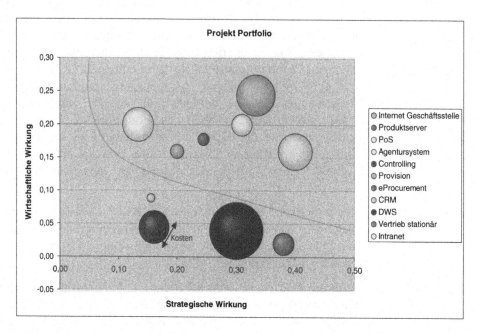

Abb. 3-5: Projektportfolio

Projekte? Ja, Projekte werden dort gelistet. Aber wer kümmert sich um die Anwendungen, um die Infrastruktur, die existierende Landschaft, das „Housekeeping"? Gewiss, Sie können auch eigene Themen des IT-Bereichs einbringen. Aber woher nehmen Sie die? Fallen die vom Himmel? Oder sind sie abhängig von der Virtuosität, mit der Sie Ihr Geschäft beherrschen? Identifizieren Sie IT-Vorhaben, notwendigen Aufbau von Infrastruktur, sinnvolle Renovierung von existierenden Systemen, Optimierung von Schnittstellen, Integration von Systemen, durch scharfes Hinsehen? Oder führen Sie regelmäßig Analysen Ihrer Anwendungs- und Infrastrukturlandschaft hinsichtlich deren Qualität durch? Schauen Sie regelmäßig auf Lücken in der Bebauung, auf Redundanzen, auf Brüche und Heterogenität?

Housekeeping ist wichtig
Das „Housekeeping" ist unter dem Strich sogar wichtiger als Portfolio Planung der Neuprojekte: Nur 20 % der Kosten über den Lebenszyklus einer IT-Anwendung sind initiale Entwicklungskosten – die anderen 80% sind Integrations- und Betriebs-

kosten (PRA2002). Diese Kosten müssen zu wertschöpfenden Investitionen werden.

Portfoliomanagement und Architekturmanagement sind komplementär

Portfoliomanagement und Architekturmanagement sind komplementär. Das eine kümmert sich um den optimalen Mitteleinsatz für das Neue, das andere sorgt sich um die optimale Gestaltung des Bestehenden. Warum ein neues Badezimmer anbauen, wenn das alte mit ein wenig Farbe wieder in Stand gesetzt werden kann?

Hier nutzt ein simples Anwendungsportfolio, wie es in manchen Portfoliomanagementverfahren entwickelt wird, wenig. Es zeigt uns zwar die strategische und wirtschaftliche Bedeutung existierender Anwendungssysteme auf, birgt ggf. noch Zahlen zu Alter, Betriebs-, Wartungs- und Herstellungskosten, bietet aber keine Anfasspunkte für eine technische Analyse.

Ein kleines Fallbeispiel hilft uns hier vielleicht zur Illustration weiter:

Unser fiktives Unternehmen B ist ein Versicherungskonzern mit einem Geschäftsschwerpunkt in der Leben-Sparte und einer deutlich kleineren Komposit-Sparte (Sachversicherungen, Haftpflicht, Unfall, etc.). Nachdem bereits für die Ankopplung der vertriebsunterstützenden Systeme im Leben-Bereich vor einigen Jahren eine elektronische Antragsdatenweiterleitung realisiert worden war, die den Weg vom Antrag zum Vertrag deutlich effizienter gestaltet, stand nun die Entwicklung einer ebensolchen Lösung für den Komposit-Bereich zur Debatte.

Unser Versicherungskonzern war zu diesem Zeitpunkt im IT-Bereich streng Sparten-orientiert aufgestellt, es gab getrennte Bestandsverwaltungssysteme für Leben und Komposit, außerdem separate Vertriebssysteme für Komposit und Leben. In der fachlichen Organisation jedoch gab es einen Sparten-übergreifend wirkenden Vertrieb, der alle Vertriebswege und alle Produkte bediente. Die Verwaltung der Bestände wiederum war in zwei Vorstandsressorts gegliedert - Leben und Komposit.

Das Projektvorhaben "elektronische Antragsdatenweiterleitung Komposit" wurde vom Bereich "Komposit Bestandsverwaltung" in das Portfoliomanagement eingebracht, vom Vertriebsbereich unterstützt und hoch priorisiert. Da die Antragsdatenweiterleitung Leben bereits vorhanden war, gab es keine Konkurrenz für das Vorhaben: Das Projektbudget wurde freigegeben und die elektronische Antragsdatenweiterleitung für Komposit entsprechend umgesetzt.

Das Projekt stellte sich als komplexer heraus, als erwartet. Die Anbindung von Straßenverkehrsämtern in der KFZ-Versicherung wies unerwartete Besonderheiten auf, die den Projektverlauf verlangsamten und verteuerten. Unter dem Strich war die Antragsdatenweiterleitung Komposit teurer als die bereits vorhandene Leben-Lösung, die aber nicht wieder verwendet werden konnte weil sowohl Frontend- wie auch Backend-Systeme unterschiedlich waren. Im Ergebnis wurde nun also der kleinere Teil des Geschäfts (Komposit) durch die teurere Lösung unterstützt. Die Systemlandschaft stellte sich wie folgt dar:

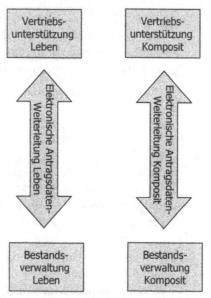

Kurze Zeit nachdem die Antragsdatenweiterleitung Komposit in Produktion gegangen war, brachte die Abteilung Versicherungsmathematik neue Produkte für den Leben-Bereich zur Sprache, die auf Grund von Gesetzesnovellen ein gutes Geschäft versprachen. Schnelle Entwicklung der Produkte und ebenso schnelle Abbildung der neuen Produkte in die IT-Systeme schien geboten, Verkürzung des "time to market" war oberstes Ziel.

Im Kontext dieses Projektes wurde dann aber deutlich, dass die Anpassung der Antragsdatenweiterleitung Leben an die neuen Produkte zum Hemmschuh für das gesamte Vorhaben zu werden drohte. Abstimmung der Produktregeln, Antrags-und Vertragsstrukturen, Abbildung dieser Aspekte in die Systeme, Test und Produktivsetzung boten ungeahnte Komplexität. Eine eilig einberufene Task Force analysierte die Hintergründe wie folgt:

- Vertriebs- und Bestandsverwaltungssystem Leben beruhten auf unterschiedlichen technischen Modellen. Während man bei der Vertriebsunterstützung ein Angebots- und Antragssystem mit hoher Flexibilität im Auge hatte, was zu einer generischen Datenstruktur führte, wurde der Modellbildung für das Bestandssystem der Aspekt Vertragsverwaltung mit hohem Batchanteil zu Grunde gelegt. Der Lebenszyklus Angebot - Antrag - Vertrag war in keinem der beiden Projekte durchdacht worden.

- Im Resultat hatten wir es mit völlig unterschiedlichen Systemen zu tun, die elektronische Antragsdatenweiterleitung war nicht nur technisches Medium, sondern auch fachlicher Impedanzwandler zwischen beiden Welten. Genau deshalb erwiesen sich diese Komponenten als Flaschenhals: Erst nachdem beide Systeme ihre Anpassungen an die neuen Produkte vollzogen hatten, war man in der Lage, die notwendigen Anpassungen an der elektronischen Antragsdatenweiterleitung zu konzipieren und das Mapping umzusetzen. Dazu war es aber erforderlich, die technischen Modelle beider Systeme nachzuvollziehen, ein Faktor, der zur Vervielfachung der Aufwände beitrug.

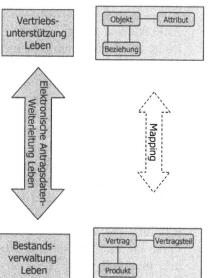

Eine verbesserte Integration von Vertrieb- und Bestand-Leben, basierend auf dem Lebenszyklus Angebot-Antrag-Vertrag, erschien geboten. Gleiche Modelle, gleiche Strukturen, gleiche Regeln, gleiches Verständnis, im Idealfall sogar weitgehend gleiche Softwarekomponenten mussten her:

Vertriebs-
unterstützung
Leben

Elektronische Antragsdaten-
Weiterleitung Leben

Vertrag — Vertragsteil

Produkt

Bestands-
verwaltung
Leben

Diese notwendige Optimierung wurde im Rahmen der nachträglichen Untersuchung des betreffenden Ausschnittes der Anwendungslandschaft identifiziert, war aber nicht rechtzeitig erkannt und in den Planungsprozess eingesteuert worden.

Portfoliomanagement allein reicht also nicht aus, die wichtigen Dinge zu identifizieren. Um notwendige und die Effektivität steigernde Maßnahmen zu identifizieren, bedarf es eines ganzheitlichen Ansatzes, der neben der Planung des Neuen auch die Optimierung des Bestehenden umfasst. Die Identifikation von Maßnahmen zur Optimierung der bestehenden Landschaft sollte hierbei nicht dem Zufall überlassen werden, nicht vom scharfen Blick der Beteiligten allein abhängig sein. Dieses Thema verdient eine eher größere Aufmerksamkeit und Unterstützung als das Portfoliomanagement, sollte also ebenfalls methodisch fundiert und organisatorisch im Architekturmanagement als Pendant zum Portfoliomanagement verankert werden. Ein Abgleich des Projektportfolios mit dem Bebauungsplan sichert die Investitionsplanung ab, sorgt dafür, dass Geld nicht in die falschen Bereiche investiert wird.

Erst die Verbindung von Architekturmanagement und Portfoliomanagement schafft Voraussetzungen dafür, die richtigen Dinge zu tun. Das bedeutet, genau die Projekte und Optimierungsmaßnahmen für die Anwendungslandschaft via Portfoliomanagement auszuwählen, die den größten Nutzen für das Unternehmen bringen. Die Bedeutung des Unternehmensarchitekturmanagements wird sogar größer. Anwendungen und Infrastruktur werden immer wichtiger - wichtiger als Projekte.

Return on Assets

Denn der Produktionsfaktor Kapital wird wichtiger als Arbeit: „Derzeit vollzieht sich eine heftige Verschiebung auf den Märkten für die Produktionsfaktoren Arbeit und Kapital. Ganze Weltregionen – „..." – haben inzwischen ein Entwicklungsniveau erreicht, das es hunderten Millionen Menschen dort erlaubt, ihre Arbeitskraft auf dem Weltmarkt anzubieten. Zugleich ist die weltweite Nachfrage nach Kapital hoch. Steigendes Angebot an Arbeit bei steigender Nachfrage nach Kapital? Logisch: Arbeit wird billiger, Kapital wird teurer." (MUL2005)

Die Folge: Kapital muss Wert schaffen, Return on Assets wird entscheidend. Gartner zieht dazu Vergleiche mit dem Produktionsbereich (LOP2002). Wurde die sinkende Zahl von Beschäftigten in der produzierenden Wirtschaft in den USA zunächst mit der Auslagerung von Produktionskapazitäten in Billiglohnländer in Verbindung gebracht, so musste letztlich doch erkannt werden, dass der Gesamtanteil der produzierenden Wirtschaft am Bruttosozialprodukt konstant blieb. Weniger Beschäftigte bei gleich bleibender Wertschöpfung. Gartner erklärt dies mit steigendem Return on Assets und zieht den Vergleich zur IT:

"Using manufacturing as a guide, the case for investment in enterprise architecture now rather than later is based on two points:

- **ROA.** IT infrastructure is the platform for long-run productivity, and the right planning now will assure the opportunity to see improved operating results in the long-term. Growth in ROA is a metric that can be used to justify a growing market capitalization.

- **Return on opportunity.** While not a formal financial metric, return on opportunity describes the impact an investment has on the business. The process of taking a new business concept - such as a new business model, product, market or process - must overcome constraints that are built into today's business structures." (LOP2002).

Folgt man diesen Ableitungen, dann sind IT-Anwendungen und Infrastruktur die Assets des IT-Bereichs, die gegenüber den Investments in Projekte an Bedeutung gewinnen. „Housekeeping",

Pflege von Anwendungen und Infrastruktur, Optimierung stehen also hoch im Kurs.

3.4 Sicherheit der IT optimieren

Zunächst finden Sie hier einige Beispiele für die Abwesenheit von Sicherheit im IT-Bereich:

- Ein Projekt erfordert unvorhergesehen Infrastrukturaufbau, zusätzliche Server, höhere Netzwerkbandbreiten und überzieht damit das Budget.

- Die Entscheidung, auf eine neue Programmiersprache zu setzen, hat Folgen: Testwerkzeuge, CCM-Tools, Schulungen müssen her, die Entwicklung der GUIs erfordert den Einkauf eines Frameworks; die Kosten explodieren.

- Ein Projekt überzieht Termin und Budget.

- Die Umstellung der Arbeitsplatzrechner auf eine neue Betriebssystemversion führt zu Ausfällen.

- Eine Fehlentscheidung im Projekt führt zum Aufbau einer zusätzlichen, aber eigentlich überflüssigen Entwicklungslinie.

- Vom Projekt zugesicherte Eigenschaften wie z.B. Skalierbarkeit, Sicherheit oder Verfügbarkeit können bei Produktionsbeginn nicht eingehalten werden.

- Das Zusammenspiel zwischen User Helpdesk und 2nd level support funktioniert nicht; die Benutzer melden Unzufriedenheit.

- Ein Projekt geht mit nicht zufrieden stellender Performance in Produktion.

- ...

Prominente Beispiele für solche Fehlleistungen gehen durch die Presse. Haben Sie das selbst schon einmal erlebt? Oder gar ertragen? Die genannten Fehlleistungen sind Folgen eingetretener Risiken, die man absichern kann. Aber jede Absicherung kostet Geld. Eine Unternehmensarchitektur und die Prozesse des Architekturmanagements sind, richtig angepackt, Absicherungen. Sie reduzieren die Wahrscheinlichkeit des Scheiterns. Unternehmensarchitekturen und Architekturmanagement verkaufen Sicherheit, was sind wir bereit zu zahlen?

Fehlende Heuristiken erfordern Absicherung

Wir benötigen Absicherungen, weil wir, anders als unsere Kollegen im Bausektor, häufig mit neuen Verfahren, mit neuen Baustoffen arbeiten, für die noch keine Heuristiken existieren. Wir betreten unbekanntes Terrain, wir erforschen den Dschungel und haben deshalb Notrationen im Gepäck, Reserven, mehr als vielleicht tatsächlich nötig.

Wie kommt es zu solchen Fehlleistungen, wie oben beispielhaft dargestellt? Mangelnde Erfahrung mit neuen Technologien, unzureichende Planung, unvollständige Betrachtung aller notwendigen Aspekte, fehlende Absicherung durch Tests, unzulässige und leichtsinnige Übertragung von Erfahrungen aus anderen Bereichen, das sind nur einige Beispiele.

Instrumente des Risikomanagements

Architekturmanagementprozesse beherbergen, wenn sie richtig kalibriert sind, eine Vielzahl von Instrumentarien, um solche Fehlleistungen sowohl für den Bereich der strategischen Planung wie auch für die operative Umsetzung wirksam zu verhindern.

- Checklisten für den Softwarearchitekten, die ihm helfen, kritische Einflussfaktoren vollständig zu analysieren,

- formale Vorgaben für Struktur und Inhalte von Architekturspezifikationen, die wiederum Vollständigkeit gewährleisten,

- Checklisten für Software- und Systemarchitekten, die ihnen helfen, die Infrastruktur richtig auszulegen,

- Frühwarnindikatoren, die rechtzeitig Warnsignale senden, wenn Grenzwerte überschritten werden und Gegenmaßnahmen zu ergreifen sind,

- Referenzarchitekturen, die erprobt und abgesichert sind, zu denen messbare Heuristiken existieren,

- Prozessschritte, die Belastungstests spezifizieren und sie in zweifelhaften Situationen zwingend verlangen,

das alles bringt Sicherheit in die Softwareentwicklung und -bereitstellung.

Ein Fallbeispiel:

Ein Unternehmen X startet ein Großprojekt, mit dem das Kernanwendungssystem abgelöst werden soll, das aktuell ca. 80% des Geschäfts unterstützt. Die Altanwendung ist ein Großrechnersystem mit großem Batch-Anteil. Das Großprojekt soll die Funktionalität des Altsystems ablösen, zusätzlich neue Produkte unterstützen und erweiterte Funktionalität wie Workflow und Dokumentenmanagement integrieren.

Das Projekt startet mit einer fachlichen Analyse. Parallel dazu wird ein Oberflächenprototyp entwickelt, der mit den Fachabteilungen abgestimmt wird und die Entscheidung erhärtet, das neue System objektorientiert in Client/Server-Technologie zu realisieren. Gegen Ende der fachlichen Analyse ist auch der Oberflächenprototyp fertig gestellt, es wurde außerdem eine Entscheidung für ein Framework getroffen, mit dem die GUI-Entwicklung unterstützt werden soll. Inzwischen arbeiten ca. 60 Mitarbeiter im Projekt, eine Aufstockung des Personals in der anschließend geplanten Realisierungsphase auf ca. 100 Mitarbeiter ist geplant.

Die Projektorganisation für die Realisierungsphase steht, die Helden sind gefunden. Im Rahmen der Aufplanung werden aus den Teilprojekten Fragen laut:

- Wie machen wir das eigentlich mit den Batch-Prozessen, hat der Prototyp das eigentlich geprüft?

- Wie funktioniert denn eigentlich die Einbindung in die Anwendungslandschaft, die Schnittstellen zu Cobol-Systemen, die Verbindung neuer GUI-Oberflächen mit vorhandenen 3270-Masken?

- Der GUI Prototyp hat seine Testdaten der Einfachheit halber auf einem DB2 Server gespeichert. Wie machen wir das mit der Client/Server-Architektur eigentlich im Echtbetrieb?

- Wie funktioniert eigentlich dieses neue Workflow-System in Verbindung mit unseren GUI-Oberflächen?

In dieser Situation wird beschlossen, eine Task-Force zu bilden, die sich der offenen Fragen annehmen soll. Die Task-Force beginnt damit, eine Architekturplanung zu erstellen, in deren Ergebnis ein Maßnahmenkatalog mit ca. 150 Aktivitäten entsteht. Ein Auszug daraus ist in Abb. 3-6 zu sehen.

Dieser Maßnahmenkatalog wird anschließend zur Basis für ein neues Teilprojekt, das sich darum bemüht, in einem Aufholrennen parallel zu Design und Realisierung die wesentlichen Bausteine für Entwicklungsumgebung, Standards und Infrastruktur bereitzustellen.

Ein Beispiel, in dem gerade noch rechtzeitig gehandelt wurde.

Kategorie	Thema	Aktivität
Systemarchitektur		
	Kommunikation	
		Middleware definieren und bereitstellen
		Einbettung in Framework realisieren
		Einbettung in Host-Umgebung realisieren
		XDR definieren
		Transaktionshandling konzipieren
		Locking konzipieren
	Betrieb/Administration	
		Administrations- und Managementsoftware definieren und bereitstellen
		Hardware-/Systemsoftware-ausstattung der Arbeitsplätze u. Server definieren
		Konfigurationsverfahren f. d. Arbeitsplätze definieren
		Konzept für das Monitoring der Applikation entwickeln
	Test	
		Testunterstützung definieren und bereitstellen
		Verfahren beschreiben
		Verantwortlichkeiten definieren
		Herkunft der Testdaten und -vorgaben definieren
		Abnahmeverfahren beschreiben
	Einführungskonzept	
		Verfahren f.d. technische Dokumentation spezifizieren
		Produktionsübergabe spezifizieren
		Benutzerschulungen konzipieren
	Change&Configuration Management	
		Change & Configuration Management Plattform-übergreifend, Change Request Verfahren definieren und bereitstellen
		Softwareverteilung konzipieren
		Konzept für den Umgang mit Entwicklungs-, Test- und Produktionsumgebung entwickeln
	...	
Softwarearchitektur		
	Frameworks / Bibliotheken	
		Generatoren bereitstellen
		Schulungen durchführen
		Coaching organisieren u. durchführen
		Programmier- und Dokumentationskonventionen, Leitfäden Programmierung/Umgebungen (IDE) bereitstellen (Administration, Benutzung)
		IDE aufbauen und administrieren
	Architektur der Hostkomponenten	
		Struktur der Module / Komponenten auf der Host Seite definieren
		Transaktionshandling (s. Kommunikation) definieren
		Programmier- und Dokumentationskonventionen definieren
	Fehlermanagement systemintern	
		Konzept entwickeln
		System implementieren

Abb. 3-6: Maßnahmenkatalog Softwarearchitektur (Beispiel)

Das Fallbeispiel zum Thema Sicherheit zeigt auch deutlich, wie aufwändig häufig Technologieauswahlprozesse sind, wie hohe Rüstzeiten wir benötigen, um Projekte mit einem hohen Anteil neuer Technologie und/oder einschneidender Wirkung auf die gesamte Anwendungslandschaft aufzusetzen. Definierte Architekturmanagementprozesse, Checklisten, Methoden, Evaluationsverfahren helfen deutlich, diese Rüstzeiten zu minimieren (s. Abb. 3-7).

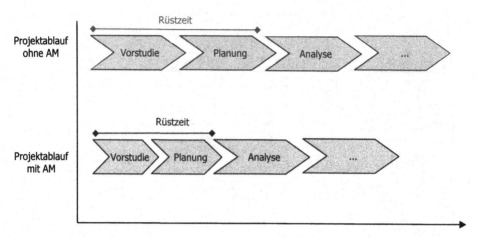

Abb. 3-7: Reduktion von Rüstzeiten für Projekte

Eine Unternehmensarchitektur schafft Transparenz, schafft Ordnung, bringt uns Analysemöglichkeiten auch hinsichtlich potenzieller Risiken. Ein Architekturmanagement birgt in seinen Prozessen Mechanismen des Risikomanagements für den gesamten IT-Bereich. Ein Nutzenpotenzial, das hinlänglich bekannt sein dürfte.

Aber Risikomanagement ist im IT-Bereich ein unbeliebtes Thema, wie auch Tom DeMarco und Timothy Lister in ihrem Buch "Bärentango" anschaulich darstellen (DEM2003). Es wundert mich also nicht, dass der Nutzenaspekt "Sicherheit" in der Diskussion um Unternehmensarchitekturen aktuell so geringen Stellenwert besitzt.

Sicherheit kostet

Sicherheit wird durch ein aktives Risikomanagement erhöht. Das erfordert Investitionen, nicht zuletzt für die Identifikation von Abhängigkeiten und Wirkungen, die Ursache der Risiken sein können. Eine Unternehmensarchitektur schafft die notwendige Transparenz, unterstützt das Risikomanagement und senkt die Hemmschwelle, es anzugehen, von der uns DeMarco und Lister so eindrucksvoll berichten (DEM2003). Sicherheit kann im Widerspruch zu Effizienz stehen und hat deshalb die Berechtigung, als eigenständiges Ziel genannt zu werden. Risiken aufzudecken erfordert häufig Zeit – je mehr Transparenz „out of the box" wir mit einer Unternehmensarchitektur schaffen können, je leichter wird es uns fallen, Risikomanagement zu betreiben.

Sicherheit verlangt nach Transparenz

Die Sicherheit wird primär erreicht durch Transparenz: Je offener das Gelände, je transparenter die Unternehmensarchitektur, umso sicherer können wir uns in unseren Projekten und sonstigen

Maßnahmen bewegen. Im Dunkeln steigt das Risiko, die Unsicherheit wächst.

Sicherheit meint Konformität mit Standards

Sicherheit meint zunächst einmal die Abwesenheit von Risiken, wird mess- und wahrnehmbar über Konformität mit gegebenen Standards, die vertrautes Terrain beschreiben, in dem Risiken bewältigt oder zumindest wohl bekannt sind. Solche Standards können technischer Art sein (standardisierte Infrastrukturen, Referenzarchitekturen oder Vorgehensweisen) oder sich auch auf das Geschäft beziehen: „Compliance Rules" zu gesetzlichen Vorgaben wie z.B. dem Sarbanes Oxley Act (SAR2002) oder der Sharma Risk Map aus Solvency II (ZBR2004).

Unternehmensarchitektur unterstützt das Risikomanagement in der IT

Eine Unternehmensarchitektur erhöht die Sicherheit, ist Mittel eines effektiven Risikomanagements unserer IT-Projekte. Wirkungen und Abhängigkeiten werden nicht nur transparent, die sich daraus ergebenden Risiken können nun auch behandelt werden. Wäre es nicht schön, wenn Sie jedem Ihrer Projekte einen Plan seines individuellen „Spielfelds" mitgeben könnten: zu unterstützende Unternehmens- und IT-Ziele, betroffene und mitwirkende Organisationseinheiten, zu unterstützende Geschäftsprozesse, betroffene Softwarekomponenten und Schnittstellen, Infrastrukturkomponenten und Plattformen? Das schafft Entscheidungssicherheit, das ermöglicht aktive Steuerung, das ist Grundlage der IT-Governance.

Clinger-Cohen Act

Eine Unternehmensarchitektur macht Zusammenhänge messbar, damit können Erfahrungswerte gesammelt und verfolgt werden: ebenfalls ein Beitrag zum aktiven Risikomanagement. Nicht ohne Hintergrund haben beispielsweise die Väter des so genannten Clinger-Cohen Acts (CCA 1996) in den USA ihren Bundesbehörden Regularien für das IT-Management verordnet, aus denen umfangreiche Unternehmensarchitekturprogramme bei eben diesen Behörden entwickelt wurden. Der amerikanische Gesetzgeber ging dabei von einem deutlichen Nutzeneffekt einer Unternehmensarchitektur aus und sah darin einen Beitrag zur Verbesserung der Sicherheit in der IT, zur Kontrolle von Risiken, zur IT-Governance: „CCA (Clinger Cohen Act) emphasizes an integrated framework of technology aimed at efficiently performing the business of the Department. ... the Department also cannot operate efficiently with hardware and software systems purchased on an "impulse purchase" basis and installed without an overall plan"[9].

---

[9] aus der Website des Department of Education (www.ed.gov)

3.5 Der Zweck: Licht ins Dunkel bringen

Die Ziele einer Unternehmensarchitekturinitiative sind damit genannt: Die richtigen Dinge richtig und sicher tun. Was bezwecken wir mit der Unternehmensarchitektur? Wir wollen Licht ins Dunkel bringen, Transparenz schaffen, Navigationsinstrument für den Steuerungsprozess sein. Wir wollen ordnen, wir wollen Governance ausüben.

Das IT Governance Institute hat 2003 eine weltweite Studie mit 7000 Teilnehmern und zusätzlichen Interviews bei 276 CEOs/CIOs durchgeführt[10]. Im Ergebnis wurde u.a. festgestellt,

- dass mehr als 93% des befragten Top-Managements der IT eine wichtige Rolle bei der Umsetzung der Unternehmensstrategie zuweisen,

- dass nur 7% der Befragten im vergangenen Jahr keine IT-Probleme zu beklagen hatten,

- dass mehr als 80% der befragten IT-Executives es für notwendig hielten, IT-Governance oder Teilbereiche dieser Disziplin zu implementieren, um aktuelle Probleme der IT zu lösen.

Bedeutung und Bedarf sind demnach hoch – Umsetzung überwiegend noch verbesserungswürdig. Woran liegt das? Das ITGI führt als Instrumentarium für die Umsetzung von IT-Governance das Prozessmodell COBIT an. Doch sind es denn die Prozesse allein, die uns fehlen? Fehlt es nicht vielmehr an der Informationsbasis, am Management Informationssystem für den CIO, fehlt es nicht an der auswertbaren Unternehmensarchitektur?

Unternehmensarchitektur bringt Transparenz und unterstützt Governance!

Eine Unternehmensarchitektur schafft die für eine wirksame Steuerung notwendige Transparenz, zeigt Abhängigkeiten und Wirkungen auf, hilft uns zu erkennen, wie Ziele, Produkte, Geschäftsprozesse, Anwendungssysteme, Plattformen, Infrastrukturkomponenten und Geräte miteinander verwoben sind. Sie erleichtert es uns, beim Start von Projekten schnell zu erkennen, welche Dinge berücksichtigt werden müssen, wo angefasst werden muss, wo es gilt, Schnittstellen anzupassen, Produktdefinitionen zu überarbeiten, Hilfetexte neu zu gestalten, Infrastruktur aufzubauen.

---

[10] www.itgi.org, 12.3.2005

Die Unternehmensarchitektur ist ein Informationssystem, ein Data Warehouse, das Management-Informationssystem des CIO! Sie enthält die wesentlichen Informationen zur Planung, zur Organisation, zur Steuerung und Kontrolle des IT-Bereiches. Damit ist die Unternehmensarchitektur das Rückgrat der IT-Governance. Steuerung ohne Analyse ist risikoreich. Analyse ohne hinreichende Dokumentation ist es ebenso.

4 Dokumentation: Unternehmensarchitekturen strukturieren

How do I know, what I think,

before I hear, what I say.

Die klassische Definition von Management geht davon aus, dass Dinge durch ein systematisches Handeln, durch einen Regelkreis von Planung, Organisation, Kontrolle und Steuerung bewegt werden können. Dazu ist, wie wir alle wissen, Information notwendig. Wie sollen wir planen, wie organisieren, kontrollieren und vor allem, wie sollen wir steuern, wenn wir nicht wissen, wo wir stehen und wo es hingehen soll? Jedes Management basiert auf Information, gleichwohl ob es das Vertriebsinformationssystem ist, mit dessen Hilfe wir den Außendienst und die Produktentwicklung steuern, oder die „business intelligence suite", die umfassenden Überblick über alle relevanten Kennzahlen liefert. Wenn wir erreichen wollen, dass die Dinge einfach funktionieren, dann müssen wir die Entwicklung aktiv steuern. Das funktioniert nicht im Dunkeln.

Die Unternehmensarchitektur ist das Management-Informationssystem des CIO

So trivial diese Feststellungen auch sein mögen, so sehr mangelt es oft bei der Steuerung komplexer (und teurer) Entwicklungs- und Betriebsprozesse im IT-Bereich an der erforderlichen Transparenz. Wirkungen und Abhängigkeiten sind nicht transparent, werden zu spät erkannt. Schwachstellen bleiben unentdeckt, Potenziale ungenutzt. Eine Unternehmensarchitektur kann hier helfen, kann das notwendige Management-Informationssystem des CIO sein. Informationen über die Strategie und das Geschäft, die Anwendungssysteme, die Infrastruktur, die Projekte laufen hier zusammen.

In diesem Kapitel beschäftigen wir uns gemeinsam mit der Frage, wie eine solche Unternehmensarchitektur aussehen muss, welche Informationen enthalten sein sollten, wie detailliert sie zu gestalten ist und was wir benötigen, um aus der Unternehmensarchitektur tatsächlich das Fundament einer nachhaltig wirksamen IT-Governance und eines professionellen IT-Managements zu formen. Wie entwickeln und dokumentieren wir eine Geschäftsarchitektur? Wie beschreiben wir eine Anwendungsarchi-

tektur? Was gehört zu einer Systemarchitektur? Wie verwalten wir die Unternehmensarchitektur? Wie setzen wir das alles in Beziehung zueinander und werten es aus?

4.1   Anatomie einer Unternehmensarchitektur

Es gibt viele unterschiedliche Ansätze zur Strukturierung der Unternehmensarchitektur, die sich im Wesentlichen durch die Anzahl der Architekturebenen, ihre Abgrenzung gegeneinander und die Granularität unterscheiden. Ich werde zunächst nach dem Prinzip "keep it simple" verfahren und eine verallgemeinerte und vereinfachte Strukturierung verwenden. Sie werden vielleicht einige Details vermissen: Lassen Sie die operative Verfeinerung dafür Sorge tragen. Wir wollen uns hier zunächst auf die wesentlichen Bausteine konzentrieren, die für die Entscheidungsfindung und Steuerung im Kontext der Unternehmensarchitektur relevant sind.

Zur Gliederung der Unternehmensarchitektur werden drei Hauptebenen verwendet, die Sie bereits aus der Unternehmensarchitekturpyramide kennen und die bei Bedarf unterstrukturiert werden können:

- Geschäftsarchitektur

- Softwarearchitektur

- Systemarchitektur.

Die nachfolgende Abbildung 4-1 zeigt diese Hauptebenen mit ihren wesentlichen Bestandteilen:

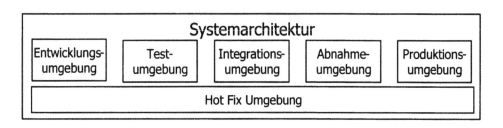

Abb. 4-1:   Das Gesamtbild der Unternehmensarchitektur

KISS – keep it simple and smart
Weitere in der Literatur häufig zu findende Ebenen oder Teilsichten sind z.B. die Sicherheits-, die Informations-, die Daten- oder die Integrationsarchitektur. Diese Komponenten einer Unternehmensarchitektur können aber in das hier gezeigte Basismodell eingeordnet werden. Die Erfahrung zeigt, dass komplexe Top-Modelle einer Unternehmensarchitektur leicht zur Überflutung mit Informationen führen, wenn es um die Nutzung der Architektur für Analysen und Planungen geht. Dann ist das komplexe Modell zwar korrekt - aber nutzlos. Ein einfaches, sinnvoll verdichtetes Top-Modell, das seine Substanz aus darunter liegenden, detaillierten Schichten bezieht, ist hier deutlich sinnvoller.

Beziehungen sind die Grundlage für Analysen
Die Ebenen unseres Modells müssen um Referenzen ergänzt werden, mit deren Hilfe Querbezüge hergestellt werden. Diese Referenzen werden im hier verwendeten Modell in der Anwendungslandschaft abgelegt, die damit selbst keine Inhalte trägt (demnach auch keine eigenständige Architekturebene ist), son-

dern lediglich die Inhalte der Architekturebenen miteinander vernetzt und damit die wesentliche Grundlage für Analysen der Unternehmensarchitektur schafft.

Zur Herstellung der Referenzen zwischen den Ebenen werden Ankerpunkte benötigt. Im Modell finden Sie in der Anwendungsarchitektur Dienste, die zur Unterstützung des Geschäfts angeboten werden und die Ankopplung an Ziele, Geschäftsprozesse und Aufbauorganisation in der Geschäftsarchitektur erlauben.

Übergang von der konzeptionellen Sicht in die Realisierung

Im hier gezeigten Modell wird die Anwendungsarchitektur in zwei Ebenen unterteilt, um die Ankopplung an die operative Umsetzung zu unterstützen (s. Abb. 4-2). Die obere dieser beiden Ebenen ist vorgesehen für Pläne von Anwendungen, die Plattform-unabhängig sind. Fachkonzepte, konzeptionelle Klassen- oder Datenmodelle, Aktivitätsdiagramme, Zustandsautomaten sind Beispiele für solche Modelle. Die Object Management Group (OMG) nennt diese Schicht in ihrer „model driven architecture" ein „platform independant model" (PIM). Die untere der beiden Schichten enthält Modelle von Anwendungen, die Platform-spezifisch sind und technische Aspekte beinhalten. Programmiersprachen-abhängige Designmodelle oder technische Datenmodelle sind Beispiele für Elemente dieser Schicht. Die OMG nennt diese Schicht „platform specific model" (PSM). Im operativen Architekturmanagement wird diese Schicht inhaltlich gefüllt (s. 7.3 Operatives Architekturmanagement).

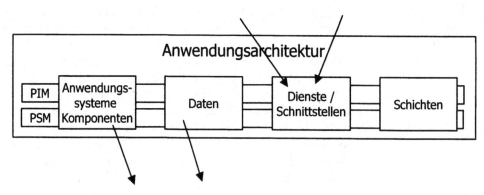

Abb. 4-2:   Anwendungsarchitektur

Mit diesen Erweiterungen erlaubt uns die Anwendungslandschaft nun die Herstellung der Referenzen zur Darstellung der Unterstützung von Aspekten aus der Geschäftsarchitektur (z.B. Geschäftsprozesse) durch Aspekte der Softwarearchitektur (z.B. Anwendungssysteme) unter Nutzung von Aspekten aus der Systemarchitektur (z.B. Plattformen). Mit Hilfe der in der Anwendungslandschaft abgebildeten Referenzen (s. Abb. 4-3) können z.B. Fragen wie diese beantwortet werden:

- Welche Anwendungssysteme unterstützen den Geschäftsprozess „Neugeschäft", welche Plattformen und Infrastrukturkomponenten sind hierzu erforderlich und mit welchen Kosten ist dies verbunden?

- Welche Folgen hat die Ablösung einer spezifischen Infrastrukturkomponente oder eines Anwendungssystems, z.B. eines veralteten Betriebssystems oder einer aus der Wartung laufenden Standardsoftware?

- Welche Folgen für das Geschäft hat der Ausfall eines Applikations- oder Datenbankservers?

- Welche Auswirkungen auf den Ausbau der Infrastruktur ergeben sich aus einem laufenden Großprojekt? Welche Infrastrukturkomponenten müssen zusätzlich beschafft werden? Welche Hardware? Welche Zusatzbelastungen entstehen für vorhandene Hardware?

- Mit welcher Häufigkeit wurden Geschäftsprozesse in der Vergangenheit abgewickelt? Welche Mengengerüste (Transaktionen, Datenbankzugriffe, Datenvolumina) entstanden daraus in der IT? Wie haben sich diese Mengengerüste über die Zeit entwickelt? Welche Kosten waren damit verbunden?

Zur Beantwortung dieser Fragen müssen die über Referenzen miteinander verknüpften Elemente der Unternehmensarchitektur attributiert sein. Informationen zu Kosten, Risiken des Ausfalls eines Elements (z.B. eines Servers) oder zum erforderlichen und verfügbaren Speicher sind z.B. notwendig, um die in Abb. 4-3 gezeigten Referenzen bewerten zu können.

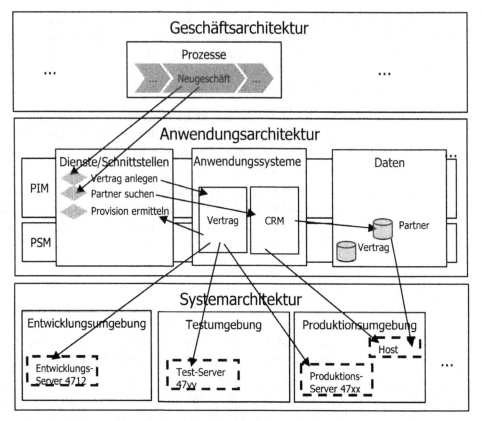

Abb. 4-3:   Abhängigkeiten und Wirkungen in der Unternehmensarchitektur
            sichtbar machen

Neben den Querbezügen zwischen den Ebenen unserer Unternehmensarchitektur interessieren uns auch Referenzen zu Anforderungen:

- Welche Anforderungen werden durch das Anwendungssystem „Partner" erfüllt?

- Welche Anforderungen erzeugt das Anwendungssystem „Partner" an andere Systeme?

- Welche Anforderungen sind voneinander abhängig, bedingen sich gegenseitig oder stehen im Widerspruch zueinander?

- Welche fachliche Anforderung wird durch welche Komponente der Anwendungsarchitektur erfüllt, welche Infrastrukturkomponenten und welche Hardware sind dazu erforderlich? Welche Folgen hat ein Ausfall von Hardware oder Infrastruktur?

Die gesamte Unternehmensarchitektur inclusive der Referenzierungsmechanismen und Anforderungsbezüge ist in der Abb. 4-4 zu sehen:

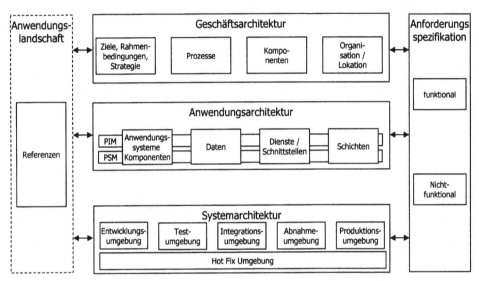

Abb. 4-4:   Anforderungsmanagement und Anwendungslandschaft

Diese Gesamtsicht einer Unternehmensarchitektur wird durch eine Vielzahl von Einzelplänen bevölkert, die sich den durch Kästen symbolisierten Teilbereichen zuordnen lassen. Es gibt Prozessmodelle, Organisationsmodelle, Datenmodelle, Netzwerkmodelle, die aufeinander abgestimmt sind und durchgängig ausgewertet werden können. Am nachfolgenden Beispiel sehen wir ein Prozessmodell, das in die Unternehmensarchitektur eingeordnet wird.

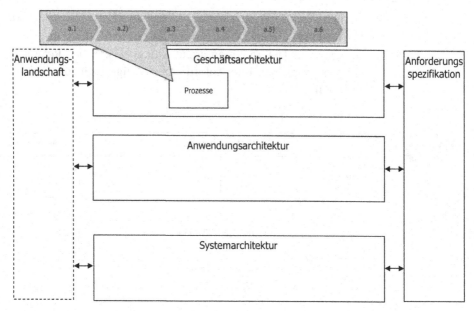

Abb. 4-5:   Geschäftsprozesse in der Unternehmensarchitektur

Stakeholder-spezifische Sichten

Die Inhalte der drei Hauptebenen können mittels Bildung von Ausschnitten oder Abstraktionsgraden in Sichten zusammengefasst werden, um die Informationsbedürfnisse spezifischer Interessengruppen („stakeholder") zu befriedigen. So sind z.B. spezifische Ausschnitte für Projekte darstellbar, die alle Aspekte der Unternehmensarchitektur in einer Projektion zusammenfassen, die für ein spezielles Projekt relevant sind. Nicht nur für Projekte sind solche Ausschnitte hilfreich und notwendig, sondern auch für Linienaufgaben (z.B. Netzwerkoptimierung), Task-Forces oder als Planungsunterstützung (s. Abb. 4-6).

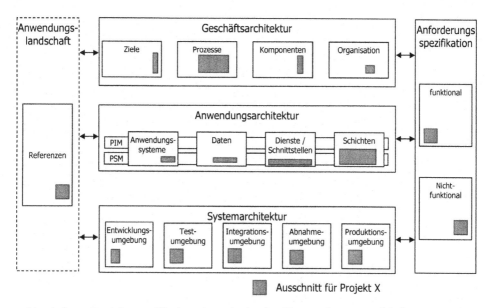

Abb. 4-6:   Projektspezifischer Ausschnitt der Unternehmensarchitektur

Neben solchen Projektionen für spezifische Einsatzzwecke sind auch Abstraktionen für die bereits mehrfach erwähnten Interessengruppen wie Planer, Eigentümer und Entwickler erforderlich. Da diese Interessengruppen sehr unterschiedliche Informationsbedürfnisse haben, ist es notwendig, die Modelle in verschiedenen Ausprägungen darstellbar zu machen. Abstrakte Sichten auf eine Anwendungslandschaft sind z.B. für den Unternehmensplaner erforderlich, während der Projektleiter die Komponenten, d.h. Teilergebnisse seines Projektes sehen möchte. Der Designer benötigt eine noch detailliertere Sicht auf dasselbe Modell (s. Abb. 4-7).

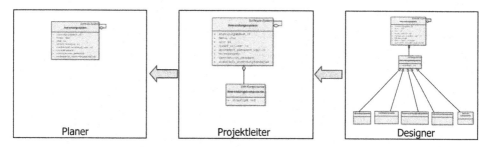

Abb. 4-7:   Stakeholder-spezifische Sichten auf die Unternehmensarchitektur

Zur Strukturierung der verschiedenen Abstraktionsgrade und Themengebiete, die für die Interessengruppen einer Unternehmensarchitektur interessant sind, kann auf das Zachman Modell (ZAC1987) zurück gegriffen werden. Die Zeilen des Zachman Modells (s. Abb. 7-13: Das Zachman-Framework (aus AGI2004), S. 193) beschreiben die spezifischen Sichten für Interessengruppen wie Planer, Eigentümer, Designer, Entwickler, Zulieferer.

Dem Ansatz von Zachman folgend wächst unser Basismodell einer Unternehmensarchitektur in die dritte Dimension, wenn wir die verschiedenen Ausschnitte und Abstraktionsgrade für unterschiedliche Interessengruppen abbilden wollen. Jede der Sichten enthält eine spezifische Abstraktion oder Projektion. Im Gegensatz zum Zachman Modell gehen wir inzwischen von einer offenen Anzahl solcher Sichten aus, die situativ entstehen können, um spezifische Dokumentations-, Analyse- oder Planungsbedürfnisse zu erfüllen. Die Sicht entsteht aus einer Kopie des Basismodells als Projektion oder Abstraktion (s. Abb. 4-8).

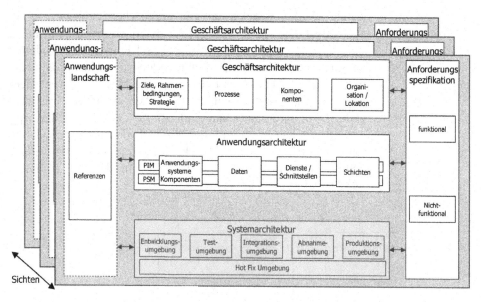

Abb. 4-8:   Unternehmensarchitektur „big picture"

Das so hergeleitete „big picture" einer Unternehmensarchitektur beantwortet uns mit den darin zusammengeführten und konsolidierten Plänen folgende Kernfragen:

- Was wird durch IT-Systeme unterstützt?

- Wie wird diese Unterstützung realisiert?

- Womit wird diese Unterstützung realisiert?

- Welche Kosten entstehen? Welcher Nutzen? Welche Lücken gibt es? Welche Brüche und welche Redundanzen?

- Weshalb, zu welchem Zweck werden IT-Systeme eingesetzt? Welcher Business Case steht dahinter? Welche Anforderungen liegen dem System zu Grunde?

Was wird durch IT unterstützt?

Mit den in einer Geschäftsarchitektur enthaltenen Plänen soll dargestellt werden, **was** durch die IT zu unterstützen ist. Die Geschäftsarchitektur enthält Geschäftsprozessmodelle, Organisationsmodelle, Spezifikationen von Unternehmenszielen, IT-Zielen und Randbedingungen, Modelle von Geschäftskomponenten. Sie beschreibt somit die Funktionsweise des Geschäfts, nicht allein aus der IT-Sicht, aber in der Regel ausgerichtet auf den Zweck der Unternehmensarchitektur - die Gestaltung der IT-Landschaft eines Unternehmens.

Wie wird die Unterstützung realisiert?

Die Anwendungsarchitektur soll die Frage beantworten, **wie** das Geschäft zu unterstützen ist. Die Anwendungsarchitektur, häufig auch Softwarearchitektur genannt, enthält Modelle von Softwarekomponenten (die zu Anwendungssystemen aggregiert werden), Daten, Schnittstellen und Schichten. Dem OMG-Ansatz der „model driven architecture" folgend werden diese Modelle in „platform independant" und „platform specific model" (PIM, PSM) differenziert, um Modellsichten, die Implementierungs-spezifische Details enthalten (z.B. das API eines spezifischen Application Servers), von solchen Sichten zu trennen, die noch Plattformneutral sind.

Womit arbeitet die IT?

Mit der Systemarchitektur soll dokumentiert werden, **womit** Anwendungssysteme betrieben und unterstützt werden. In der Systemarchitektur finden sich Modelle, die Infrastrukturkomponenten (z.B. Betriebs- oder Datenbanksysteme) und Geräte(Typen) beschreiben, die in verschiedenen Umgebungen bereit gestellt werden, um als Ablaufumgebung für Anwendungssysteme zu dienen. Umgebungen für die Entwicklung enthalten andere Infrastrukturkomponenten und Gerätetypen als z.B. Test- oder Produktionsumgebungen.

Die durch eine Anwendungslandschaft bereitgestellte Referenzierung sagt uns dabei, durch welche Anwendungs-und Infrastruktursysteme das Geschäft unterstützt wird. Die Anwendungslandschaft ist eine Sammlung von Referenzen, die uns z.B. aufzeigt, welche Anwendungssysteme unter Zuhilfenahme welcher Gerätetypen und Infrastrukturkomponenten welche Geschäftsprozesse unterstützen. In dem hier verwendeten Modell einer Unternehmensarchitektur wurde auf eine eigenständige Architekturebene für diesen Sachverhalt verzichtet, da er sich vollständig über Referenzierung abbilden lässt. Diese Referenzierung erlaubt es Ihnen dann, Ihre Unternehmensarchitektur auszuwerten: Welche Kosten sind mit dieser Unterstützung verbunden, welcher Nutzen entsteht daraus, welche Abhängigkeiten bestehen, welche Lücken, welche Redundanzen, welche Brüche?

Warum das Ganze, zu welchem Zweck, mit welcher Absicht?

Die Anforderungsspezifikationen sagen uns, weshalb und **warum**, zu welchem Zweck IT-Systeme eingesetzt werden. Die Anforderungsspezifikation enthält Bezüge zu Anforderungen:

- Anforderungen, die z.B. auf die Implementierung von Softwarekomponenten einwirken,

- Anforderungen, die sich aus der Implementierung von Softwarekomponenten z.B. an die Infrastruktur ergeben,

- Anforderungen, die z.B. durch die Bereitstellung von Geräten erfüllt werden,

- Anforderungen, die Grundlage für andere Anforderungen sind,

- Anforderungen, die im Widerspruch zu anderen Anforderungen stehen.

Verwaltung der Unternehmensarchitektur

Um mit einer Unternehmensarchitektur dauerhaft arbeiten zu können, um sie zum Leben zu erwecken, ihre Potenziale für Analysen und zur Planung nutzen zu können, sind Verwaltungsmechanismen erforderlich. Mechanismen zur Historisierung, zur Versionierung, zur Schlagwortbildung, zur Ausschnittbildung und zur Bildung von Abstraktionen helfen dabei.

- Historisierung hilft dabei, vergangene, zukünftige und aktuelle Stände einer Unternehmensarchitektur aufbewahren und darstellen zu können. Abweichungsanalysen oder Gap-Analysen helfen dabei, das Delta zwischen Ist und Soll zu bestimmen, daraus Maßnahmen abzuleiten und diese wiederum zu kontrollieren.

- Versionierung hilft dabei, z.B. verschiedene Planszenarien für einen zukünftigen Zustand der Unternehmensarchitektur verwalten und analysieren zu können.

- Schlagwortbildung hilft dabei, in der Unternehmensarchitektur zu navigieren.

- Ausschnittbildung und Abstraktion helfen dabei, spezielle Sichten für Interessengruppen aufbauen zu können.

Die Bestandteile einer Unternehmensarchitektur

Nachdem wir uns nun gemeinsam eine Übersicht darüber verschafft haben, was eine Unternehmensarchitektur ist, will ich die genannten Bestandteile etwas genauer „aufklappen". Dabei müssen wir uns vor Augen führen, dass jeder Bestandteil, sei es die Geschäfts- oder die Anwendungs- und Systemarchitektur, aber auch die Anforderungen und die Referenzierung über die Anwendungslandschaft, mehr oder minder detailliert, in Ausschnitten dargestellt, historisiert und versioniert werden kann. Für die strategische Planung, für die Unterstützung der IT-Governance, für informierte Entscheidungen, kurz für das strategische Architekturmanagement wird in der Regel eine abstraktere Sicht hinreichend sein. Aber jeder Bestandteil der Unternehmensarchitektur kann nach Bedarf verfeinert und detailliert werden, bis ein operativ umsetzbares Modell entsteht, das als Richtschnur des operativen Architekturmanagements zur Steuerung von Initiativen und Projekten einsetzbar ist. Diese Mechanismen einer Unternehmensarchitektur, die der Übersetzung strategischer Visionen und Planungen in operative Realität dienen, die letztlich Voraussetzung für eine andauernde Konvergenz von Geschäft und IT sind, werden uns fortlaufend durch dieses Buch begleiten.

4.2 Die Geschäftsarchitektur

Zunächst einmal ist eine Geschäftsarchitektur eine Kollektion von Plänen, die das Geschäft eines Unternehmens beschreiben. Die Breite und Tiefe dieser Pläne ist dabei auf den Zweck abgestimmt, modellhaft die Gesamtheit aller Aspekte des Unternehmens zu spezifizieren, die für den Aufbau einer angemessenen IT-Unterstützung relevant sind. Aufbauorganisation, Geschäftsprozessmodelle, Ziele, Rahmenbedingungen, Strategien – all das ist Bestandteil einer Geschäftsarchitektur. Eine Geschäftsarchitektur wird entwickelt, um die IT-Unterstützung eines Unternehmens optimal auf Ziele, Rahmenbedingungen und Strategien abzustimmen.

Visualisierung von Zielen, Strategien und Rahmenbedingungen

Neben diesem Zweck einer Geschäftsarchitektur können die in ihr zusammengefassten Pläne auch allein für Zwecke der Unternehmensplanung und -entwicklung („business development") genutzt werden. Eine Visualisierung und Dokumentation von Zielen, Strategien und Rahmenbedingungen stellt für sich genommen einen Wert für das Unternehmen dar. Eine umfassende Geschäftsarchitektur enthält also auch solche Aspekte, die für den Nicht-IT-Experten relevant sind und modellhaft betriebliche Wirklichkeit widerspiegeln.

Im Verlauf unserer weiteren Reise durch Entwicklung und Nutzung von Unternehmensarchitekturen wollen wir uns jedoch auf die Verwendung einer Geschäftsarchitektur zur verbesserten Ausrichtung der IT auf das Geschäft konzentrieren. Das ist unser primäres Anliegen, nicht der Aufbau eines Unternehmensmodells. Hier ist wieder einmal ein vernünftiger Umgang mit den Dingen gefragt. Die in einer Geschäftsarchitektur versammelten Modelle entstehen nicht aus Interesse am Erkenntnisgewinn, nicht aus Freude an der reinen Schönheit des Modells - sie entstehen im Rahmen eines Planungsprozesses, der auf eine Optimierung der IT-Unterstützung des Unternehmens abzielt. Sie entstehen ausgehend von Unternehmenszielen, Stategie-getrieben und als Teil eines Plans.

Welche Modelle benötigen wir dann, um den Aspekt der Geschäftsarchitektur in einem Unternehmensarchitekturmodell hinreichend auszufüllen? Unverzichtbar sind

- das Modell der Unternehmens- und IT-Ziele,

- das Organisationsmodell (Organisationseinheiten, Geschäftsbereiche).

Geschäftsprozessmodell und Produktkatalog

Ebenso wichtig ist ein Geschäftsprozess- und Produktmodell, das nicht detailliert ausgearbeitet, aber abgestimmt und akzeptiert sein muss. Das genau ist die pragmatische Grundlage für die Klärung der Frage, wie detailliert das Geschäftsprozessmodell zu entwickeln ist. Sobald eine Ebene gefunden ist, die genügend Details bietet, um abstimmbar und konsensfähig zu sein, endet die weitere Modellierung im Kontext der Unternehmensarchitektur. Eine weitere Verfeinerung des Geschäftsprozessmodells bleibt dann anderen Projekten vorbehalten. Genau so wird verfahren, wenn bereits ein Geschäftsprozessmodell vorhanden ist. Auch dies wird nicht in allen Details, mit allen Aktivitäten- und Rollenbeschreibungen in die Unternehmensarchitektur übernommen. Lediglich Top-Prozesse und die wichtigsten Produkte sind notwendig, um eine fachliche Gliederung der Unternehmensarchitektur und eine Bewertung der IT-Unterstützung zu gewinnen.

Geschäfts-komponen-tenmodell

Ein Geschäftskomponentenmodell bietet eine hervorragende Grundlage für die fachliche Bebauungsplanung. Strukturierung der Anwendungssysteme, Definition erforderlicher fachlicher Services - das sind die wesentlichen Nutzenaspekte eines solchen Modells. Darüber hinaus bietet das Geschäftskomponentenmodell ein methodisch ideales Mittel zur „Tiefenmessung" bei der Geschäftsprozessmodellierung, das den oben genannten pragmatischen Weg ergänzen oder ablösen kann. Geschäftsprozesse werden so lange weiter verfeinert, bis die zur Unterstützung von Teilprozessen erforderlichen Services eindeutig einer Geschäftskomponente zugeordnet werden können (s. Abb. 4-9). Im nachfolgend gezeigten Beispiel wird der Geschäftsprozess „Bestand verwalten" so weit verfeinert, bis die entstehenden Teilprozesse (Partner suchen, Produkt suchen) eindeutig jeweils einer Geschäftskomponente zugeordnet werden können. Die so gefundene Ebene des Geschäftsprozessmodells hat sich im Kontext einer Unternehmensarchitektur als sinnvoll nutzbar erwiesen.

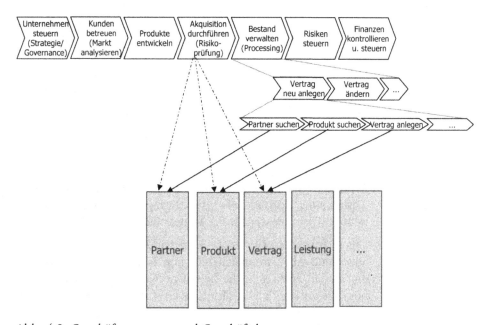

Abb. 4-9: Geschäftsprozesse und Geschäftskomponenten

Detaillierter sollten die Modelle in der Unternehmensarchitektur nicht entwickelt werden. Eine Geschäftsarchitektur sollte die wesentlichen fachlichen Vorgaben für die Gestaltung der IT-Landschaft beinhalten, konkret genug sein, um als Grundlage einer Bebauungsplanung zu dienen, aber nicht den Detailreichtum eines Projektmodells erreichen.

Zu viele Details – in Schönheit sterben

Werden die Modelle zu detailliert entwickelt, dann sind sie kaum mit vertretbarem Aufwand aktuell zu halten. Jede Veränderung im Detaillevel des Zielmodells, des Organisationsmodells, der Prozess- und Komponentenmodelle müsste nachgezogen werden. Andererseits kann ein zu abstraktes Modell nicht den Zweck erfüllen, den wir im Kontext einer Unternehmensarchitektur mit dem Geschäftsarchitekturmodell verfolgen. Qualitative und quantitative Bewertung von Maßnahmen z.B. für die Bebauungsplanung setzt hinreichend detaillierte Ziel- und Organisationsmodelle voraus, Referenzarchitekturen müssen auf Einsatzszenarien abgestimmt sein, die sich z.B. auf Felder einer Prozess-/Produktmatrix beziehen. Es heißt also, das vernünftige Mittelmaß für die Detaillierung der Modelle zu finden. Dieser Aspekt wird gern und häufig in Modelliererkreisen diskutiert (und bindet viel Kapazität).

Konsolidierung von Modellen

Woran mangelt es? Klare Definition des erforderlichen Abstraktionsgrades benötigt einen Tiefenmesser. Dieser ist nur zu gewinnen, wenn die verschiedenen Modelle ganzheitlich betrachtet werden. Genau dies aber tun viele Unternehmen nicht. Da werden Geschäftsprozess- und Organisationsmodelle in der Organisationsabteilung entwickelt und gepflegt. Das Modell der Unternehmensziele liegt in der Verantwortung des Business Developments. Geschäftskomponentenmodelle werden im IT-Bereich aufgebaut. Und diese Modelle werden in der Regel nicht nebeneinander gelegt und abgestimmt. Dieses „Nebeneinanderlegen", das Abstimmen, das Konsolidieren ist Hauptaufgabe des Unternehmensarchitekten beim Aufbau und der Pflege einer Unternehmensarchitektur. So kann dann z.B. durch die oben gezeigte Abstimmung von Prozess- und Komponentenmodell auch der richtige Tiefenmesser für die Modellbildung gefunden werden.

IT folgt dem Geschäft

Die IT folgt dem Geschäft - kein wirklich neues und originelles Statement. Aber wenn ich hier nun fordere, dieses Geschäft in ein Modell zu fassen, die hierzu notwendigen Tätigkeiten in einem Prozessmodell zu formalisieren und damit wiederholbar und kontrollierbar zu machen, dann werden sicher einige Skeptiker auf den Plan treten, denen dies zu akademisch erscheint.

Wenn wir die Geschäftsarchitektur um ihrer selbst willen entwickeln, wenn wir zufrieden damit sind, dass alles aufgeschrieben und dokumentiert ist, dann werden diese Skeptiker womöglich Recht behalten.

Verbindlich-keit

Warum entwickeln wir ein Modell, warum schreiben wir so etwas auf? Um es besser zu verstehen, also nicht nur des Aufschreibens, sondern vor allem der Erkenntnisse wegen. Und noch mehr, um Verbindlichkeit zu erzeugen, die Verbindlichkeit des geschriebenen Wortes. Eine Geschäftsarchitektur, in der notwendigen Detailgenauigkeit aufgeschrieben und abgestimmt, schafft uns eine verbindliche Grundlage für die Planung und Verwirklichung der Anwendungslandschaft. Verbindlichkeit ist an dieser Stelle ein überaus wichtiges Stichwort, denn jede Bebauungsplanung, jede Referenzarchitektur, jeder Warenkorb der Systemarchitektur, jeder Architekturentwurf eines Projektes wird in Frage gestellt, wenn die Geschäftsarchitektur ins Wanken gerät.

„moving tar-gets"

An dieser Stelle werden wieder einige Leser ins Grübeln kommen. Es handelt sich um diejenigen, die in vielen IT-Seminaren und Workshops mit leidender Mine die Aalglätte ihrer Kunden auf der Seite des Business beklagen, deren wechselhaften Einfällen und Launen man gar nicht beikommen könne. „Moving Targets" - Fachbereiche sind dafür berüchtigt. Tatsächlich aber ist mir noch nie ein Fall bekannt geworden, in dem eine Fachabteilung aus purer Absicht, nur um die IT-Leute zu ärgern, ihre Ziele verändert hätte. Gewiss, es gab schon einmal Fälle, in denen Stil und / oder Timing verbesserungswürdig waren, aber nie Fälle, in denen es ganz obsolet war. Immer steht dahinter eine Notwendigkeit, z.B. auf Markterfordernisse oder die Veränderung gesetzlicher Rahmenbedingungen zu reagieren, oder eine Strategie, die Positionen stärken oder neu schaffen soll.

Agilität ist gefragt

Verbindlichkeit schaffen bei gleichzeitiger Akzeptanz ständiger Veränderung - geht das überhaupt? Mit der Rahmenbedingung, dass Festlegungen immer einen Gültigkeitszeitraum haben (von/bis), geht das! Mit Prozessen, die Veränderung als festen Bestandteil einplanen, die vor die Reaktion die aktive Intervention stellen, die Agilität und Flexibilität in den Mittelpunkt stellen, geht das! Agilität ist entscheidender Überlebensfaktor für den Prozess zur Entwicklung der Geschäftsarchitektur. In einem hoch volatilen Umfeld können wir nur mit Agilität überleben. Was heißt das, fragt da der Ungeduldige.

Geschäftsarchitektur ist Grundlage für die Bewertung einer Unternehmensarchitektur

Eine Geschäftsarchitektur als Bestandteil einer Unternehmensarchitektur darf nicht um ihrer selbst willen entwickelt werden, sondern muss als Grundlage für Analyse, Planung und Umsetzung verstanden und konzipiert werden. Die Abstimmung von IT und Geschäft aufeinander muss im Mittelpunkt stehen, die hierzu gehörenden Fragen müssen beantwortet werden. Wir dokumentieren die Geschäftsprozesse, um die zu ihrer Unterstützung eingesetzten Anwendungssysteme und Plattformen z.B. hinsichtlich Abdeckung der fachlichen Anforderungen, Heterogenität, Kosten und Nutzen analysieren zu können. Wir dokumentieren die Unternehmens- und IT-Ziele, um Anwendungssysteme hinsichtlich ihres Beitrags zur Erreichung dieser Ziele zu untersuchen. Wir zeichnen Strategien und Rahmenbedingungen auf, um Konformität der IT-Unterstützung mit diesen Aspekten zu überprüfen. Und schließlich dokumentieren und analysieren wir alle diese Dinge, um Verbesserungspotenziale zu identifizieren und Optimierungsprojekte umzusetzen. Aber ohne Geschäftsarchitektur fehlt uns der notwendige Bewertungsmaßstab. Wir dokumentieren und analysieren, ohne die Erkenntnisse wirklich bewerten und in konkretes Handeln überführen zu können.

Kein Ausstellungsstück

Für eine Geschäftsarchitektur gilt, ebenso wie für alle anderen Komponenten einer Unternehmensarchitektur: Erstellt man sie nur, um sie präsentieren zu können, sie auszustellen, sie zu betrachten, dann werden sie im besten Fall für schön befunden, eine Weile bestaunt, dann vergessen und, schneller als man denkt, sind sie verstaubt.

Positionsbestimmung ist kein Selbstzweck

Wie bereits in der Begriffsdefinition erwähnt, gewinnt man allein durch die Dokumentation einer Unternehmensarchitektur ein Mittel zur Positionsbestimmung. Aber dieses Mittel bleibt wertlos, wenn man nicht auch auf die Reise geht. Die Geschäftsarchitektur muss ebenso wie alle anderen Teile der Unternehmensarchitektur genutzt werden, sie muss Analyse- und Planungsgrundlage sein, sie dient als Bewertungsmaßstab, sie muss Richtschnur für Optimierungsprojekte sein, und sie muss nicht zuletzt aktiv genutztes Mittel zur Kommunikation und Abstimmung zwischen Geschäft und IT sein. So wie Anwendungslandschaft ohne Ankopplung an das Geschäft ein technisches Gebilde bleibt, nicht fachlich bewertet werden kann, keine Grundlagen für die Steuerung zukünftiger Bebauung bietet, so gilt dies auch für andere Bereiche der Unternehmensarchitektur.

**Geschäftsar-
chitektur ist
das Salz in der
Suppe einer
Unterneh-
mensarchitek-
tur**

Deshalb lesen Sie hier mein Plädoyer für die Entwicklung bzw. Integration einer Geschäftsarchitektur in die Unternehmensarchitektur, um wirklich nachhaltige Verbesserungsprozesse für die Optimierung der IT zu etablieren. Quellen für den Aufbau einer Geschäftsarchitektur finden Sie in den meisten Unternehmen im Überfluss:

- Geschäftsprozessmodelle,

- Unternehmensstrategien,

- strategische Planungen der Fachbereiche,

- IT-Strategien,

- Protokolle von Workshops mit Führungskräften,

- Geschäftskomponentenmodelle.

Diese Quellen im Rahmen einer Initiative zum Aufbau einer Unternehmensarchitektur zu nutzen, ist in der Regel nicht kompliziert, nicht einmal besonders aufwändig. Vorausgesetzt seien ein pragmatisches Vorgehen, ein Verständnis für die relevanten Fragestellungen, eine klare Ausrichtung auf den Zweck einer Unternehmensarchitektur – die Dinge ins Rollen bringen.

In der nachfolgenden Abb. 4-10 sehen Sie die Übersicht zum Metamodell einer Geschäftsarchitektur (ACT2004). Das hier gezeigte Metamodell unterstützt mehrere Abstraktionsebenen (A-, B-, C-Level), um sowohl strategischer Ausrichtung einer Unternehmensarchitektur wie auch operativer gerecht zu werden.

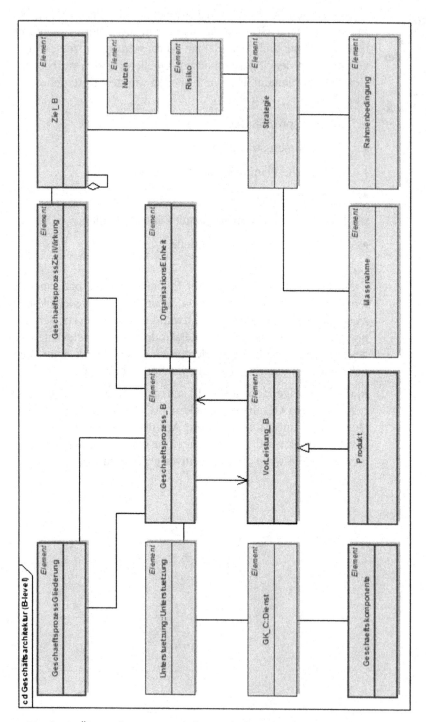

Abb. 4-10: Übersicht Metamodell Geschäftsarchitektur (B-Level)

4.3 Die Anwendungsarchitektur

Eine Anwendungsarchitektur ist ein Plan der im Unternehmen vorhandenen Anwendungssysteme, ihrer inneren Struktur, der technischen Komponenten, aus denen sie bestehen, und der Prinzipien, nach denen sie konstruiert werden. Die Anwendungsarchitektur sagt uns,

- welche Anwendungssysteme das Geschäft mit welchen Services unterstützen,

- welche Kosten und Wertschöpfungsbeiträge damit verbunden sind,

- welche Verfügbarkeit und Ausfallsicherheit diese Systeme haben,

- welche Schnittstellen und Kommunikationsbeziehungen zwischen den Systemen existieren und wie diese fachlich und technisch realisiert sind,

- welche fachlichen Informationen und Parameter dazu erforderlich sind,

- wie die Systeme in Subsysteme, Module oder Komponenten gegliedert sind,

- welche Daten sie verwenden.

Von der strategischen Planung zur operativen Umsetzung

Die Anwendungsarchitektur muss, ausgehend von den Anforderungen, die Geschäftsarchitektur berücksichtigend, auf den Prinzipien der Unternehmensarchitektur basierend entwickelt werden. Eine Anwendungsarchitektur legt in ihrer operativen Ausprägung die Prinzipien fest, nach denen Softwaresysteme entwickelt werden. Sie definiert Modul- und Komponentenbildung, sie spezifiziert die Art, in der Schnittstellen entwickelt werden, sie definiert Schichten, Kontrollflüsse, Kommunikationsbeziehungen und Verfahren zur Anbindung von Benutzeroberflächen. Eine Anwendungsarchitektur beschreibt die Prinzipen der Batchverarbeitung, des Sessionhandlings, der Transaktionssicherung und des Restarts von Anwendungen. Das alles beschreibt eine Anwendungsarchitektur unter Berücksichtigung von Anforderungen wie Sicherheit, Stabilität, Verfügbarkeit und Performance. Für die existierenden Anwendungssysteme werden diese Informationen in der Anwendungsarchitektur bereitgestellt.

Für alle genannten Themen gibt es die verschiedensten Ausprägungen: Softwaresysteme können in 5, 6 oder auch 7 Schichten gegliedert werden, Komponenten können fachlich hergeleitet oder auch technisch definiert werden, Kommunikation kann synchron oder asynchron laufen, Benutzeroberflächen können Bildschirm- oder zeichenorientiert, grafisch oder im HTML-Stil aufgebaut sein. Wollen Sie alle Optionen für jedes Projekt offen halten?

Heterogenität Das mündet in Heterogenität: Die verschiedenen Prinzipien, nach denen Softwaresysteme aufgebaut werden können, verlangen nach Expertise, nach ausgebildeten Softwareentwicklern, die nach diesen Prinzipien arbeiten können. Sie verlangen Kenntnisse der zugehörigen Entwicklungs-, Test- und Produktionsumgebungen. Sie haben Auswirkungen auf die Infrastruktur und den Systembetrieb.

Leitplanken einziehen Alle Optionen offen halten, alle denkbaren Prinzipien unterstützen, alle Möglichkeiten der Gestaltung von Softwarearchitekturen beherrschen - das kann kaum ein Unternehmen, das schafft Komplexität, das ist teuer. Hier hilft es, Leitplanken zu ziehen, Festlegungen zu treffen, Optionen auszuschließen. Noch besser ist es, Referenzarchitekturen zu definieren.

Referenzarchitekturen Sie stutzen, weil ich hier den Plural verwende? Ja, es gibt in der Regel mehrere Referenzarchitekturen für ein Unternehmen. Die weit verbreitete Vision von der einen Zielarchitektur, der einen Referenzarchitektur hat sich in meiner Praxis bisher in keinem größeren Unternehmen erfüllt. Zu unterschiedlich sind die Anforderungen an Backoffice-Systeme, mobile Vertriebsunterstützung, Webanwendungen, Produktionssteuerung oder dispositive Systeme, zu unterschiedlich sind die Geschäftsszenarien, die Grundlage für die Systementwicklung sind. In der Regel werden also mehrere Referenzarchitekturen benötigt, selten kann ein komplexes Unternehmen alle Geschäftsfelder, alle Produkte, alle Vertriebswege mit einer Referenzarchitektur bedienen. Nicht alle Entwicklungsoptionen offen halten, sondern ein auf das Geschäft ausgerichtetes Instrumentarium definierter Referenzarchitekturen zielgerichtet einsetzen!

Einsatzszenarien Jede dieser Referenzarchitekturen ist dann an ein Einsatzszenario geknüpft, z.B. die Unterstützung des mobilen Außendienstes, die Entwicklung von Internetportalen, die Bereitstellung von Services für das Backoffice. Eine Referenzarchitektur beschreibt ein technisches Lösungsmuster für ein solches Einsatzszenario, definiert die Prinzipien, nach denen in einem Unternehmen Anwendungssysteme gebaut oder bereitgestellt werden sollen, die genau dieses Einsatzszenario unterstützen. Häufig wird auch der Begriff

Architekturdomäne verwendet, um aus technischer Sicht das Feld abzustecken, in dem für ein spezifisches Einsatzszenario die erforderlichen Konstruktionsprinzipien in einer Referenzarchitektur spezifiziert werden (s. DER2003, S. 49ff.).

Einsatzszenarien herleiten

Wie finden Sie Einsatzszenarien? Nun, viele Unternehmen tun dies mit Augenmaß, mit guter Kenntnis der fachlichen Anwendungsfälle, die Anforderungen an die IT produzieren. Hilfreich ist oftmals die organisatorische Gliederung der Fachbereiche. Ein Verfahren zur methodischen Herleitung der Einsatzszenarien basiert auf der Gegenüberstellung von Top-Prozessen und Produkten Ihres Unternehmens. In dieser Matrix können sehr einfach Felder für Einsatzszenarien abgesteckt und analysiert werden. Dieses Verfahren werden wir uns gemeinsam etwas detaillierter im Kap. 6, Planung: Unternehmensarchitekturen konzipieren ansehen.

Konvergenz von Geschäft und IT

Einsatzszenarien und Referenzarchitekturen sind die wirkungsvollsten Instrumentarien, wenn es Ihnen um Konvergenz geht. Das schrittweise aufeinander Zugehen von Geschäft und IT, die Reduktion von Heterogenität und Komplexität setzen Governance mit Durchgriff auf die operative Ebene voraus. Das, was strategisch in einem Bebauungsplan definiert ist, wird operativ unter Zuhilfenahmen von Referenzarchitekturen umgesetzt. Mit Einsatzszenarien und zugehörigen Referenzarchitekturen schaffen sie in diesem Prozess die Grundlage für Konformitätsprüfungen („compliance").

Konstruktionsmuster für Systeme

Eine Referenzarchitektur liefert uns Konstruktionspläne für neue Systeme. Sie liefert die Spezifikation eines Konstruktionsmusters für Softwaresysteme, sie definiert z.B. Prinzipien für die Bildung von Komponenten und Schichten, die Gestaltung von Schnittstellen und Kommunikationsbeziehungen, die Anbindung von Oberflächen. Bei der Definition solcher Prinzipien kann auf „patterns" für die Entwicklung von Software zurückgegriffen werden, eine Referenzarchitektur ist selbst ein „pattern" für die Gestaltung ganzer Systeme. Dazu gehören auch Festlegungen zu den einzusetzenden Entwicklungstechnologien und zu dem verwendeten Ausschnitt aus dem Warenkorb der Systemarchitektur (s. Kap. 4.4, Die Systemarchitektur).

Effizienz der Entwicklung

Die Referenzarchitektur ist ein Ausschnitt aus der komplexen Vielfalt aller denkbaren Prinzipien für die Gestaltung von Softwaresystemen. Damit schränkt eine Referenzarchitektur natürlich auch die erforderlichen Kenntnisse ein, begrenzt Heterogenität von Entwicklungs-, Test- und Produktionsumgebungen. Referenzarchitekturen liefern - verbindliche Einführung vorausgesetzt - einen wichtigen Beitrag zur Sicherung der Effizienz von Anwendungsentwicklung- und Bereitstellung.

Referenzarchitekturen herleiten

Referenzarchitekturen werden nicht am grünen Tisch entwickelt, sondern typischerweise (z.B. beim Aufbau eines Architekturmanagements) aus den im Unternehmen vorhandenen Entwicklungslinien hergeleitet. Unter einer Entwicklungslinie verstehe ich Konstruktionsprinzipien, Entwicklungswerkzeuge und Infrastruktur, die in einem Projekt, einem Anwendungssystem oder einer Gruppierung von Projekten bzw. Anwendungssystemen eingesetzt werden. Die vorhandenen Entwicklungslinien werden hinsichtlich gemeinsamer Konstruktionsprinzipien, gemeinsamer Technologie, aber auch hinsichtlich differenzierender Kriterien untersucht.

Referenzarchitektur erfordert Erfahrungswerte

Die Herleitung von Referenzarchitekturen aus Entwicklungslinien ist erforderlich, weil Referenzarchitekturen Erfahrungswerte benötigen. Ohne diese Heuristiken gibt es keine Referenzarchitektur! Wir benötigen diese Erfahrungswerte, um Architekturentwürfe dagegen prüfen zu können, die richtige Referenzarchitektur zur konkreten Aufgabenstellung auszuwählen, rechtzeitig gewarnt zu sein, wenn Grenzwerte z.B. hinsichtlich Transaktionsraten oder Verfügbarkeit überschritten werden. Wir benötigen diese Heuristiken aber auch, um Governance bis in die operative Umsetzung durchzusetzen. Konformitätsprüfungen, „compliance checks" basieren auf solchen Erfahrungswerten.

Entwicklungslinien

In der nachfolgenden Abb. 4-11 sehen Sie beispielhaft drei Einsatzszenarien, denen vorhandene Projekte und Anwendungssysteme zugeordnet wurden. Für fachlich definierte Einsatzszenarien finden wir hier also mehrere Entwicklungslinien, eine Situation, die in der Praxis nicht selten vorkommt. Vielfältige Ursachen sind bekannt: verteilte Zuständigkeiten, Einkauf von Standardsoftwarelösungen, Terminzwänge, extern vergebene Realisierungsaufträge, bewusst hergestellte Redundanz als Mittel des Risikomanagements. Diese und weitere Ursachen münden in der beschriebenen Heterogenität.

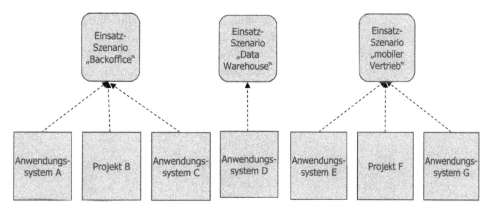

Abb. 4-11: Einsatzszenarien und Systeme

Nachdem die zu Grunde liegenden Einsatzszenarien herausgear-
beitet wurden, geht es häufig an die Entscheidungen - für
Einsatzszenarien, die mehrfach durch unterschiedliche Entwicklungslinien unterstützt werden, muss entweder die zukünftig füh-
rende festgelegt werden oder es müssen dort Entscheidungen für
eine Aufrechterhaltung der Heterogenität getroffen werden, wo
sie unvermeidbar ist.

Bewertung der Entwicklungslinien
Dazu sind die aus redundanten Entwicklungslinien entstehenden
Kosten zu betrachten: redundante Infrastruktur für Entwicklung,
Test und Produktion, mehrfache Einarbeitungs- und Schulungs-
aufwände, höhere Komplexität der Personaleinsatzplanung. Diese Faktoren sind abzuwägen gegen eventuelle Einbußen hinsichtlich erzielbarer Qualität, Funktionalität und Termintreue.
Schließlich sind Risiken und Kosten zu analysieren, die sich aus
der schrittweisen Ablösung redundanter Entwicklungslinien ergeben. Im Ergebnis kann eine Entwicklungslinie als führend für
das untersuchte Einsatzszenario bestimmt werden. Dann wird
diese zur Referenzarchitektur. Alternativ kann die Untersuchung
auch damit enden, Heterogenität dauerhaft oder temporär in
Kauf zu nehmen, wenn z.B. Risiken und/oder Kosten gegen eine
Veränderung sprechen.

In der nachfolgenden Abb. 4-12 sehen Sie das Beispiel der Referenzarchitekturen für „Backoffice" und „Data Warehouse", die
aus den vorhandenen Entwicklungslinien der Anwendungssysteme A und D abgeleitet wurden. Im Bereich „mobiler Vertrieb"
hingegen wird die vorhandene Heterogenität aufrecht erhalten,
die Referenzarchitektur „mobiler Vertrieb" kann ggf. aus dem
laufenden Projekt F abgeleitet werden, sobald hier Produktions-
erfahrungen vorliegen, die Voraussetzung für die Definition einer

Referenzarchitektur sind. Auch solche Fälle findet man in der Praxis häufig, z.B. wenn bereits eine sehr hohe Anzahl von Arbeitsplätzen mit den Anwendungssystemen E und G ausgestattet ist, die Betriebsinfrastruktur sich nicht unterscheidet und für diese Systeme nur noch wenig Aufwand im Bereich adaptiver und korrektiver Wartung anfällt.

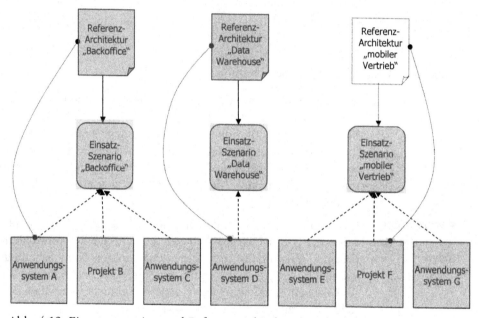

Abb. 4-12: Einsatzszenarien und Referenzarchitekturen

Bebauungs-planung und Referenzarchi-tekturen

Hier besteht eine enge Wechselwirkung zwischen der Bebauungsplanung (s. Kap. 6, Planung: Unternehmensarchitekturen konzipieren) und der Herleitung von Referenzarchitekturen. In der Bebauungsplanung wird die tatsächliche Verwendung von Referenzarchitekturen dokumentiert. Einsatzszenarien sind Handlungsfelder der Bebauungsplanung, denen Referenzarchitekturen zugeordnet werden können. Die Auswirkungen der Entscheidung, für ein Einsatzszenario heterogene Entwicklungslinien beizubehalten, finden wir also in der Bebauungsplanung. Dort können wir ablesen, zu welchen Terminen z.B. laufende Projekte auf eine definierte Referenzarchitektur umgestellt oder vorhandene Anwendungssysteme abgelöst werden. Unser Beispiel zeigt das in der nachfolgenden Abb. 4-13 anhand des Projektes B und des Anwendungssystems C.

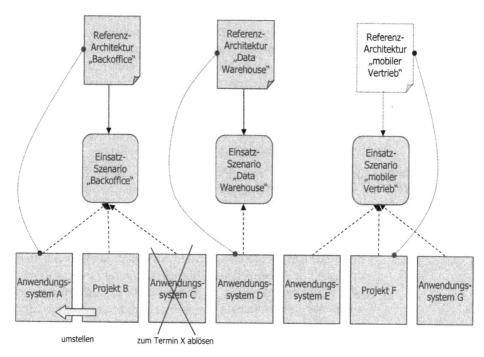

Abb. 4-13: Konsolidierung von Entwicklungslinien

Referenzarchitekturen allein sind kein Garant für schlanke, homogene und effiziente Entwicklung und Bereitstellung von Anwendungen. Aber sie sind ein wirksames Hilfsmittel auf diesem Weg. Randbedingungen wie Termine und Budget beeinflussen die Entscheidungen zur Einführung und Nutzung von Referenzarchitekturen in entscheidendem Maß. Wie Maier/Rechtin feststellen: „The best engineering solutions are not necessarily the best political solutions." (MRE2002, S. 245).

Innovation trotz Standardisierung

Mit dem hier skizzierten Vorgehen werden aus den im Unternehmen vorhandenen Entwicklungslinien Referenzarchitekturen herausgeschält, zu denen dann auch die erforderlichen Heuristiken verfügbar sind. Aber nicht immer können Referenzarchitekturen aus den vorhandenen Entwicklungslinien hergeleitet werden. Manchmal müssen neue Wege beschritten werden. Die Standardisierung von Referenzarchitekturen darf nicht zur Innovationsbremse werden. Wenn aus der Bebauungsplanung (s. Kap. 6, Planung: Unternehmensarchitekturen konzipieren) für ein neu zu entwickelndes System noch keine Referenzarchitektur ersichtlich ist, also für das Einsatzszenario noch keinerlei Festlegungen zu einer Referenzarchitektur getroffen wurden, dann muss im Rahmen des Projektes oder einer Vorstudie eine Architekturplanung durchgeführt werden, in deren Kontext ausgehend von den an das System gestellten Anforderungen und Rahmenbedingungen verschiedene Architekturszenarien entwickelt und evaluiert werden. In solchen Fällen werden neue Entwicklungslinien geöffnet, Annahmen getroffen, durch Prototypen abgesichert, und es werden Pilotprojekte stattfinden.

Geburt einer neuen Referenzarchitektur
Bewährt sich die neue Entwicklungslinie, ist sie in der Lage, die formulierten Erwartungen zu erfüllen, dann ist dies die Geburtsstunde einer neuen Referenzarchitektur. Erst nach erfolgreicher Umsetzung mindestens eines Systems mit der neuen Entwicklungslinie kann aus diesem eine Referenzarchitektur für das Einsatzszenario abgeleitet werden, die dann auch in der Bebauungsplanung entsprechende Berücksichtigung findet und mit Erfahrungswerten versehen ist. Deshalb gibt es auch zu neu geborenen Referenzarchitekturen immer Erfahrungswerte, z.B. zu Mengengerüsten, Performance, Verfügbarkeit, Ausfallsicherheit, Skalierbarkeit, Benutzerzahl, Security. In begrenztem Umfang können Erfahrungswerte auch außerhalb der eigenen Unternehmenspraxis gewonnen werden. Erfahrungsaustausch mit anderen Anwendern, Architekturmanagementtage, Kongressberichte, Benchmarks liefern die Quellen dazu. Aber immer gilt: Eine Referenzarchitektur ohne Heuristiken ist keine!

Es gibt weitere Quellen, aus denen sich die Weiterentwicklung einer definierten Menge von Referenzarchitekturen speist, aus denen neue technologische Impulse entstehen und Innovation erwächst:

- Ein Architekturboard stellt im Zuge seiner Prüfungen projektspezifischer Architekturentwürfe fest, dass Lücken im Gebäude der Referenzarchitekturen klaffen, und beauftragt oder initiiert die Erprobung einer neuen Entwicklungslinie, die anschließend - ggf. nach Modifikation - in die Reihe der Referenzarchitekturen aufgenommen wird.

- Aus der strategischen Bebauungsplanung erwächst die Erkenntnis, dass Felder existieren, denen keine Referenzarchitektur zugeordnet werden kann. Auch in diesem Fall muss die Erprobung einer neuen Entwicklungslinie und deren Aufnahme in die Menge der Referenzarchitekturen initiiert werden.

Fachprojekt als Träger erforderlich

In beiden Fällen ist ein Fachprojekt als Träger erforderlich. Architekturentwicklung aus technologischer Motivation heraus bleibt in der Regel ohne Verankerung im Unternehmen – wir haben da eine Lösung, wer hat das passende Problem dazu? Überlassen wir das doch den Herstellern.

Wie Sie an diesen Beispielen bereits sehen, kommt den Referenzarchitekturen an diversen Stellen im Ensemble unserer Architekturmanagementprozesse Bedeutung zu:

- Referenzarchitekturen dienen operativen Softwarearchitekten im Rahmen der Projektarbeit als „Schnittmuster", als pattern.

- Im Rahmen der Evaluation von Architekturentwürfen - das kann im Projekt, durch ein Architekturboard oder im Rahmen eines Reviews geschehen - dienen die Referenzarchitekturen als Maß. Ohne sie fehlt uns die Bezugsgröße anhand derer wir die Tauglichkeit von Architekturentwürfen bewerten könnten. Wir diskutieren im luftleeren Raum. Erst die Referenzarchitektur, die ihre Tauglichkeit bezogen auf eine definierte und dokumentierte Menge von Anforderungen (z.B. Mengengerüsten) bereits unter Beweis gestellt hat, erlaubt uns wirklich eine Bewertung vorliegender Architekturentwürfe.

- Referenzarchitekturen werden im Kontext der Bebauungsplanung genutzt, um für ein unbebautes oder ein zu renovierendes Feld die zu wählende „Bauart" festzulegen. So kann die Verbreitung von Referenzarchitekturen bereits bei der Bebauungsplanung spezifiziert werden. Daraus leiten sich dann Anforderungen z.B. hinsichtlich benötigter Qualifikationen ab, Personalentwicklung und Personalbedarfsplanung bekommen eine weitere Planungsgrundlage.

- Mit der Spezifikation von Referenzarchitekturen geht die Festlegung des Warenkorbs der Infrastrukturkomponenten einher. Die Gesamtheit aller Infrastrukturkomponenten, die zur Umsetzung der Referenzarchitekturen notwendig ist, bildet den aktuellen Warenkorb, der sowohl für die Entwicklung als auch für die Produktion unterstützt werden muss. Entwicklungslinien, die nicht länger forciert werden, benötigen ggf. weitere Infrastrukturkomponenten, die dann aber lediglich noch so lange für die Produktion unterstützt werden müssen, bis die Entwicklungslinie endgültig abgelöst wird. Weitere Infrastrukturkomponenten werden ggf. nur mit Hilfe externer Partner in der Produktion unterstützt.

Die Darstellung der im Unternehmen gültigen Referenzarchitekturen in der Anwendungsarchitektur beinhaltet:

- Festlegungen zur vertikalen und horizontalen Gliederung in Schichten und Komponenten,

- Konstruktionsprinzipien für Schichten und Komponenten,

- Richtlinien für die Verwendung von Komponenten und Schichten,

- Definition von Prinzipien für den Aufbau von Schnittstellen und Kommunikationsbeziehungen,

- fachliche Einsatzszenarien und

- Heuristiken zum Einsatz der Referenzarchitekturen (z.B. Mengengerüste, Infrastrukturnutzung, Performance, Verfügbarkeit, Sicherheit, Skalierbarkeit, Ausfallsicherheit).

Dokumentation von Referenzarchitekturen
Es ist empfehlenswert, für die Spezifikation von Referenzarchitekturen einen Standard zu setzen, in dem z.B. in Form eines Templates fest gehalten ist, welche Informationen in welcher Form zu spezifizieren sind. Neben verbaler Beschreibungen des Einsatzszenarios, der Konstruktionsprinzipien und der Erfahrungswerte, hat sich z.B. die Verwendung einer einfachen grafischen Notation bewährt. Hier geht es weniger um Exaktheit - da wäre wohl ein formales UML-Modell sinnvoller - sondern um leichte Verständlichkeit für alle Bereiche, die an der Entwicklung und dem Betrieb von Softwaresystemen beteiligt sind. Ein Beispiel für eine solche Notation finden Sie in ACT2004[11].

Übergang in die Realisierung
Jede Anwendungsarchitektur, so auch jede Referenzarchitektur, besitzt Plattfom-unabhängige und Plattform-spezifische Aspekte. Komponenten, Module, Schichten können zunächst spezifiziert werden, ohne ihre spätere technische Realisierung festzulegen. Beim Übergang in die Realisierung müssen dann aber entsprechende Festlegungen getroffen werden. Zum Beispiel muss für eine logische Softwarekomponente definiert werden, wie sie zu

---

[11] s. dazu die Website zu diesem Buch www.unternehmens-architektur.de

implementieren ist: Wird sie in ein Cobol-Subsystem abgebildet, entsteht ein C-Programm daraus oder transformiert sie sich z.B. in eine in Java implementierte Entity-Bean, die auf einem J2EE Application Server implementiert wird. Die Object Management Group spricht in ihrer „model driven architecture" vom „platform independent model" (PIM) und vom „platform specific model" (PSM).

Wenn die Konstruktion Ihrer Anwendungsarchitektur diesem Muster folgt, birgt das mehrere Vorteile:

- die Ankopplung der Geschäftsarchitektur an die Anwendungsarchitektur wird auf der Ebene des PIM deutlich vereinfacht,

- die Kopplung von Anwendungsarchitektur und Systemarchitektur wird durch die Ebene des PSM unterstützt,

- die Abbildung von Elementen des PIM auf Elemente des PSM lassen sich pro Referenzarchitektur Vorschriften definieren. Diese Abbildungsvorschriften regeln den Übergang von der konzeptionellen Ebene in die technische und berücksichtigen dabei die Spezifika der jeweiligen Referenzarchitektur.

Automatisierung und Generierung

Die erwähnten Abbildungsvorschriften bilden eine Grundlage für Automatisierung: Die Generierung von Aspekten aus dem PSM wird damit unterstützt. Mit dem PSM gelangen wir dann zum Übergang in die Systemarchitektur. Jede Anwendungsarchitektur trifft mit ihren PSM-Festlegungen zum benötigten Ausschnitt aus dem Warenkorb der Infrastrukturkomponenten.

Der Übergang in die Produktion wird in der Anwendungsarchitektur durch eine Beschreibung von Deployment-Verfahren unterstützt mit Informationen zu

- Komponenten-Implementierungen,

- Verzeichnissen,

- Datenbanken,

- Konfigurationseinstellungen und Parametern.

Damit finden wir in der Anwendungsarchitektur auch technische Sichten, wie sie z.B. Anwendungsentwickler, Tester oder Konfigurationsmanager benötigen.

Zum Aufbau einer Anwendungsarchitektur finden sich zahlreiche Informationsquellen:

- CASE-Werkzeuge,

- Change & Configuration Management Tools,

- Dictionary-Systeme,

- Testwerkzeuge,

- Deployment-Werkzeuge.

Die Bestandteile einer Anwendungsarchitektur finden sie in einer Übersichtsdarstellung in der nachfolgenden Abb. 4-14 (ACT2004). Die Struktur der Anwendungsarchitektur wurde hier in Form eines Metamodells dargestellt, wobei auf Details verzichtet wurde. Das hier gezeigte Metamodell unterstützt mehrere Abstraktionsebenen (A-, B-, C-Level), um sowohl strategischer Ausrichtung einer Unternehmensarchitektur als auch operativer gerecht zu werden.

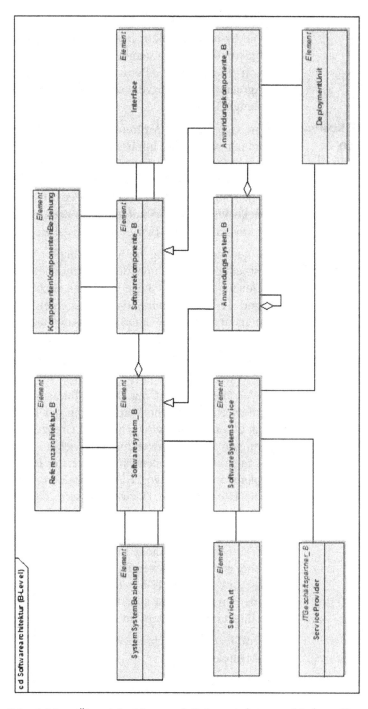

Abb. 4-14:   Übersicht Metamodell Anwendungsarchitektur (B-
Level)

4.4   Die Systemarchitektur

Die Systemarchitektur beschreibt Objekte aus den Bereichen Infrastruktur und Systembetrieb. Entwicklung und Bereitstellung von Infrastruktur, Betrieb von Anwendungen, Service Level Agreements, Lizenzverwaltung sind Beispiel für die hier adressierten Themen.

IT-Kosten senken

Im Gefolge von Anstrengungen, IT-Kosten zu senken, rücken immer wieder die Infrastrukturkosten in den Mittelpunkt der Betrachtung. Bemühungen zur Kostensenkung fokussieren neben Outsourcing-Ansätzen auch Überlegungen zur optimierten Bereitstellung von Infrastrukturservices. Hier greifen populäre Modelle wie ITIL, die auf eine Service-orientierte Aufstellung des Infrastruktur- und Betriebsbereichs abzielen.

IT-Service-management

Eine Voraussetzung für die Definition von Infrastrukturservices ist eine Ist-Aufnahme der vorhandenen Infrastrukturlandschaft. Genau an dieser Stelle ergänzen sich Architekturmanagement und IT-Infrastruktur-Servicemanagement. Das Architekturmanagement baut eine Unternehmensarchitektur auf, deren Bestandteil die Systemarchitektur ist. In dieser Systemarchitektur findet der IT-Servicemanager die Objekte, die er zur Definition seiner Services benötigt.

Auch Anwendungsentwicklung einbeziehen

Wer aber versucht mit dem IT-Infrastruktur-Servicemanagement allein eine deutliche Verbesserung der IT-Effizienz und Effektivität zu erreichen, wird schnell an Grenzen stoßen. Effizienzsteigerungen in der Anwendungsentwicklung, die ihre Grundlage in den „Aufräumarbeiten" im Bereich der Entwicklungslinien haben, bleiben so außen vor. Haben wir dann noch den Anspruch, auch die Effektivität der IT zu verbessern, die Ausrichtung auf die Erfordernisse des Geschäfts zu optimieren, dann geht nichts ohne die Geschäftsarchitektur.

IT-Servicemanagement ist demzufolge eine hilfreiche Ergänzung und geradezu notwendiges Pendant, wenn es um Verbesserungen im Bereich IT-Services und Betrieb geht. Eine Unternehmensarchitektur ist aber als Basis für IT-Servicemanagement, Architekturmanagement und IT-Governance unverzichtbar.

Im Einzelnen beschreiben die Teilbereiche der Systemarchitektur folgende Services:

- Infrastrukturmanagement,

- Support Level Definition,

- Plattformspezifikation,

- Netzwerkdokumentation,

- Umgebungsverwaltung,

- Lizenzmanagement,

- Inventarisierung und

- Service Level Management.

Tiefe und Breite der Unternehmensarchitektur festlegen
Nicht alle Teilbereiche der Systemarchitektur werden in jedem Fall ausgefüllt, häufig sind bereits einige Themen durch gesetzte Verantwortlichkeiten und/oder Tools abgedeckt. Auch hier gilt wieder: Die Auswahl der richtigen Tiefe und Breite bei der Gestaltung einer Unternehmensarchitektur orientiert sich an den Fragestellungen, die mit ihr beantwortet werden sollen.

Quellen für den Aufbau der Systemarchitektur sind u.a.:

- Werkzeuge für das Asset Management,

- change and configuration management tools,

- Netzwerkmanagementwerkzeuge,

- Lizenzmanagement-Tools,

- Werkzeuge für den user help desk.

Infrastrukturmanagement

Die Objekte in diesem Teilbereich der Systemarchitektur beschreiben die Planung und Bereitstellung von Infrastrukturkomponenten und damit die Strukturierung des häufig so genannten Warenkorbs. Der Warenkorb stellt alle im Unternehmen verfügbaren Typen von Infrastrukturkomponenten gegliedert nach Bereichen dar. Eine Grobgliederung des Warenkorbs beinhaltet Kategorien wie z.B. Datenmanagement, Konfigurationsmanagement, Middleware, Basissysteme wie Betriebssysteme und TP-Monitore, Entwicklungs- und Testwerkzeuge. Im Warenkorb werden üblicherweise nur Typen beschrieben, nicht die einzelne Installation eines Datenbanksystems interessiert hier, sondern lediglich die Tatsache, dass ein spezifischer Typ von Datenbanksystem im Unternehmen eingesetzt wird und zur Unterstützung des Geschäfts erforderlich ist. Ein Beispiel für die Gliederung des Warenkorbs auf der Top-Ebene sehen Sie in Abb. 4-15.

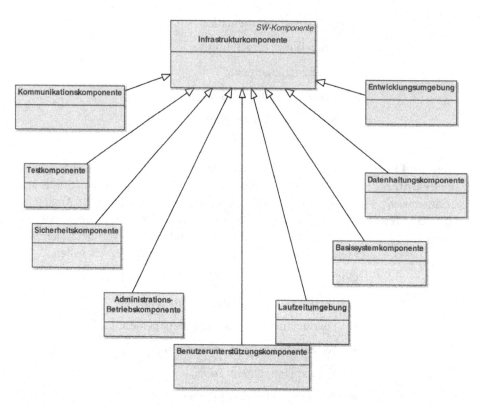

Abb. 4-15: Gliederung des Warenkorbs

In den Warenkorb der Systemarchitektur betten sich die Anwendungssysteme ein, nutzen die Services der Entwicklungsumgebung, der Testumgebung, der Laufzeitumgebung, verwenden Basissysteme wie TP-Monitore und Betriebssysteme, benötigen Autorisierungs- und Authentifikationsservices, werden mit Hilfe von Administrationswerkzeugen überwacht und gesteuert, kommunizieren über Middlewareprodukte wie z.B. ein Message Queueing, bieten Benutzerschnittstellen über geeignete Services wie Workflowsteuerung und Web-Interfaces an, nutzen Datenhaltungssysteme relationaler Art oder Dokumentenmanagementsysteme.

Einbettung der Anwendungssysteme Die nachfolgende Abbildung (Abb. 4-16) zeigt uns die Einbettung der Anwendungssysteme in diesen Warenkorb und verdeutlicht die Strukturierung der Systemarchitektur. In den Teilbereichen des Warenkorbs finden wir weitere Unterstrukturierungen bis hin zur Typebene, die dann auf spezifische Infrastrukturkomponenten wie z.B. ein Server-Datenbanksystem, einen Applikationsserver oder eine Laufzeitumgebung wie die „virtual machine" eines Java-Systems eingeht.

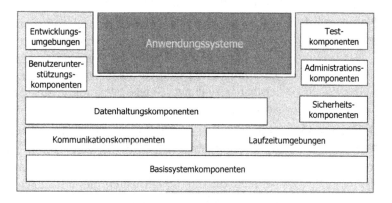

Abb. 4-16: Einbettung der Anwendungssysteme

Am Beispiel der Entwicklungsumgebung soll die Feingliederung des Warenkorbs verdeutlicht werden (s. Abb. 4-17: Gliederung von Entwicklungsumgebungen). Mit einer Strukturierung der Systemarchitektur in dieser Form ist die Voraussetzung für die Definition von Standards gegeben. Viele Unternehmen besitzen einen solchen Standard und nutzen ihn z.B., um Architekturentwürfe von Projekten hinsichtlich der Konformität mit den Standards zu prüfen.

Auf der Basis eines so strukturierten Warenkorbs werden Services des IT-Betriebs definiert und Service Level Agreements geschlossen. Der Warenkorb ist Grundlage für ein Lizenzmanagement, das sich um Instanzen oder zumindest Mengengerüste zu den im Warenkorb enthaltenen Typen kümmert.

Strukturierter „Warenkorb" – Basis für Analysen
Im Kontext einer Unternehmensarchitektur ist aber am wichtigsten die Tatsache, dass der so strukturierte Warenkorb Basis für jegliche Analyse und Planung ist: Welche Infrastrukturkomponenten werden zur Entwicklung, zum Test, zur Freigabe und zum Betrieb von Anwendungssystemen benötigt, was ist überflüssig, was geschieht, wenn Infrastrukturkomponenten abgelöst werden, welche Kosten sind damit verbunden? Abhängigkeitsanalysen, Kostenkalkulationen, Optimierungsszenarien – ohne strukturierte Dokumentation des Warenkorbs ist das nicht machbar.

Also benötigt ein professionell geführter IT-Betrieb diese Dokumentation seines Warenkorbs bereits für seine internen Zwecke:

Konformitätsprüfung, Servicedefinition, Lizenzmanagement. Ein professionell geführter IT-Bereich benötigt den Warenkorb als Baustein für die umfassende Analyse der Unternehmensarchitektur, als Baustein einer Optimierung derselben.

Planungsaufwand

Immer wieder wird das Kosten- und Aufwandsargument ins Feld geführt: Wer kann die Ist-Aufnahme leisten, wer kann die Dokumentation des Warenkorbs pflegen, wer trägt die Aufwände? Zusatzaufwände werden postuliert, die Dokumentation als nicht leistbar bezeichnet. Gewiss, Planung kostet. Aber keine Planung kostet mehr.

Definierte Aktualität

Reflektieren Sie doch einmal, wie häufig Sie Ist-Aufnahmen Ihrer Infrastrukturlandschaft in den letzten Jahren gemacht haben, im Kontext von Großprojekten, von Restrukturierungen, von Unternehmenszukäufen. Und halten Sie gedanklich dagegen die Aufwände zur Pflege eines Warenkorbs – wohlgemerkt auf Typ-, nicht auf Instanzebene – und den Nutzen, den Sie durch eine solche Dokumentation mit einem definierten Maß an Aktualität haben.

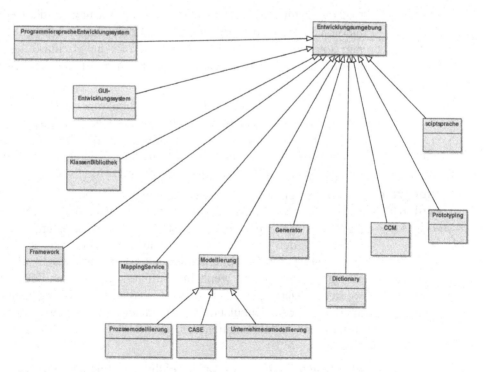

Abb. 4-17: Gliederung von Entwicklungsumgebungen

Sehen Sie das Infrastrukturmanagement, sehen Sie den Warenkorb als Baustein einer Unternehmensarchitektur, sehen Sie das gesamte Bild, machen Sie nicht Halt bei der Planung nur allein der Infrastrukturlandschaft. Ein Projekt zum Aufbau eines Servicemanagements, und dann Halt machen? Den Bezug zur Anwendungslandschaft nicht herstellen? Den Bezug zum Geschäft nicht herstellen? Nicht die Frage stellen, ob wir denn die richtigen Anwendungen haben? Genau das würde heißen, viel Aufwand mit wenig Nutzen zu produzieren.

Support Level Definition

Kein Unternehmen kann es sich wirklich leisten, heterogene Infrastrukturkomponenten in unbegrenztem Umfang zu unterstützen. Sicher gibt es Fälle, in denen z.B. im Zuge des Einkaufs einer Standardsoftware ein weiteres Server-Datenbanksystem ins Haus kommt, obwohl hier bereits ein Standard gesetzt ist. Aber ungeplant und unkontrolliert darf dies nicht geschehen.

Umgang mit Heterogenität Ein mögliches Verfahren zum Umgang mit dieser Heterogenität ist die zusätzliche Untergliederung des Warenkorbs in so genannte Support Levels. Support Levels können bedarfsweise definiert werden, z.B.:

- Level a: volle Unterstützung der darin enthaltenen Infrastrukturkomponenten für Entwicklung und Produktion.

- Level b: volle Unterstützung für Produktion, keine Entwicklungsunterstützung, d.h. kein Entwicklungs-Know-How, keine Entwicklungsumgebungen.

- Level c: eingeschränkte Unterstützung für Produktion z.B. durch Outsourcing des Betriebs kombiniert mit Einbußen bzgl. Reaktionszeiten, keine Unterstützung für Entwicklung.

Die Abb. 4-18 zeigt uns drei Support Levels im Warenkorb zum Bereich der Server-Datenbanksysteme.

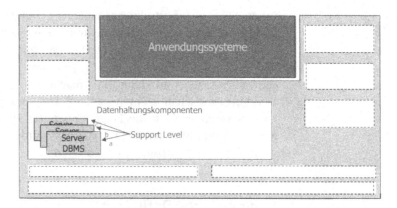

Abb. 4-18 Support Level Definition

Plattformspezifikation

Das Plattformmanagement bündelt Geräte oder Geräteklassen mit Infrastrukturkomponenten zu Plattformen, auf denen Anwendungs- und/oder Infrastruktursysteme ablaufen können. Über Plattformen werden Informationen aus den darin verbauten Hardware- und Softwarekomponenten aggregiert, z.B. Attribute wie Gestehungskosten, Betriebskosten, Wartungskosten, Anschaffungsdaten, Abschreibungsdaten, Verfügbarkeiten, Verantwortlichkeiten, Auslastungsgrade u.ä..

Wenn in Projekten neue Architekturmuster entwickelt oder vorhandene Referenzarchitekturen erweitert werden, dann können neue Anforderungen an Plattformen entstehen. Plattformen werden auf dieser Basis vom Systemarchitekten definiert und im operativen Architekturmanagement vom Softwarearchitekten als Ablaufumgebung genutzt.

Netzwerkdokumentation

Wir starten ein ehrgeiziges Projekt, wollen eine neue Art von Anwendungssystem entwickeln oder einführen. Dazu benötigen wir ggf. neue Serversysteme, müssen Arbeitsplätze anschließen, müssen eine bestimmte Anzahl von Benutzern gleichzeitig unterstützen. Immer wieder kommt in diesen Situation die Frage nach der aktuellen Netzwerktopologie auf, nach Übertragungsraten, Bandbreiten, Backup-Verbindungen. In der Netzwerkdokumentation wird diese Information innerhalb der Unternehmensarchitektur verfügbar gemacht. In dieser Dokumentation wird das Unternehmensnetzwerk, dessen Komponenten und Topologie beschrieben.

Umgebungsverwaltung

Das Umgebungsmanagement verwaltet Umgebungen, denen Ansammlungen von Plattformen zugeordnet sind. Eine Umgebung ist z.B. eine Testumgebung oder eine Entwicklungsumgebung, der jeweils spezifische Plattformen zugeordnet sind, z.B. ein Testserver, der spezielle Infrastrukturkomponenten für Debugging und Belastungstest beinhaltet. Umgebungsmanagement verwaltet somit verschiedene Ausprägungen von Plattformen, die notwendig sind, um geordnet Anwendungen zu entwickeln, zu testen, zu integrieren, abzunehmen, produktiv zu betreiben und Fehler zu beheben.

Lizenzmanagement

Das Lizenzmanagement verwaltet die im Unternehmen verfügbaren Lizenzen, kümmert sich um ordnungsgemäße Beschaffung und prüft die Auslastung der verfügbaren Lizenzen. Die Unternehmensarchitektur bietet eine Möglichkeit, diese Informationen im Gesamtzusammenhang abzulegen.

Inventarisierung

In der Inventarisierung kümmern wir uns um Geräteklassen (z.B. Drucker, Storage, PCs, Server) und Instanzen dieser Klassen. Wir beschreiben die Konfiguration von Geräten, ihre Leistungsmerkmale, Verantwortlichkeiten für Betrieb und Service, damit verbundene Kosten. Dieser auch Asset-Management genannte Bereich ist häufig bereits durch Dokumentations- und Pflegewerkzeuge besetzt. Gibt es Fragen an Ihre Unternehmensarchitektur, deren Beantwortung eine Detaillierung bis auf die Instanzebenen herunter verlangt, dann sollten Sie eine Verbindung zwischen Ihrem Asset-Management-Werkzeug und Ihrer Unternehmensarchitektur herstellen. Ist diese Detailebene zur Beantwortung Ihrer drängenden Fragen obsolet, dann halten Sie sich nicht damit auf, überlassen Sie das Ihrem IT-Servicebereich.

Service Level Management

Welche Verfügbarkeit hat eine Plattform, welche Reaktionszeiten sind bei Ausfällen garantiert, wie schnell reagiert ein User Helpdesk auf Fehlermeldungen, wie schnell ein 2nd Level Support? Service Level Agreements definieren diese Dinge, die Unternehmensarchitektur ist ein Platz, um sie für alle Planungsprozesse verfügbar zu machen. Auch hier gilt wieder: Wenn Sie bereits andere Instrumentarien besitzen, Service Level zu dokumentieren, wenn es keine Fragen gibt, die eine Aufnahme dieser Dokumentation in die Unternehmensarchitektur rechtfertigen, dann sparen Sie sich diesen Schritt. Die Entwicklung einer Unternehmensarchitektur muss dem KISS Prinzip folgen („keep it simple an smart"!), um nicht zum übergroßen Dinosaurier zu werden und schließlich auszusterben.

ITIL und Unternehmensarchitektur

Die Dokumentation von Infrastrukturservices in der Unternehmensarchitektur schafft eine hervorragende Grundlage für den Aufbau eines Servicemanagements, wie zum Beispiel in der „IT Infrastructure Library" (ITIL) beschrieben ist. Hier ergänzen sich Unternehmensarchitektur und Servicemanagement. Warnen will ich aber nochmals davor, auf halber Strecke stehen zu bleiben, ein Servicemanagement aufzubauen und dann den Bezug zu den Anwendungssystemen und zum Geschäft nicht herzustellen.

Wie aktuelle Untersuchungen zeigen, ist ITIL auf die Serviceorientierung des IT-Managements ausgerichtet, „stellt aber nicht sicher, dass sich die Applikationslandschaft in kontrollierbaren Bahnen entwickeln wird" (HAF04). Die hier zitierten Forschungsergebnisse postulieren die Notwendigkeit, ein Architekturmanagement und eine Unternehmensarchitektur als Basis für die mit ITIL verbundene Serviceorientierung zu etablieren, „um die Entwicklung der Applikationslandschaft insgesamt langfristig planen, durchsetzen und kontrollieren zu können".

Keine isolierten Ansätze

Eine Integration von Architektur- und Servicemanagement auf Basis einer integrierten Gesamtsicht, wie sie in einer Unternehmensarchitektur dokumentiert ist und aktualisiert wird, tut Not. Isolierte Ansätze bieten keine Grundlage für umfassende Analysen und Planungen, sie verschenken damit wertvolle Nutzenpotenziale.

Die Abb. 4-19 zeigt das abstrakte Metamodell der Systemarchitektur (ACT2004). Das hier verwendete Metamodell unterstützt mehrere Abstraktionsebenen, die als A-, B- und C-Level bezeichnet werden, um sowohl strategischer Ausrichtung einer Unternehmensarchitektur wie auch operativer gerecht zu werden.

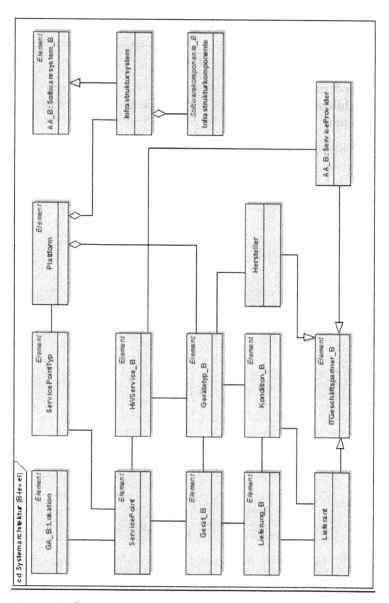

Abb. 4-19: Übersicht Metamodell Systemarchitektur (B-Level)

4.5 Die Anwendungslandschaft

Eine Skizze der Anwendungslandschaft findet sich in den meisten IT-Bereichen - die PowerPoint-Folie, in der alle Anwendungssysteme, vielleicht mit ihren Schnittstellen, eingezeichnet sind, manchmal den Funktions-/Fachbereichen zugeordnet, manchmal mit Top-Geschäftsprozessen und Produkten zu einer Matrix vereinigt.

Gliederung in fachliche Domänen

Im einfachsten Fall wird lediglich eine fachliche Gliederung in Domänen genutzt, denen die Anwendungssysteme zugeordnet sind. In der Abb. 4-20 sehen Sie ein solches Beispiel, in dem die Anwendungssysteme den eingezeichneten Domänen, zum Beispiel den Leben-Systemen oder dem Vertriebskanal Agentur zugeordnet werden. Andere Unternehmen gliedern Ihre Landkarte nach fachlichen Komponenten, dies resultiert in einer sehr ähnlichen Form der Anwendungslandkarte.

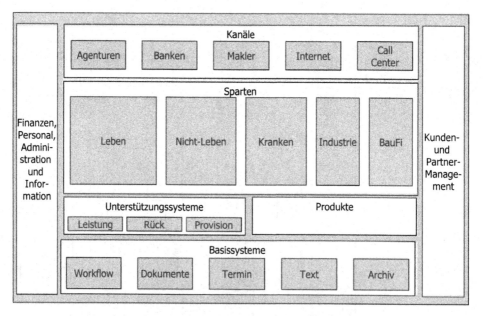

Abb. 4-20: Anwendungslandkarte eines Versicherungsunternehmens

Mit diesem Bild können wir uns eine Übersicht verschaffen, könne Anwendungssysteme fachlich einsortieren, Schnittstellen einzeichnen, Handlungsfelder z.B. für Projekte abgrenzen. Eine Dokumentation der Anwendungslandschaft ist damit also möglich[12]. Aber wie sieht es mit Analysen aus? Wenn wir wissen wollen, wie viel in die Erstellung der Anwendungssysteme in einer der gezeigten Domänen investiert wurde, welche Wartungs- oder Supportkosten dort entstehen, dann fehlen uns weitere Informationen. Es müssen Attribute her. Attribute zu Kosten, zu Wertschöpfungsbeiträgen, um die Anwendungslandschaft beurteilen zu können. Attribute zu Verfügbarkeit und Ausfallsicherheit, zu Alter, Komplexität und eingesetzter Technologie.

Eine Beispiel für die Realisierung einer solchen Anwendungslandkarte in einem Architekturmanagement-Werkzeug[13] finden Sie in der nachfolgenden Abb. 4-21. In diesem Fall haben wir es mit aktiven und auf einem Metamodell basierenden Elementen zu tun, das heißt, jedes in der Anwendungslandkarte visualisierte Anwendungssystem besitzt Attribute (z.B. Alter, Herstellungskosten, Betriebskosten, Verfügbarkeit) und Beziehungen (Schnittstellen) zu anderen Elementen. Diese Informationen können ausgewertet (z.B. in Kostenübersichten) und verdichtet werden (z.B. zu „key performance indicators"). Beziehungen können für Abhängigkeits- und Wirkungsanalysen genutzt werden, um z.B. die Frage wie die folgende zu beantworten: „Welche Anwendungssysteme und -komponenten sind betroffen, wenn im Zuge der Anpassung des Höchstrechnungszinses für Lebensversicherungen ein Rechenkern geändert werden muss?".

---

[12] Einer Studie der Meta Group zufolge besitzen die „Global2000 Player" durchschnittlich 59 "Enterprise Applications" (PRA2002).

[13] Für die Erstellung dieses Beispiels wurde das Werkzeug Metis® mit dem Unternehmensarchitektur-Template für t-eam (ACT2005) verwendet. Näheres hierzu finden Sie auf der Website zu diesem Buch unter www.unternehmensarchitektur.de.

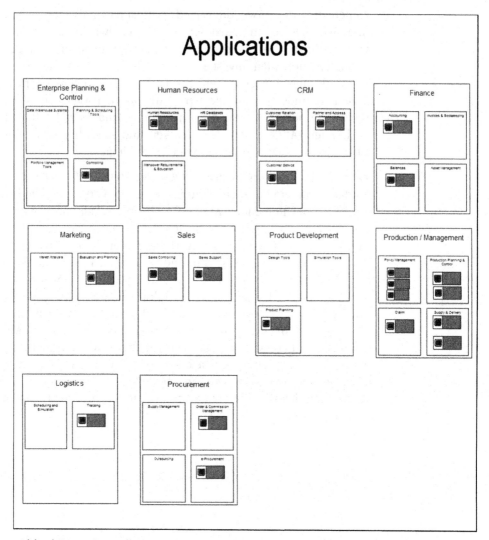

Abb. 4-21: Darstellung einer Anwendungslandkarte in einem Architekturmanagementwerkzeug (ACT2005)

Wenn unser Analysebedarf nun noch etwas weiter geht, wenn
über die Auswertung von Attributen hinausgehend weitere Fragen gestellt werden, dann müssen wir über andere Darstellungsformen nachdenken.

Diese etwas andere Form der Strukturierung einer Anwendungslandkarte ist die so genannte Produkt/Prozess-Matrix: Hier werden die Anwendungssysteme in Beziehung zu den Top-

Prozessen und -Produkten des Unternehmens gesetzt (Abb. 4-21).

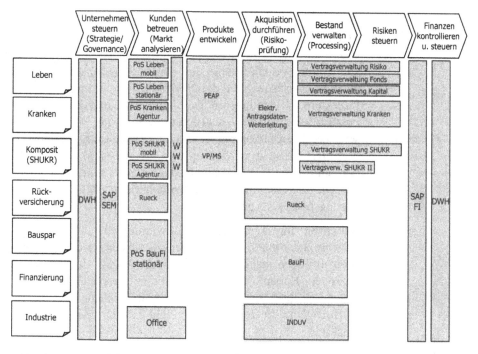

Abb. 4-22:   Produkte-Prozesse-Anwendungssysteme

Diese Form der Darstellung hat sich in der nachfolgend beschriebenen Analyse der Unternehmensarchitektur bewährt. Sie erlaubt es, die Anwendungssysteme mit ihrem fachlichen Bezug darzustellen und auszuwerten. Ähnlich wirksam ist eine Matrix aus Top-Prozessen und Organisationseinheiten. Die Einordnung der Anwendungssysteme in eine solche Matrix lässt es zu, die fachliche Abdeckung hinsichtlich Lücken oder Redundanzen zu analysieren und Schnittstellen hinsichtlich Komplexität und Heterogenität zu prüfen.

In diesem Bebauungsplan können Abdeckungs-, Heterogenitäts- und Kostenanalysen durchgeführt werden. Die Einordnung der Anwendungssysteme in eine so strukturierte Anwendungslandschaft basiert auf Referenzen zwischen den Architekturebenen Geschäfts- und Anwendungsarchitektur. Anwendungssysteme unterstützen Geschäftsprozesse und die Bearbeitung von Produkten. Die Visualisierung in einer Produkt/Prozess-Matrix unterstützt bereits einige Auswertungen, mehr noch lässt sich mit der Dokumentation der Anwendungslandschaft in einer Datenbank und/oder einem spezialisierten Werkzeug für die Modellierung von Unternehmensarchitekturen erreichen.

Eine Dokumentation der Anwendungslandschaft in dieser Form ist effiziente Grundlage für Analysen und schafft damit Voraussetzungen für die Optimierung der bestehenden Unternehmensarchitektur. Visualisierung der Anwendungslandschaft ist aber auch Voraussetzung für die Navigation und Kommunikation. In Projekten, in Planungsrunden, in Abstimmungsgesprächen – überall ist eine solche Visualisierung notwendig. Wir sehen in unserer täglichen Projektpraxis, dass solche Visualisierungen überall dort eigens erstellt werden müssen, wo sie nicht bereits vorhanden sind. Dann aber geschieht das situativ, selten mit übergreifendem Interesse und nicht mit zugehörigen Pflege- und Aktualisierungsprozessen gepaart.

Haben Sie Ihre Landkarte der Anwendungen attributiert, ist sie auswertbar, können Sie Aussagen zu Kosten, Redundanzen, Lücken, Brüchen machen. Haben Sie die Anzahl der Schnittstellen analysiert? Haben Sie Planszenarien durchgespielt? Nutzen Sie die Daten aus Ihrer Anwendungslandschaft wirklich? Oder hängt sie in Hochglanz an den Wänden, sieht hübsch aus und verstaubt langsam?

Attribute Die Darstellung der Anwendungslandschaft lebt von Attributen. Tragen die Objekte in der Unternehmensarchitektur keine Attribute, dann bleibt auch die Dokumentation der Anwendungslandschaft in der Analyse ohne Aussage. Kosten, strategische Wirkung, Abhängigkeiten, Performanceindikatoren, Aufwände, Alter, Auslastungen – das alles sind Informationen, die es gilt, in der gesamten Unternehmensarchitektur vorzuhalten, um sie über die Referenzen in der Anwendungslandschaft übergreifend auswertbar zu machen.

Eine Anwendungs- und Infrastrukturlandschaft ist nicht nur eine Skizze, nicht nur eine Landkarte. Sie lebt, sie hat Attribute, sie ist Veränderungen unterworfen, und sie kann uns eine Menge nützlicher Informationen liefern.

Welche Auswertungen? Dazu muss sie geplant entwickelt werden. Welche Referenzen benötigen wir? Welche Auswertungen wollen wir darüber fahren? In welcher Aktualität? Wie häufig? Welche Kennzahlen sollen daraus abgeleitet und wie sollen sie verdichtet werden? Wie wird die Anwendungs- und Infrastrukturlandschaft gepflegt und aktualisiert? Wer ist verantwortlich, wer mitwirkend, wer abstimmend?

Sie sehen, der Aufbau einer Anwendungs- und Infrastrukturlandschaft wirft Fragen auf, die es wert sind, beantwortet zu werden. Denn das Ergebnis ist der Schlüssel zur wirklichen Nutzung einer Unternehmensarchitektur. Wie bereits festgestellt, besitzen die meisten Unternehmen Modelle im Überfluss. Aber wir können diese Modelle nicht nutzen, weil sie nicht aufeinander abgestimmt, nicht konsolidiert sind. Sie lassen sich nicht nebeneinander legen, sie sind syntaktisch und semantisch nicht kompatibel.

Eine Anwendungslandschaft aufzubauen und dabei die oben gestellten Fragen zu beantworten, heißt, den syntaktischen und semantischen Abgleich zu machen, heißt Modelle zu synchronisieren und Referenzen herzustellen. Quellen für diesen Aufbau der Anwendungslandschaft sind vorhandene Bebauungsplanungen und Skizzen der Anwendungslandschaft.

5   Analyse: Unternehmensarchitekturen auswerten

Striving to be better,

often we solve what' s well

Wie viel Aufwand kostet Sie ihr jährlicher Planungsprozess, das Projektportfolio, die Priorisierung der Vorhaben, die Abstimmung mit den Fachbereichen, das Ziehen der roten Linie, hinter der die nicht durchführbaren Vorhaben verschwinden? Das alles, um die Neuentwicklung und adaptive Wartung optimal auf die Bedürfnisse des Geschäfts auszurichten. Gut so!

Aber verwenden Sie eigentlich ebenso viel Energie, ebenso viel Aufwand, ebenso viel Sorgfalt auf die Analyse des Vorhandenen, auf die Identifikation von Schwachstellen, Integration vorhandener Systeme, die Anregung neuer Lösungen, die Technologieberatung, die Optimierung des aktuellen Anwendungsportfolios?

Mit genau diesen Fragen beschäftigt sich dieses Kapitel und zeigt Verfahrensweisen zur Entwicklung eines „facility managment" für die IT.

5.1   Übersicht der Analyseverfahren

Auch Wartung will geplant sein

Die meisten komplizierten technischen Geräte bedürfen der Wartung, der sorgfältigen Pflege, um ihre Funktionstüchtigkeit und ihren Wert zu erhalten. Dazu gibt es z.B. in modernen Fahrzeugen Instrumente, die uns mitteilen, wann das Wartungsintervall abgelaufen ist, die uns auf notwendige Intervention bei Mangel an Öl oder Scheibenwischerflüssigkeit hinweisen.

Systematische Analysen der Anwendungslandschaft

Gewiss, wir führen Statistiken zum Produktionsbetrieb und zum User Helpdesk. Aber welche Instrumente nutzen wir, um unsere Anwendungs- und Infrastrukturlandschaft zu analysieren, zu beobachten, zu monitoren? Haben Sie aktualisierte Informationen zu den Schnittstellen und Abhängigkeiten in ihrer Landschaft, wissen Sie, wie häufig, mit welcher Zuverlässigkeit, diese Schnittstellen genutzt werden? Analysieren Sie Redundanzen, Brüche, Lücken in der Unterstützung fachlicher Prozesse durch Ihre Anwendungslandschaft? Kennen Sie die Brennpunkte in Ihrer Landschaft, wenn die Frage nach Betriebs-, Gestehungs- und Wartungskosten aufkommt? Besitzen Sie Wirkungsanalysen, die Aussagen zur wirtschaftlichen und strategischen Wirkung Ihrer Anwendungssysteme liefern?

„facility management" für die IT

In der IT planen wir viel, wenn es um die Entwicklung neuer Systeme geht: Projektplanungen, Portfolioplanungen, Nutzwertkalkulationen, Gap-Analysen, SWOT-Analysen, Balanced Scorecards und vieles mehr. Aber das, was im Bausektor „facility management" genannt wird, haben wir gar nicht oder nur ansatzweise. Ein Gebäudemanagement, eine Analyse der Schwachstellen, eine Planung von Wartungs-, Optimierungs- und Erneuerungsmaßnahmen, aus fachlicher und technischer Sicht gleichermaßen gesteuert, fehlt oftmals oder leidet an mangelnder Gesamtsicht, wenn die Verantwortung dafür verteilt in den Organisationseinheiten der Anwendungsentwicklung liegt. Das Projektportfolio planen wir alljährlich in der Regel in einem übergreifenden Prozess, die Optimierung der bestehenden Landschaft überlassen wir dem freien Spiel der Kräfte: Kleinprojektebudgets, Wartungsbudgets oder einfach Linienaufgaben geben den Rahmen für diesen Prozess, der inzwischen nicht selten mehr als 50% des gesamten Anwendungsentwicklungsbudgets verschlingt. Wenn dieser Optimierungsprozess als Teil des Tagesgeschäfts dennoch zielgerichtet verlaufen soll, wenn diese Einzelmaßnahmen Teil eines Ganzen werden sollen, dann benötigen wir dazu eine übergreifende Steuerung, einen durchgängigen Architekturmanagementprozess, der die Transformation von Strategie in operative Wirklichkeit nicht nur für den (eher kleineren) Teil der Neuprojekte sondern auch für den (eher größeren) Teil der laufenden Wartung und Pflege gewährleistet. Transparenz schaffen, Maßnahmen ableiten, Governance ausüben heißt auch hier die Devise.

Modelle für Analysen nutzbar machen

Genau hier greift die Analyse der Unternehmensarchitektur, hier können die vorhandenen Modelle, wenn sie konsolidiert und zu einer Unternehmensarchitektur zusammengefasst wurden, ihren Wert zeigen. Dieser Wert, dieser Nutzen einer Unternehmensarchitektur wird oftmals gar nicht erschlossen. Da werden Landkarten gezeichnet, Anwendungssysteme dargestellt, aber die zu Grunde liegenden Modelle werden nicht zur Analyse genutzt. Verschenkte Chancen. Wie eine Sammlung von Landkarten, die nie benutzt werden, ein Navigationssystem, das nie zum Einsatz kommt.

Der Wert einer Unternehmensarchitektur erschließt sich insbesondere in ihrer Nutzung als Navigationssystem für den IT-Governance-Prozess. Geben Sie sich nicht mit Übersichtsdarstellungen und Landkarten Ihrer Anwendungs- und Infrastrukturlandschaft zufrieden. Sorgen Sie dafür, dass die wertvollen Informationen in Ihrer Unternehmensarchitektur auch aktiv für Analysen und darauf basierende Planungsprozesse genutzt werden.

Wartung gewinnt an Bedeutung – das Potenzial des Vorhandenen nutzen

Das Beste aus dem Vorhandenen machen, bevor Neues erfunden wird – eigentlich nahe liegend, insbesondere dann, wenn Wartungsaufgaben gegenüber der Neuentwicklung an Bedeutung gewinnen. Nicht als Hemmschuh von Innovation möchte ich das verstanden wissen, lediglich als Aufruf zur Nutzung der vorhandenen Potenziale. Analytische und planerische Nutzung, als Bestandteil eines IT-Managementprozesses auf der Basis eines CIO Management-Informationssystems – der Unternehmensarchitektur. Nicht nur Anlass-getrieben, wenn das EAI-Projekt gestartet wird und genau diese Analyse gefordert ist, um anschließend wieder in der Schublade zu verschwinden.

Welche Informationen benötigen Sie zur Steuerung?

Welche Organisationseinheiten Ihres Unternehmens benutzen welche Anwendungssysteme zur Unterstützung welcher Geschäftsprozesse? Welche Datenbanken sind davon betroffen und welche Schnittstellen zu anderen Anwendungssystemen? Welche Mengengerüste sind damit verbunden, d.h. wie häufig werden die Anwendungssysteme von wem genutzt, welche Datenmengen werden dabei bewegt, welche Rechenleistung erfordert das? Welche Infrastruktursysteme wie Datenbanksysteme, Middleware oder TP-Monitore sind dazu notwendig? Auf welchen Plattformen läuft das Ganze mit welcher Verfügbarkeit und welcher Kapazität?

Die Komplexität einer Anwendungslandschaft beherrschbar machen

Fragen über Fragen - jede für sich als Einzelaspekt wohl bekannt und begründet. Kommt es dann aber dazu, diese Fragen in einem Kontext, z.B. ausgehend von einer Organisationseinheit, z.B. weil Sie diese auslagern wollen, zu beantworten, dann erreichen wir das Operationsgebiet einer Anwendungslandschaft. Eine Anwendungslandschaft stellt uns die erforderlichen Querbezüge her, referenziert über die Architekturebenen hinweg, teilt uns mit, welche Artefakte einer Geschäftsarchitektur in Beziehung zu Artefakten aus der Anwendungsarchitektur stehen und wie diese wiederum mit Artefakten aus der Systemarchitektur vernetzt sind. Hilfreich zunächst bei der Aufräumarbeit, die im Zuge von Anwendungs- und oder Infrastrukturkonsolidierungen immer wieder zu leisten ist. Hilfreich dabei, ein engmaschiges und komplexes Netz von Abhängigkeiten zunächst sichtbar zu machen, um es dann zu entwirren. Wir ziehen an einem Ende dieses Netzes an einem Infrastruktursystem, z.B., weil wir dessen Ablösung planen, und sehen, wo sich etwas bewegt: andere Infrastruktursysteme, die abhängig davon sind, Anwendungssysteme, die diese Infrastruktur benötigen, Organisationseinheiten, die das Ganze verwenden. Die Anwendungslandschaft stellt uns ein Instrumentarium bereit, mit dessen Hilfe wir solche Abhängigkeitsanalysen durchführen können.

Nicht nur analysieren, auch bewerten

Nicht nur eine Analyse der Abhängigkeiten wird damit unterstützt, auch Auslastungen, Kapazitäten, Kosten, Verfügbarkeiten können damit ermittelt werden. Das Ganze in Beziehung gesetzt zu Zielen, zu den Perspektiven einer Balanced Scorecard, erlaubt uns, den Beitrag einzelner Komponenten zur Erreichung der Unternehmensziele, den Wertschöpfungsbeitrag zu ermitteln. So können wir nicht nur systematisch analysieren, sondern anschließend auch bewerten und das Handeln daran ausrichten – IT-Governance mit Überblick.

Welche Verfahren zur Analyse der Unternehmensarchitektur gibt es und welche Fragen lassen sich damit beantworten? Die folgende Tabelle gibt uns eine Übersicht dazu:

Untersuchungsbereich	Beschreibung des Analyseverfahrens	Typische Fragestellungen
Abhängigkeit	Direkt oder indirekt (d.h. über mehrere Ebenen) verknüpfte Elemente werden aus der Unternehmensarchitektur selektiert; Beziehungen und (Aus-)Wirkungen werden gezeigt.	Welche anderen Elemente sind betroffen, wenn wir die Infrastrukturkomponente X ablösen?

Untersuchungsbereich	Beschreibung des Analyseverfahrens	Typische Fragestellungen
Abdeckung	Die Abdeckung fachlicher Bereiche (z.B. Felder in einer Prozess/Produkt-Matrix) durch Anwendungssysteme wird analysiert.	Welche Redundanzen oder Lücken gibt es bei der IT-Unterstützung für den Prozess X und/oder das Produkt Y und /oder die Organisationseinheit Z?
Schnittstellen	Analyse der Schnittstellen zwischen den Anwendungssystemen hinsichtlich ihrer Art, Anzahl, Komplexität, Häufigkeit/Aktualität, Performance, Stabilität, Verfügbarkeit.	Gibt es Brüche, Heterogenität bei der Unterstützung des Prozesses X? Sind Produktübergreifende Gemeinsamkeiten in Prozessschritten auch übergreifend gelöst?
Heterogenität	Die Heterogenität der IT-Assets in definierten Einsatzfeldern wird analysiert.	Anzahl der Entwicklungslinien (Technologien) pro Einsatzfeld (z.B. ein Feld in der Prozess/Produkt-Matrix)? Anzahl der Infrastrukturkomponenten pro Zelle im Warenkorb?
Komplexität	Anzahl der Komponenten in der Unternehmensarchitektur und Anzahl ihrer Beziehungen.	Wie viele Anwendungssysteme mit wie vielen Schnittstellen existieren? Wie viele Infrastrukturkomponenten oder Plattformen existieren mit wie vielen Schnittstellen untereinander bzw. in die Anwendungslandschaft hinein?

Untersuchungsbereich	Beschreibung des Analyseverfahrens	Typische Fragestellungen
Konformität	Einhaltung von Standards und Ermittlung des Abweichungsgrads (z.B. in % der Anwendungssysteme oder Infrastrukturkomponenten)	Werden existierende Standards z.B. im Bereich des Warenkorbs eingehalten? Werden die definierten Referenzarchitekturen implementiert? Anteil der Komponenten, die außerhalb des Standards liegen?
	Compliance Rules	Werden gesetzliche Vorgaben, Marktstandards und Normen eingehalten (z.B. Sarbanes Oxley Konformität oder Solvency II Compliance)?
Kosten	Reporting über kumulierte Erstellungs-, Betriebs- und Wartungskosten.	Welche Kosten sind durchgängig über alle Ebenen der Unternehmensarchitektur mit der IT-Unterstützung des Produktes X verbunden?
Nutzen	Nutzenkalkulation z.B. in prozentualem Beitrag zur Erreichung von Unternehmenszielen oder durch Verfolgung definierter „key performance indicators" (KPIs)	Welchen Beitrag zur Unterstützung der Unternehmensziele leistet das Anwendungssystem X?

Im Folgenden möchte ich gemeinsam mit Ihnen einige Beispiele für diese Analyseverfahren betrachten. Dabei müssen wir uns vor Augen führen, dass jedes dieser Verfahren für die Top-Sicht auf die Unternehmensarchitektur ebenso anwendbar ist wie auch auf Ausschnitte, Detaillierungen mit geringerem Abstraktionsgrad, Varianten mit zeitlicher (z.B. Ausbaustufen) und inhaltlicher Ausprägung (z.B. Bebauungsalternativen wie Eigenentwicklung, Standardsoftware). So können wir in Iterationen Top-Down oder Bottom-up analysieren und anschließend planen. Ebenso wird die schrittweise Fokussierung auf Ausschnitte unterstützt, in denen beispielsweise Schwachpunkte identifiziert wurden.

5.2   Analyse der Abhängigkeiten

Die Analyse der Abhängigkeiten, häufig auch „neighbourhood analysis" genannt, kann in Form eines Reports oder auch grafisch visualisiert erfolgen. In der Abb. 5-1 sehen wir ein Beispiel aus einem Architekturmanagementwerkzeug, das die Beziehungen zwischen einer Infrastrukturkomponente, den darauf aufsetzenden Anwendungssystemen und den unterstützten Geschäftsprozessen zeigt.

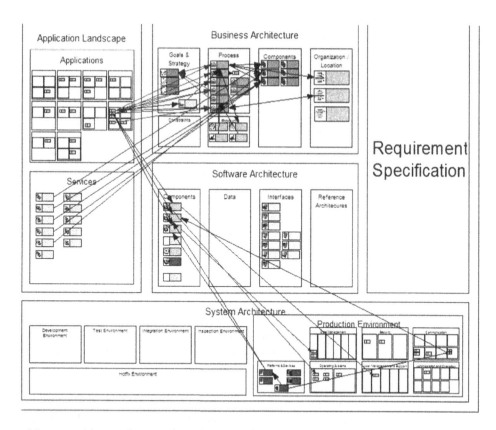

Abb. 5-1: Abhängigkeitsanalyse (ACT2005)

5.3   Abdeckungsanalyse

Die Abdeckungsanalyse setzt eine fachliche Gliederung der Anwendungslandschaft voraus. In dem Beispiel in Abb. 5-2 sehen wir eine Produkt/Prozess-Matrix, die uns einige aufschlussreiche Informationen zu redundanter IT-Unterstützung liefert.

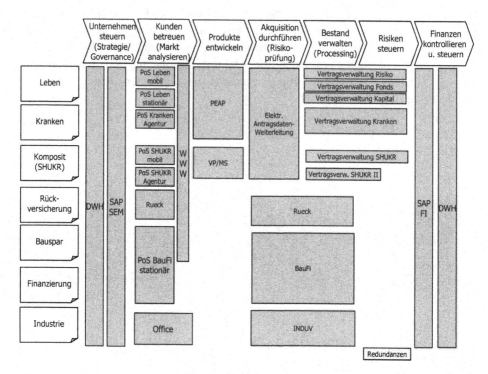

Abb. 5-2: Abdeckungsanalyse-Redundanzen

In diesem Beispiel sehen wir in einigen Zellen der Matrix eine Doppelbelegung. PoS (point of sale) -Systeme für den mobilen und den stationären Vertrieb, mehrere Vertragsverwaltungssysteme für unterschiedliche Leben- und Komposit-Produkte. Der Unternehmensarchitekt hat sich in der anschließenden Planung der Unternehmensarchitektur zu fragen, ob und wie eine Auflösung dieser Situation hergestellt werden kann. Ausgangspunkt muss eine vertiefte Analyse der hier gefundenen Brennpunkte sein. Hat die mehrfache Unterstützung von PoS Leben durch unterschiedliche Systeme negative Auswirkungen hinsichtlich des „time to market" bei der Einführung neuer Lebensversicherungsprodukte oder hinsichtlich der Kosten für die IT-Unterstützung? Gibt es fachliche Argumente für den Erhalt der Redundanz?

Können PoS-Systeme für unterschiedliche Vertriebskanäle zusammengefasst werden? Welche Kosten wären damit verbunden? Welcher Nutzen? Lösungsszenarien werden im Rahmen der Planung der Unternehmensarchitektur entwickelt und bewertet.

Auch Lücken in der IT-Unterstützung können in einer solchen Matrix sehr einfach identifiziert werden (Abb. 5-3):

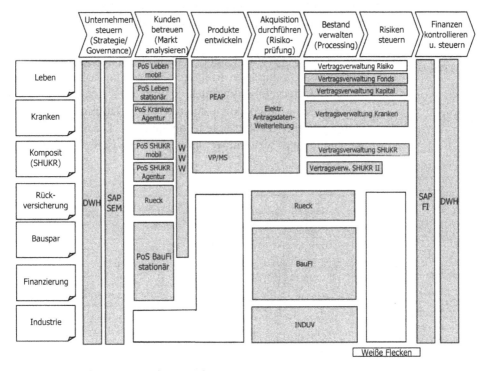

Abb. 5-3: Abdeckungsanalyse-Lücken

Auch für die hier gefundenen Lücken sind Detailuntersuchungen notwendig:

- Gründe für Lücken und Redundanzen,

- Auswirkungen der weißen Flecken auf das Geschäft und die IT,

- Risiken, die sich aus Lücken und Redundanzen ergeben,

- Kosten zur Beseitigung der weißen Flecken und Redundanzen.

5.4   Analyse der Schnittstellen

Die Analyse der Schnittstellen beschäftigt sich zunächst einmal mir der Anzahl der Schnittstellen zwischen den Anwendungssystemen. Die maximale Anzahl von Schnittstellen N in einer Anwendungslandschaft mit n Systemen errechnet sich mit

$$N = (n^* (n-1))/2,$$

eine Formel, die aus der Diskussion rund um das Thema „enterprise application integration" bekannt ist. Während sich dort die Fragen eher um einfache technische Lösungen dieser Schnittstellenproblematik drehen, z.B. Reduktion der Aufwände durch ein gemeinsames Schnittstellenformat in einer so genannten „hub and spoke" Architektur, so interessiert uns im Kontext der Analyse einer Unternehmensarchitektur primär die Frage nach den Ursachen. Wo können durch einen anderen Zuschnitt von Anwendungssystemen Schnittstellen entfallen, wo können Systeme zusammengefasst werden, wo sind Systeme obsolet (s. Abb. 5-4)?

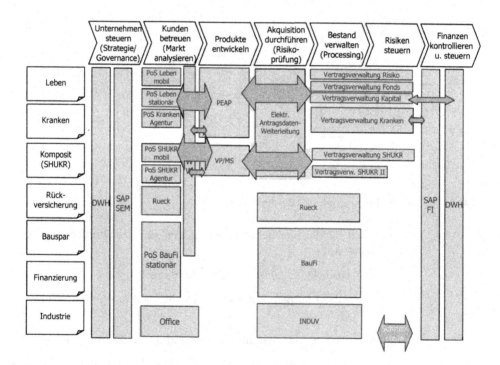

Abb. 5-4: Schnittstellenanalyse

Unsere Analyse der Schnittstellen fokussiert ebenso auf die Art der Schnittstellen und fragt auch hier weniger nach technischer Korrektur von Symptomen sondern eher nach Ursachen. Anforderungen an Schnittstellen leiten sich aus dem Zuschnitt von Anwendungssystemen und letztlich der so realisierten Unterstützung des Geschäfts ab: Wie häufig müssen Schnittstellen bedient werden, welche Aktualitätsanforderungen bestehen, welche Anforderungen an Stabilität, an Änderungszyklen, an Verfügbarkeit? Sind diese Anforderungen hoch und gibt es gleichzeitig eine große Anzahl von Schnittstellen, so ist das EAI-Problem ein ernsthaftes, das an den Wurzeln gepackt werden muss.

5.5 Analyse der Heterogenität

Heterogenität, oder besser vermutete Heterogenität, steht oftmals am Anfang von Maßnahmen im Bereich Enterprise Architecture oder Service Management. Häufig wird dort angesetzt, wo die Heterogenität offensichtlich ist: im Infrastrukturbereich. Hier wird sehr schnell deutlich, dass es häufig mehr als nur eine Lösung für dieselbe Aufgabenstellung im Unternehmen gibt: Wie viele Typen von Datenbankmanagementsystemen braucht man eigentlich, wie viele unterschiedliche Middleware-Komponenten, wie viele Geschäftsprozessmanagement- oder Case-Werkzeuge, wie viele Programmiersprachen und Entwicklungsumgebungen?

Ausgangspunkt „Warenkorb"?

Im Infrastrukturbereich können wir sehr schnell, durch einfache Klassifikation, durch Erstellung eines „Warenkorbs", erkennen, dass wir Ballast an Bord haben, überflüssige Komponenten, die die Fahrt verlangsamen. Also liegt es doch auf der Hand: Wir setzen ein Projekt zur Konsolidierung der Infrastruktur auf. Und weil wir gerade dabei sind: Machen wir doch gleich ein Servicemanagement daraus.

Das erinnert mich immer wieder an die kleine nachfolgende Geschichte, die ich bereits in Kap. 2.7 zitiert habe:

> In einer dunklen Nacht kroch ein Mann auf Händen und Füßen im Licht einer Straßenlaterne herum. Ein Polizist kam vorbei und fragte ihn, was er denn da täte. „Ich suche meinen Hausschlüssel", war die Antwort. „Wo haben Sie ihn denn verloren?" fragte der Polizist. „Da drüben bei den Büschen". Darauf der Polizist: „Ja, warum suchen Sie dann hier?" Die Antwort: „Weil das Licht hier besser ist!"

Nicht an den Symptomen, sondern an den Ursachen arbeiten!

Ein wunderschönes Beispiel für effizientes Arbeiten auf der falschen Baustelle. Ebenso wie in den meisten Projekten zur Homogenisierung der IT-Infrastruktur: ein Arbeiten an den Symptomen, nicht an den Ursachen. Warum haben wir denn eine solch hohe Heterogenität im Bereich der Infrastrukturen? Weil wir Anforderungen aus dem Geschäft immer wieder mit anderen Mitteln erfüllen. Heterogenität der Infrastruktur ist eine Folge der Heterogenität von Anwendungsentwicklungsverfahren, kurz Entwicklungslinien, die wiederum eine Folge eines unzureichenden Anforderungsmanagements ist. Damit meine ich nicht die ausufernde Dokumentation von Anforderungen, sondern das professionelle Management dieser fachlichen Vorgaben: Klassifikation, Abbildung auf fachliche Einsatzszenarien, Zuordnung von Referenzarchitekturen. Zunächst müssen wir für Homogenisierung des Anwendungsportfolios und dauerhafte Konvergenz der unterschiedlichen Entwicklungslinien sorgen. Wie können wir die Heterogenität dauerhaft begrenzen, wenn wir das Problem nicht bei den Wurzeln packen? Das setzt die intelligente Nutzung vorhandener Lösungen, die Identifikation gleichartiger Anforderungen, das Zusammenführen von Anforderungen aus verschiedenen Quellen voraus. Kurz: die Vernetzung der Anforderungen mit den Lösungsinstrumentarien, die Herstellung der Querverbindungen, die eine Unternehmensarchitektur uns liefert.

Beim Geschäft anfangen

Wenn wir es ernst meinen mit der Analyse von Heterogenität, wenn wir wirklich durchgängig Effizienzsteigerungspotenziale aufdecken und nutzen wollen, dann müssen wir beim Geschäft, bei den Anforderungen und beim Anwendungsportfolio anfangen. Um Missverständnisse zu vermeiden: Das ist keine Kritik am Service- und Infrastrukturmanagement. Aber man sollte nicht dort anfangen, sondern es erst dann tun, wenn man auf der Baustelle des Anwendungsportfolios seine Hausaufgaben gemacht hat.

Prozesse, Produkte, Anwendungssysteme

Wie gehen wir es dann an? Um bei unserer Heterogenitätsanalyse den Bezug zum Geschäft herzustellen, hat sich die bereits im vergangenen Kapitel gezeigte Matrix bewährt, auf deren Achsen Kerngeschäftsprozesse und Hauptprodukte, alternativ Organisationseinheiten, Lokationen, Produktionsstätten aufgetragen werden. Diese Matrix bildet den fachlichen Rahmen für die Analyse. In den Zellen der Matrix finden wir die Anwendungssysteme, die einen Geschäftsprozess bei der Bearbeitung eines Produktes unterstützen. Wenn wir an Stelle der Produkte Organisationseinheiten verwenden, stellt die Matrix dar, welche Geschäftsprozesse in der Organisation durch spezifische Anwendungssysteme unterstützt werden.

Entwicklungs-linien analy-sieren

Wenn wir nun die Analyse ein wenig weiter herunter brechen und uns ansehen, welche Entwicklungslinien eingesetzt wurden, um die Anwendungssysteme zu realisieren, so werden in diesem Schritt die Zellen der Matrix mit den zur Unterstützung von Prozessen und Produkten eingesetzten Entwicklungslinien populiert (s. Abb. 5-5). Eine hohe Anzahl von Entwicklungslinien pro Zelle liefert uns hier zunächst lediglich einen Indikator für Heterogenität. Ebenso ist mit den Werten zur Verbreitung (Anzahl der Zellen pro Entwicklungslinie) und zur absoluten Anzahl der Systeme zu verfahren.

Mehrere Entwicklungslinien pro Zelle in einer Produkt/Prozess-Matrix geben dem Unternehmensarchitekten anschließend Anlass für weitergehende Untersuchungen:

• Werden hier mehrere Organisationseinheiten durch verschiedene Entwicklungslinien unterstützt?

• Ist das durch organisatorische Unterschiede (z.B. verschiedene Vertriebswege) begründet?

• Oder handelt es sich um einen „Wildwuchs", der aus der Historie, aus verschiedenen IT-Entwicklungseinheiten, aus dem partiellen Einsatz von Standardsoftware herleitbar ist?

• Spielen gar „Eitelkeiten" einzelner Organisationseinheiten eine Rolle, die partout ihr eigenes IT-System haben wollen?

Ähnliche Fragestellungen ergeben sich bei einem Aufbau unserer Matrix nicht über die Produkte, sondern über die Organisationseinheiten.

Potenziale für Vereinheitlichung

Nicht immer können ganze Spalten in unserer Matrix homogen durch einheitliche Referenzarchitekturen unterstützt werden. Dem stehen z. B. Unterschiede in den Produkten gegenüber. Immer aber muss die Frage für den Unternehmensarchitekten sein, ob es Potenziale für eine Vereinheitlichung gibt - sei es durch Ablösung und Zusammenführung von Anwendungssystemen, sei es durch Überzeugungsarbeit auf der Seite des Geschäfts, um Kostensenkungspotenziale zu erschließen. Denn, wie bereits deutlich ausgeführt, jede zusätzliche Entwicklungslinie ist Ballast, verlangsamt die Fahrt und ist mit erheblichen Folgekosten verbunden.

	Unternehmen steuern (Strategie/ Governance)	Kunden betreuen / Markt analysieren	Produkte entwickeln	Neugeschäft akquirieren / Risiken prüfen	Bestand verwalten	Risiken steuern	Finanzen kontrollieren und steuern
Leben	◯ △	☐ ◎ ◆ ⊞	☐ ▨	▨	▨ ◆	◆	◯ △
Kranken	◯ △	☐ ⊞	☐ ▨	▨	▨	▨	◯ △
Komposit	◯ △	☐ ⊞	☐	▨	▨	▨	◯ △
Rückversicherung	◯ △	◎ ⊞	▰	▨	▨		◯ △
Bauspar	◯ △	◆ ⊞		▨ ◆	▨ ◆		◯ △
Finanzierung	◯ △	◆		▨ ◆	▨ ◆		◯ △
Industrie	◯ △	▰		▨	▨		◯ △

Entwicklungslinien		Verbreitung	Anzahl Systeme
Cobol	▨	18	9
Java	◎	2	2
C++	☐	6	6
Smalltalk	◆	9	4
DWS	◯	14	1
SAP	△	14	2
Office	▰	2	1
.NET	⊞	5	1

Abb. 5-5: Heterogenitätsanalyse der Entwicklungslinien

Mit dem bisher gezeigten Verfahren können Potenziale für Homogenisierungen im Anwendungsportfolio gefunden werden. Diese Potenziale sind Grundlage für die Entwicklung von Planszenarien (s. Kap. 6.3).

Analyse der Heterogenität im Infrastrukturbereich
Zur Analyse der Heterogenität im Infrastrukturbereich ist die Klassifikation aller Infrastruktursysteme sinnvoll. Die Strukturierung des „Warenkorbs" (s. Kap. 4.4) hilft, Überpopulation zu erkennen. In der Abb. 5-6 sehen Sie einen derartig gegliederten Warenkorb, dargestellt im Architekturmanagement-Werkzeug Metis®.

Auswirkungen berücksichtigen
Heterogenität lässt sich in diesem Bild anhand der Population einzelner Zellen einfach erkennen. Werden Funktionalitäten (Services) der Infrastruktur durch mehrere Infrastrukturkomponenten erbracht, so gibt auch dies dem Unternehmensarchitekten Anlass für Überlegungen zur Optimierung. Sind beispielsweise mehrere relationale Datenbanksysteme im Warenkorb verzeichnet, so muss über Abhängigkeitsanalysen herausgefunden werden, welche Anwendungssysteme diese Datenbanksysteme nutzen. Jede Optimierungsmaßnahme muss iterativ geplant werden,

und Auswirkungen auf die gesamte Unternehmensarchitektur sind zu berücksichtigen.

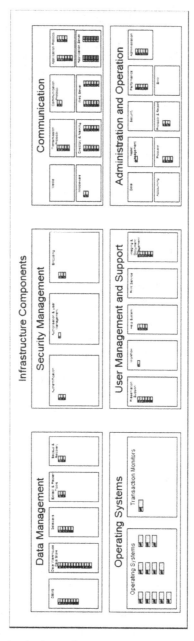

Abb. 5-6: Warenkorb der Infrastrukturkomponenten (ACT2005)

5.6 Analyse der Komplexität

Im Jahr 1991 veröffentlichte Capers Jones eine Aufstellung von 20 Komplexitätstypen für Softwaresysteme, unter ihnen solche wie strukturelle Komplexität, logische Komplexität und topologische Komplexität. Er wies in diesem Kontext darauf hin, dass zu diesem Zeitpunkt nur wenige Arten von Komplexität wirklich objektiv und numerisch gemessen worden waren (JON1991). An diesem Zustand hat sich in der Praxis bis heute wenig geändert.

Komplexität von Software- systemen
Einige Metriken zur Messung der Komplexität von Softwaresystemen, wie z.B. die McCabe-Metrik[14], sind vereinzelt zu finden. Für die Messung der Komplexität ganzer Anwendungslandschaften fehlen die erforderlichen Instrumente. Generell gilt, dass die Komplexität der Anwendungslandschaft C_{AL} sich ergibt als Funktion über die Anzahl der Anwendungssysteme A_{AS} und die Anzahl der Schnittstellen A_{IF}:

$$C_{AL} = f (A_{AS}, A_{IF})$$

Die genannte McCabe-Metrik, bewährt im Bereich der Messung der inneren Komplexität von Softwaresystemen, liefert eine erste Näherung. Da aber bisher keine Benchmarks und Branchenspezifischen Richtwerte verfügbar sind, kann eine mit Hilfe einfacher Metriken ermittelte Kennzahl für die Komplexität der Anwendungslandschaft allenfalls als Indikator für den Fortschritt des Architekturmanagements im eigenen Unternehmen dienen.

Mit zunehmender Bedeutung des Managements von Unternehmensarchitekturen als Mittel einer informierten IT-Governance werden auch im Bereich der Analyseverfahren und speziell für die Messung der Komplexität von Anwendungslandschaften zukünftig Standards entstehen, die hierzu Benchmarks und Kennzahlen liefern werden. Die Grundlage für solche weitergehenden Auswertungen können Sie heute bereits mit einer Modellbasierten, mit messbaren Attributen versehenen und erweiterbar in einem Werkzeug abgebildeten Unternehmensarchitektur schaffen.

---

[14] Die McCabe-Metrik errechnet die Komplexität K eines Systems aus der Anzahl von Knoten und der Anzahl von Kanten (MCC1976)

5.7 Analyse der Konformität

Konformität der Unternehmensarchitektur mit Regelwerken ist in jüngster Zeit unter dem Einfluss gesetzlicher Vorgaben für viele Unternehmen ein wichtiges Thema geworden. Seien es die Vorgaben aus den Basel II-Regelwerken zur Eigenkapitalausstattung und deren Dokumentation und Kontrolle, seien es die Vorschriften für unternehmensinterne Kontrollsysteme aus dem Sarbanes Oxley Act, Section 404 (SAR2002), seien es die Compliance Rules der „Sharma Risk Map" aus Solvency II (ZBR2004) – immer geht es um Konformität mit Regelwerken, die auch für den IT-Bereich weitreichende Bedeutung besitzen.

Compliance Rules

Die Prüfungen gegen solche „Compliance Rules" aus gesetzlichen Vorgaben bestehen in der Regel aus Existenzbedingungen: Gibt es eine Dokumentation zu definierten Elementen der Unternehmensarchitektur (z.B. Geschäftsprozessen), existieren Verfahrensbeschreibungen (z.B. zu Deployment-Verfahren und Umgebungsmanagement, die eine revisionssichere Produktivsetzung von Anwendungssystemen sicher stellen), sind gesicherte Verfahren für Recovery, Backup, Autorisierung, Authentifikation, etc. verfügbar, gibt es eine Security-Policy im Unternehmen?

Konformitäts-prüfungen

Aus diesen Beispielen, deren Reihe sich beliebig weiterentwickeln ließe, ist schnell erkennbar, dass Konformitätsprüfungen über eine Unternehmensarchitektur nahezu beliebig erweiterbar sein müssen. Ein Punkt, der von hoher Bedeutung für die technische Abbildung Ihrer Unternehmensarchitektur ist. Denn Werkzeuge, die lediglich starr implementierte Prüfungen z.B. hinsichtlich einer Solvency II-Vorgabe besitzen, mögen auf den ersten Blick hilfreich sein, weil sie einen schnellen Start und eine punktgenaue Adressierung der aktuellen Problemsituation verheißen. Doch schnell ändern sich die Regelwerke, bald müssen neue Compliance Rules geprüft werden. Dann kommt das im ersten Augenschein so wertvolle Tool schnell an seine Grenzen.

 Goldene Regel zu Werkzeugen für das Management von Unternehmensarchitekturen und zu Tools für Compliance-Prüfungen: Sie müssen in der Lage sein, schnell Antworten auf heute drängende Fragen zu liefern, aber gleichzeitig die Flexibilität besitzen, auf neue, heue noch unbekannte Fragestellungen angewandt zu werden.

Neben den Compliance Rules, die aus gesetzlichen Vorgaben erwachsen, für das Geschäft bedeutsam sind und Auswirkungen auf die IT haben, gibt es vielschichtige Konformitätsprüfungen in einer Unternehmensarchitektur, die Bestandteil der IT-Governance sind und Voraussetzung für eine effiziente Transformation strategischer Planung in operative Wirklichkeit. Diese Konformitätsprüfungen adressieren Kernelemente der Unternehmensarchitektur: Sind alle produktiven Anwendungssysteme konform zu den definierten Referenzarchitekturen, werden nur solche Entwicklungsverfahren und -werkzeuge eingesetzt, die im Warenkorb definiert sind, ist zumindest eine Konvergenz der eingesetzten Entwicklungslinien hin zu Referenzarchitekturen erkennbar, haben alle eingesetzten Infrastrukturkomponenten, alle Plattformen das unternehmensinterne Zertifikat?

The road to hell is paved with 'tactical' solutions

Wie wir schon in den vorangegangenen Kapiteln deutlich gesehen haben (und viel mehr noch in der Realität tagtäglich erleiden), ist die mangelnde Konformität in diesen Bereichen, erwachsen aus vielerlei historisch gewachsenen, pragmatischen oder taktischen Lösungen, ein massiver Hemmschuh für die Effizienz des IT-Bereichs. Schnelle Reaktion auf Anforderungen der Fachbereiche, agile Prozesse, Verkürzung des time to market – ja wie denn, mit der tonnenschweren Eisenkugel am Bein, bestehend aus heterogenen Entwicklungstechnologien, inkompatiblen Prozessen und Werkzeugen, nicht universell einsetzbaren Personals, das auf den Inseln der programmiersprachlichen Paradigmen sitzt!

Homogenisierung

Haben Sie sich schon einmal einen Überblick zu den in Ihrem Haus eingesetzten Entwicklungstechnologien verschafft? Die im Kapitel 5.5 gezeigte Heterogenitätsanalyse liefert uns hier einen ersten Überblick. Das in Abb. 5-5 gezeigte Beispiel, illustriert anhand unserer Produkt-Prozess-Anwendungssystem-Matrix (s. Abb. 4-22, S. 121), zeigt die verschiedenen Entwicklungstechnologien, die zur Unterstützung von Produkten und Prozessen eingesetzt werden. Die in der Beispielanalyse vorgefundenen Entwicklungstechnologien liefern dem Unternehmensarchitekten Anhaltspunkte für Homogenisierung. Ein Mittel zur Homogenisierung ist die Definition von Referenzarchitekturen (s. Kap. 4.3 Die Anwendungsarchitektur) und deren Durchsetzung in Projekten durch Prüfung von Architekturentwürfen in einem Architekturboard und die Arbeit von „solution architects" im Kontext des operativen Architekturmanagements (also die Arbeit von Fach-, Software- und Systemarchitekten in der Linie und in Projekten).

Im Rahmen der Konformitätsanalyse wird, aufbauend auf der Heterogenitätsanalyse, untersucht, in welchen Bereichen Abwei-

chungen zu den vorher definierten Referenzarchitekturen bestehen. Dies zeigt Abb. 5-7:

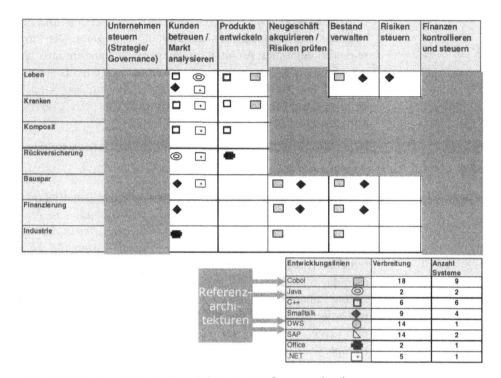

	Unternehmen steuern (Strategie/ Governance)	Kunden betreuen / Markt analysieren	Produkte entwickeln	Neugeschäft akquirieren / Risiken prüfen	Bestand verwalten	Risiken steuern	Finanzen kontrollieren und steuern
Leben		□ ◎ ◆ ⊡	□ ▨		▨ ◆	◆	
Kranken		□ ⊡	□ ▨				
Komposit		□ ⊡	□				
Rückversicherung		◎ ⊡	●				
Bauspar		◆ ⊡		▨ ◆	▨ ◆		
Finanzierung		◆		▨ ◆	▨ ◆		
Industrie		●		▨	▨		

Entwicklungslinien		Verbreitung	Anzahl Systeme
Cobol	▨	18	9
Java	◎	2	2
C++	□	6	6
Smalltalk	◆	9	4
DWS	○	14	1
SAP	◺	14	2
Office	●	2	1
.NET	⊡	5	1

Referenz-
archi-
tekturen

Abb. 5-7: Konformität mit den definierten Referenzarchitekturen

Handlungsbe-darf identifizieren

Untersuchungen zur Konformität mit Referenzarchitekturen in
der Anwendungslandschaft oder zur Konformität mit dem definierten Warenkorb in der Infrastrukturlandschaft spielen eine
große Rolle bei der Umsetzung der strategischen Vorgaben aus
der Unternehmensarchitektur. Diese Untersuchungen identifizieren Kursabweichungen, stellen Defizite heraus und offenbaren
Handlungsbedarf. Fortlaufende Analysen der Unternehmensarchitektur gehören zur Kernaufgabe des Architekten und leiten
die Entwicklung von Szenarien zur Beseitigung der Schwachstellen ein (s. Kap. 6: Planung: Unternehmensarchitekturen konzipieren).

Bildung von Szenarien

Renovierung, Ablösung. Migration, Integration, Auslagerung –
lang ist die Liste potenzieller Maßnahmen. Deshalb hat sich die
Bildung von Szenarien bewährt, deren Entwicklung immer wieder neue Ideen generiert. Bewertung der Szenarien, Auswahl des
Favoriten, Umsetzung, ggf. Kurskorrektur und erneute Konformi-

tätsprüfung schließen sich an. Wichtig bei der Umsetzung ist die Anbindung des strategischen Architekturmanagements an die operative Umsetzung. Lösungsarchitekten in Projekten sind die direkten Gesprächspartner des Unternehmensarchitekten, der Umsetzungsvorgaben auf Basis seiner Analysen erstellt und Feedback aus den Projekten in seine Planung einbezieht. Die Prozesse des strategischen Architekturmanagements müssen dazu direkt mit denen des operativen Architekturmanagements verzahnt werden. Ein Architekturboard, das Entwürfe von Projekten hinsichtlich ihrer Architekturkonformität prüft, tut ein Übriges (s. Kap. 8.2: Gremien).

5.8 Analyse der Kosten

Aufstellungen der IT-Kosten finden wir in jedem Unternehmen in der einen oder anderen Form. Wenn es dann um den Aufbau einer Unternehmensarchitektur geht, fällt es oft leicht, auf diese Aufstellungen hinzuweisen und das Thema Kosten für die Unternehmensarchitektur auszublenden. Doch ganz so schnell sollte man dieses Thema nicht abhaken. Die Erfahrung im Umgang mit Unternehmensarchitekturen zeigt uns, dass häufig aus den Analysen der Architektur der Wunsch nach detaillierterer Aufstellung der Kosten entsteht, um z.B. Heterogenität, Redundanz oder Komplexität den Kosten gegenüberstellen zu können. Dies setzt eine Aufschlüsselung der Kosten voraus, die den Strukturen der Unternehmensarchitektur angemessen ist.

Kostenmodell Hierbei werden Gestehungs-, Betriebs- und Wartungskosten für Anwendungssysteme, Infrastrukturkomponenten und Hardware berücksichtigt. Ein detailliertes Kostenmodell für ein Softwaresystem (Anwendungs- oder Infrastruktursystem) zeigt uns Abb. 5-8.

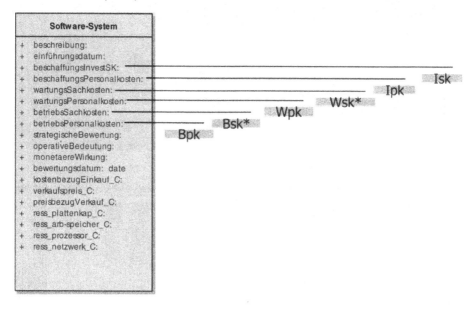

Abb. 5-8: Kostenmodell

Es werden initiale Beschaffungsinvestitionen, Wartungs- und Betriebskosten jeweils differenziert nach Personal- und Sachkosten betrachtet. Die Initialinvestition wird auf die jährliche Abschreibung (AD) herunter gebrochen, Wartungs- und Betriebskosten werden ebenfalls jährlich angegeben. Die jährlichen Kosten für ein Anwendungssystem ergeben sich z.B. demnach aus folgender Formel (Abb. 5-9):

$$K_{AS_i} = ((Isk_{AS_i} + Ipk_{AS_i}) / Ad) + Wpk_{AS_i} + Wsk_{AS_i} + Bsk_{AS_i} + Bpk_{AS_i}$$

Abb. 5-9: Kosten p.a. pro Anwendungssystem

Mit Hilfe dieses Kostenmodells lassen sich z.B. in der Produkt-Prozess-Anwendungssystem-Matrix Kostenverteilungen darstellen. Die nachfolgende Abb. 5-10 zeigt ein Beispiel für die Darstellung der initialen Beschaffungsinvestitionen in drei Kostenklassen.

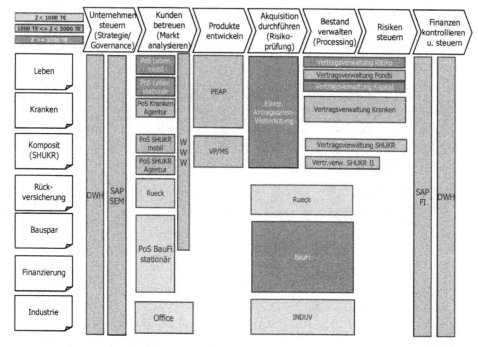

Abb. 5-10: Kostenanalyse

Weitergehende Kostenanalysen stellen die kumulierten Kosten z.B. für die Unterstützung eines Teilprozesses oder einer Organisationseinheit zusammen, in dem über die verwendeten Systeme unter Nutzung prozentualer Unterstützungsgrade kumuliert wird. Diese umfassende Analyse setzt eine Vernetzung über die Architekturebenen voraus, wie sie in einer Unternehmensarchitektur gegeben ist.

5.9 Analyse des Nutzens

Was ist der Nutzen eines Anwendungssystems oder einer Plattform? Welchen Wert haben diese Dinge für das Unternehmen? Fragen, die immer wieder neu gestellt werden und auf die es viele Antworten gibt:

- Betriebswirtschaftlich: Summe der Investitionen,

- Pragmatisch: bewertet durch Nutzer und/oder Betreuer,

- Methodisch: Wirkung auf die Unternehmensziele,

- Ablauforganisatorisch: Unterstützungsgrad für die Geschäftsprozesse,

- Risiko-orientiert: Bewertung des max. Schadens bei Ausfall.

Schwachstellen in unternehmenskritischen Bereichen identifizieren

Diese Aufzählung erhebt keinen Anspruch auf Vollzähligkeit, ist aber hinreichend, um sich zu fragen: Wie gehen wir es nun an? Viele Unternehmen lassen es dann lieber gleich sein („da wird ohnehin nur gelogen") und verzichten auf die Bewertung des Nutzens. Damit geht uns aber eine wichtige Dimension unserer Analyse verloren. Alle Analyseergebnisse aus den bisher gezeigten Verfahren bedürfen einer Bewertung. Lücken, Heterogenität, Abhängigkeit, Komplexität – all das ist nicht per se kritisch. Erst dann, wenn diese Schwachstellen in unternehmenskritischen Bereichen identifiziert werden, müssen sie mit hoher Dringlichkeit und Wichtigkeit beseitigt werden.

Unternehmenskritische Bereiche können anhand der unterstützten

- Prozesse,

- Organisationseinheiten,

- Produkte (Umsatzanteile),

- Vertriebskanäle,

- oder Geschäftsbereiche

Kritische Handlungsfelder für die Bebauungsplanung identifizieren

identifiziert werden. Es gilt also, z.B. Prozesse mit hoher Bedeutung für den Unternehmenserfolg und Produkte mit aktuell hohem Umsatzanteil oder strategisch geplantem Umsatzwachstum zu identifizieren und zu operationalisieren. Auf diese Weise werden z.B. in der bereits mehrfach verwendeten Matrix über Geschäftsprozesse und Produkte[15] die kritischen Handlungsfelder hergeleitet, in denen Produkte mit aktuellem oder geplantem hohen Umsatzanteil und Prozesse mit hoher Bedeutung für die Unternehmensziele unterstützt werden. In Abb. 5-11 wird diese Herleitung gezeigt.

---

[15] Alternativ kann diese Matrix auch über Geschäftsprozesse und Organsationseinheiten, Lokationen oder Geschäftsbereiche aufgebaut werden.

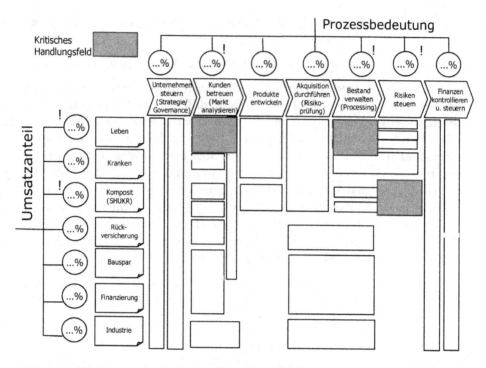

Abb. 5-11: Herleitung der kritischen Handlungsfelder

Umsatzanteil und Prozessbedeutung

Die Bewertung des Nutzens z.B. hinsichtlich Umsatzanteil und Prozessbedeutung hilft uns also zunächst einmal dabei, kritische Handlungsfelder für die weitere Bebauungsplanung zu identifizieren. Wurden in den vorangegangenen Analysen Schwachpunkte hinsichtlich Abhängigkeit, Abdeckung, Schnittstellen, Heterogenität, Komplexität, Konformität oder Kosten entdeckt, so adressiert die weitere Bebauungsplanung diese Schwachstellen in der Reihenfolge ihrer Priorität, die sich aus den kritischen Handlungsfeldern herleitet.

Bewertung der Prozessbedeutung

Wie bewerten wir die Determinanten der kritischen Handlungsfelder? Aktuelle und geplante Umsatzanteile entnehmen wir den Geschäftsberichten und -planungen. Schwieriger sieht es da schon aus bei der Bewertung der Prozessbedeutung. Da sehen wir uns bereits jetzt in einem Führungskräfteworkshop sitzen und darüber sinnieren, welche Bedeutung denn wohl der eine oder andere Prozess für den Gesamterfolg des Unternehmens haben könnte. Ist das Erfolg versprechend? Das erscheint auf den ersten Blick genau so wenig hilfreich, wie der Ansatz, den Wert von IT-Produkten (wie z.B. Anwendungssystemen) für das Unternehmen direkt bewerten zu lassen[16]. Hier wird ein Katalysator benötigt, der den Bewertungsprozess in Gang bringt und beschleunigt.

European Foundation For Quality Management

Einen solchen Katalysator findet man z.B. im Modell der Haupterfolgsfaktoren eines Unternehmens, das die „European Foundation For Quality Management" (EFQM[17]) entwickelt hat (Abb. 5-12).

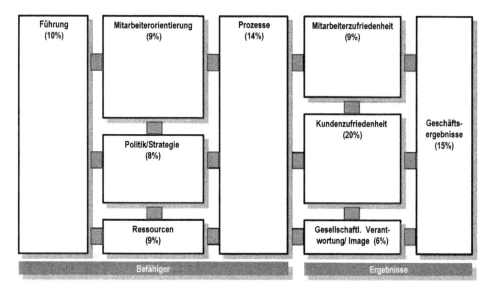

Abb. 5-12: EFQM Modell der Erfolgsfaktoren

In diesem Modell wurden 9 Haupterfolgsfaktoren beschrieben, die in die Kategorien „Befähiger" und „Ergebnisse" gegliedert sind. Eine initiale Priorisierung der 9 Faktoren wurde in Form prozentualer Anteile am Gesamterfolg ebenfalls von der EFQM vorgenommen. Diese Prozentgewichte sind unternehmensspezifisch anzupassen.

---

[16] Die Erfahrung zeigt hier, dass eine Bewertung der Wichtigkeit von IT-Produkten z.B. durch Anwender und Produktverantwortliche keine hinreichende Differenzierung erlaubt. Diese Bewertung ist an der operativen Arbeit verankert und endet i.d.R. mit der Feststellung: „Alles ist wichtig!".

[17] siehe http://www.efqm.org/

Optimierung der Haupter- folgsfaktoren

Versteht man die Optimierung dieser Haupterfolgsfaktoren als oberstes Ziel des Unternehmens, dann ergibt sich die Bedeutung von Geschäftsprozessen aus ihrer Mitwirkung an der Optimierung der Erfolgsfaktoren. In Abb. 5-13 wird beispielhaft eine solche Herleitung gezeigt, bei der sich die Bedeutung eines Kernprozesses aus der Summe aller Unterstützungsleistungen für die Haupterfolgsfaktoren ableitet.

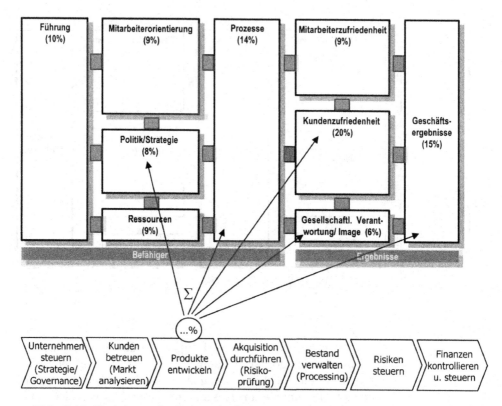

Abb. 5-13: Herleitung der Prozessbedeutung

Katalysator für die Bewertung der Prozess- bedeutung

Das EFQM-Modell hat sich in der Praxis als Katalysator für die Bewertung der Prozessbedeutung bewährt. Es handelt sich um ein neutrales Modell, das zur Objektivierung der Diskussion beiträgt, die so außerdem nicht mit einem weißen Blatt gestartet werden muss. Jedes andere, dem EFQM-Modell vergleichbare Raster, eignet sich dazu in gleicher Weise.

Unterstützung von Geschäftsprozessen durch Anwendungssysteme

Nach Herleitung der Prozessbedeutung gilt es, den Unterstützungsgrad von Anwendungssystemen für einzelne Geschäftsprozesse zu ermitteln. Quellen dafür sind Informationen zur organisatorischen Zugehörigkeit der Nutzer oder detaillierte Geschäftsprozessmodelle mit Angaben zu den Anwendungssystemen, die Prozessschritte unterstützen. In der Abb. 5-14 sehen wir eine beispielhafte Ableitung der Zielunterstützung für die Haupterfolgsfaktoren des Unternehmens gemäß EFQM, die durch ein Anwendungssystem geleistet wird.

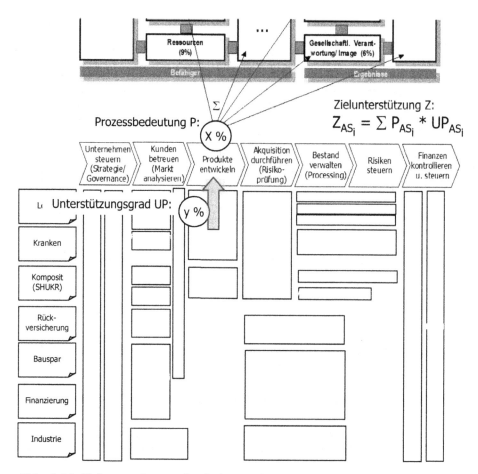

Abb. 5-14: Zielunterstützung durch Anwendungssysteme

Die Zielunterstützung des Anwendungssystems Z ergibt sich dabei aus der Summe über alle Produkte von Prozessbedeutung

der unterstützten Geschäftsprozesse P und zugehörigem Unterstützungsgrad UP.

$$Z_{AS_i} = \sum P_{AS_i} * UP_{AS_i}$$

Analog zur Herleitung der Zielunterstützung des Anwendungssystems wird der wirtschaftliche Nutzen aus dem Umsatzanteil
der unterstützten Produkte hergeleitet. In der Abb. 5-15 wird dies
im Beispiel gezeigt.

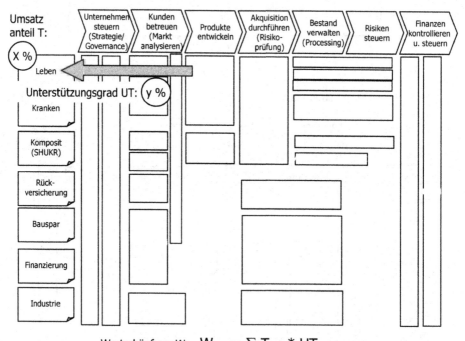

Wertschöpfung W: $W_{AS_i} = \sum T_{AS_i} * UT_{AS_i}$

Abb. 5-15: Wertschöpfung durch Anwendungssysteme

Die Wertschöpfung[18] eines Anwendungssystems W ergibt sich
dabei aus der Summe über alle Produkte von Umsatzanteil der

---

[18] Es handelt sich hier um einen prozentualen Anteil an der Gesamt-
wertschöpfung durch IT-Produkte, nicht etwa einen Absolutbetrag der
Wertschöpfung, der massgeblich aus der fachlichen Arbeit resultiert.

unterstützten Produkte T und zugehörigem Unterstützungsgrad
UT.

$$W_{AS_i} = \sum T_{AS_i} * UT_{AS_i}$$

Mit der Ableitung von Zielunterstützung und Wertschöpfung sind
die Grundlagen für die Analyse der Anwendungslandschaft im so
genannten „magic quadrant" gelegt. In diesem Portfolio finden
wir die Anwendungssysteme auf den Achsen Zielunterstützung
und Wertbeitrag aufgetragen, wobei die Punktgröße Informationen zu den jährlichen Kosten der Anwendungsysteme gibt.
Handlungsbedarf wird dort identifiziert, wo geringe Zielunterstützung, geringe Wertschöpfung und hohe Kosten aufeinander
stoßen (s. Abb. 5-16).

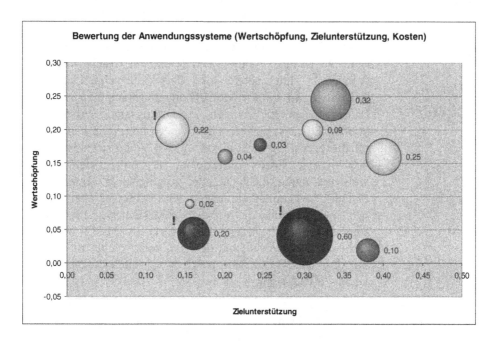

Abb. 5-16: magic quadrant

Operationali-
sierung des
Nutzens
Das hier sehr vereinfacht gezeigte Verfahren ist nur ein Beispiel
aus einer umfangreichen Sammlung verschiedenster Methoden
zur Operationalisierung des Nutzenpotenzials Ihrer Anwendungssysteme. Ob Sie nun dieses auf einer Operationalisierung
der Unternehmensziele beruhende Verfahren wählen oder eines

auf Basis eines Balanced Scorecard-Ansatzes wählen oder eine Kalkulation des Wertschöpfungsbeitrages vorziehen oder aber ein ganz anderes Verfahren etablieren – das soll hier nicht bewertet werden. Das geeignete Verfahren ist genau das, welches in Ihrem Unternehmen funktioniert, das, welches akzeptiert wird, das, mit dem Ihr Top-Management bereitwillig umgeht. Hier einen Methodenstreit zu führen, wäre nicht hilfreich – es geht nicht um die richtige Methode, sondern um das richtige Ergebnis.

Verankerung im Geschäft ist wichtig für die Unternehmensarchitektur

Aber Eines muss an dieser Stelle gesagt werden: Die Vielzahl der Methoden, die Unsinnigkeit des Methodenstreits bedeuten nicht, dass Sie auf diesen Schritt verzichten können, bedeuten nicht, dass diese Analyse unwichtig wäre. Ganz im Gegenteil: Mit dieser Analyse verschaffen Sie Ihrer Unternehmensarchitektur eine Verankerung im Geschäft, mit dieser Analyse sorgen Sie dafür, dass nicht nur Effizienzsteigerung, sondern auch Effektivitätssteigerung auf der Agenda steht! Sie sorgen dafür, die richtigen Dinge bei der Hege und Pflege Ihrer Unternehmensarchitektur in die Hand zu nehmen. Ohne Verankerung im Geschäft können Sie wunderbar Heterogenität der Entwicklungslinien bekämpfen, Wildwuchs im Infrastrukturdschungel lichten, Einsparungen im Lizenzmanagement erzielen, Auslastungsgrade erhöhen – sie können Effizienz sicher stellen. Aber ohne Verankerung im Geschäft können Sie nicht erkennen, wo Sie anpacken müssen, um den größten Nutzen zu erzielen. Sie können nicht die Quick wins bestimmen, nicht die „low hanging fruits" ernten, nicht die Richtung bestimmen. Sie lichten den Dschungel, aber Sie kennen nicht die Richtung, die auf dem kürzesten Weg zum Ziel führt. Genau deshalb ist dieser Analyseschritt für jeden Unternehmensarchitekten unverzichtbar, der sich nicht damit zufrieden gibt, nur das Getriebe zu ölen, sondern sich auch für die Navigation verantwortlich sieht.

Kür des Unternehmensarchitekten

Gewiss, das ist die schwerere Übung, die Kür der Unternehmensarchitekten. Das erzeugt häufig Widerstände, wenn die Ziele operationalisiert werden sollen. Aber das bringt Verbindlichkeit in die Planung und Entwicklung der Unternehmensarchitektur. Deshalb stehen folgende Punkte ganz oben auf der Agenda eines Unternehmensarchitekten: Verbindliche Festlegung des Ziels, Übersicht, Transparenz und Navigationshilfe, Absicherung einer reibungslosen Fortbewegung, kurz: Unterstützung des IT-Governance-Prozesses. Isn't it nice, when things just work?

6 Planung: Unternehmensarchitekturen konzipieren

architecture takes place between two ears

Die meisten Unternehmen besitzen eine Landkarte ihrer Anwendungs- und Infrastruktursysteme. Welche Aktualität und Aussagekraft hat Ihre Skizze? Wird sie auch zur Planung verwendet, d.h. gibt es sie in mehreren historischen und zukünftigen Zuständen? Können Sie Gap-Analysen über IST und Soll machen? Gleichen Sie Ihr Projektportfolio mit den aus der Planung der Anwendungslandschaft und der Gap-Analyse abgeleiteten Maßnahmen ab? Können Sie auf diesem Wege oder anders sicher stellen, dass technische Renovierungsmaßnahmen, wie z.B. eine „(enterprise) application integration" konform zur IT-Investitionsstrategie der Fachabteilungen gehen, die sich im Projektportfolio niederschlägt?

6.1 IT-Bebauungsplanung

Eine Bebauungsplanung kann eine technische und/oder fachliche Ausrichtung haben, d.h. sie kann sich um die Planung der Infrastrukturlandschaft und/oder die Planung der Anwendungslandschaft kümmern. In jedem Fall ist die Bebauungsplanung eine notwendige Ergänzung zum klassischen Portfoliomanagement, wenn Sie das Ziel verfolgen, nicht nur die Anforderungen Ihrer Kunden optimal zu befriedigen, sondern auch das eigene Feld zu bestellen, d.h. die Zukunftssicherheit und Stabilität des aktuellen Anwendungsportfolios sicher zu stellen.

Bebauungs-planung

Eine Bebauungsplanung integriert die Planung von Neuprojekten mit der Optimierung des Bestehenden, der Absicherung der Stabilität, der Integration, dem Schließen von Lücken, der Beseitigung von Redundanzen und Brüchen. Die herausragende Bedeutung einer Bebauungsplanung erwächst aus der Beseitigung unnötiger Heterogenität, der Standardisierung von Infrastruktur und Anwendungssystemen. Dass heterogene Infrastrukturlandschaften eine hohe Komplexität besitzen und damit hohe Kosten verursachen, ist hinlänglich bekannt. Die Heterogenität von Anwendungslandschaften steht immer dann zur Diskussion, wenn es im Kontext von Fusionen oder Unternehmensübernahmen darum geht, offensichtlich redundante Applikationen abzulösen. Aber haben Sie schon einmal unabhängig von solchen äußeren Einflüssen einen Blick auf Ihre Anwendungslandschaft geworfen und sich gefragt, ob es denn tatsächlich so kompliziert sein muss?

Beispiel

Nehmen wir ein Beispiel aus der Versicherungswirtschaft: Da werden die klassischen Backoffice-Systeme zur Bestandsverwaltung auf dem Großrechner in Cobol entwickelt, die Außendienstsysteme für den mobilen Vertrieb in C++, die für den stationären Vertrieb über Vertriebspartner in Smalltalk, die Tarifrechner im Internet haben eine HTML-Oberfläche, die C++-Rechenkerne werden aber über Java-Servlets angebunden, der neue Internet-Auftritt ist von einem externen Lieferanten in .NET-Technologie realisiert und wird gerade von eigenen Mitarbeitern in die Wartung übernommen, und die neue Generation der Bestandsverwaltung soll in J2EE-Technologie entwickelt werden, was gerade in einem Pilotprojekt "Partnersystem" umgesetzt wurde.

Haben Sie mitgezählt? Nicht weniger als sechs Technologien. Und ich schreibe hier nicht von Programmiersprachen, ich schreibe über vollständige Entwicklungslinien: Jede hat ihre Programmierkonventionen, jede ihre Werkzeuge für Versionsverwaltung, Test, Debugging, vielleicht sogar die fachlichen Analysen. Jede verlangt Support, jede ihre Spezialisten, jede ein Personalentwicklungsprogramm. Und alle müssen technisch miteinander integriert werden.

Sie meinen, ich übertreibe, Sie halten das für ein „PAL" (Problem anderer Leute)? Dann lesen Sie dort weiter, wo es um die Bedeutung der Bebauungsplanung im Kontext von Restrukturierungsprojekten und Standardsoftwarebebauung geht. Für diejenigen von Ihnen, die sich in meiner Skizze einer imaginären, aber doch wirklichkeitsnahen Versicherungsanwendungslandschaft wieder finden, noch einige Worte zur Vertiefung:

Es geht um geplante Bebauung

Es geht hier nicht darum, Weiterentwicklung, Einführung neuer Technologien zu verteufeln oder gar zu verhindern, es geht um geplante Bebauung! Welche Entwicklungslinien sind notwendig, welche entspringen einer strategisch geplanten Bebauung? Welche sind Technologie-Irrtümer, Altlasten, sollten aussterben? Welche sind entstanden, weil Projekte aus Kapazitätsgründen ohne explizite Architekturvorgaben extern vergeben wurden? Für welche dieser Entwicklungslinien sollte auch die Betreuung und Weiterentwicklung (vielleicht interimsweise) externalisiert werden? Und welche sind entstanden, weil man schlicht und einfach einmal etwas ausprobieren wollte? Aus der schieren Freude am Experimentieren, der technischen Neugierde heraus?[19]

Eine Bebauungsplanung offenbart zunächst in der IST-Aufnahme diese Sünden. Mit einer Strukturierung der Entwicklungslinien, einer Anreicherung um Einsatzszenarien, der Bildung von Referenzarchitekturen werden die Sünden wirksam bekämpft. Diese Maßnahmen des operativen Architekturmanagements werde ich im Kapitel 7.3 näher erläutern.

Bebauungs-planung und Standardsoft-ware

Sie meinen, Bebauungsplanung sei nur etwas für Unternehmen, die umfangreiche Individualsoftwareentwicklung betreiben? Der Standardsoftwareanwender hat, wie der Name bereits sagt, die Standardisierung durch Kauf geregelt. Aber wie steuern Sie die Umstellung? Wie planen Sie die Integration einer Standardsoftware in Ihre gewachsene Landschaft, wie wird in einer Übergangsphase (so Sie die Standardsoftware nicht via „big bang" einführen) die reibungslose Koexistenz gesichert, wie erfolgt die Migration? Standardfragen zu Standardsoftware - die von einer Bebauungsplanung abgestimmt auf die jeweiligen Releasetermine Ihres Standardsoftwareprojektes beantwortet werden. Für alle Projekte, deren Ergebnisse umfangreiche und weit reichende Veränderungen in der gesamten Anwendungslandschaft nach sich ziehen, gilt im Übrigen das Gleiche.

Prozess zur Entwicklung einer Bebau-ungsplanung

Der Prozess zur Entwicklung einer Bebauungsplanung definiert das Vorgehen zur fachlichen und technischen Bebauungsplanung. Analyse der IST-Situation, Verankerung der Bebauungsplanung an der strategischen Zielvorgabe, Entwicklung und Evaluation von Szenarien, Kontrolle der Bebauung, Management des Projekt- und Anwendungsportfolios sind die hier definierten Hauptaufgaben, die im Folgenden weiter erläutert werden sollen.

Geschäftspro-zess –> An-wendungssys-tem –> Infra-struktur

Unter Bebauungsplanung wird hier das fachlich getriebene Vorgehen zur Entwicklung der Soll-Struktur einer Anwendungslandschaft verstanden. Die Anwendungslandschaft umfasst die Bereiche Geschäfts-, Anwendungs- und Systemarchitektur, erlaubt also z.B. die Referenzierung Geschäftsprozess –> Anwendungssystem –> Infrastruktur.

---

[19] Falls es solche „Hobbykeller" in Ihrem IT-Bereich nicht gibt, sollten Sie sich glücklich schätzen!

Eine Bebauungsplanung erstellt also einen SOLL-Zustand der Anwendungslandschaft, d.h. eine Übersicht zur Gesamtheit der Anwendungssysteme mit Zuordnung

- der unterstützten Geschäftsprozesse/Teilprozesse,

- der implementierten Geschäftskomponenten (-teile),

- der beinhalteten Softwarekomponenten,

- der genutzten Infrastrukturkomponenten,

- der Organisationseinheiten (owner, user, service provider),

ergänzt um Attribute wie Nutzen, Alter und Mengengerüste.

Es wird hier nicht zwischen fachlichem und technischem Bebauungsplan unterschieden, da die Vorgehensweisen sich nicht unterscheiden (auch der technische Bebauungsplan benötigt eine Verankerung im Geschäft, um Prioritäten bewerten zu können). Wird also hier von einer strategischen Anwendungsplanung als Ergebnis der Bebauungsplanung gesprochen, so beinhaltet dieser Plan sowohl Anwendungen wie auch Infrastruktur. Bei Bedarf kann das Verfahren auf einen Ausschnitt reduziert angewendet werden, um z.B. eine technische Bebauungsplanung zu erstellen.

Der Bebauungsplan entwickelt sich über den Unternehmensarchitekturzyklus:

>document!>

- Ermittlung des Ist-Zustands der Unternehmensarchitektur (document!)

    ▪ Modell definieren

    ▪ Modell implementieren

    ▪ Modell populieren

>analyze!>

- Schwachstellenanalyse der Unternehmensarchitektur (analyze!)

    ▪ Modell analysieren

    ▪ Model visualisieren

>plan!>

- Bebauungsplanung (plan!)

    ▪ Szenarien entwickeln, die mögliche Soll-Zustände der Anwendungslandschaft charakterisieren,

    ▪ Szenarien bewerten anhand ihrer Wirkung auf Unternehmens- und IT-Ziele, Kosten und Risiken,

- Gaps analysieren,

- Bebauungsplan entwickeln: der aktuell optimale Weg vom Ist- zum Soll-Zustand der Anwendungslandschaft,

• Umsetzung der Planung (act!)

act!

- Referenzarchitekturen entwickeln

- Architekturentwürfe umsetzen

• Kontrolle (check!)

check!

- „Key Performance Factors" (KPI) definieren

- KPIs auswerten

- Architekturentwürfe prüfen

Die Schritte zur Ermittlung des IST-Zustandes, zur fortlaufenden Dokumentation und zur Analyse der Unternehmensarchitektur wurden bereits in den vorangegangenen Kapiteln beschrieben. Hier will ich mich auf die planerischen Aspekte konzentrieren, um dann in den Folgekapiteln auf Umsetzung und Kontrolle einzugehen.

6.2 Verwaltung der Unternehmensarchitektur

Wie ich bereits festgestellt habe, entfaltet eine Unternehmensarchitektur erst dann ihren wahren Wert, wenn man über die reine Dokumentation von Ist-Zuständen hinausgeht. Doch es gibt einige Voraussetzungen, die von Ihrer Unternehmensarchitektur erfüllt werden müssen, damit auch die Analyse von Schwachstellen, die Entwicklung von Zukunftsszenarien und die Ableitung von Plänen ermöglicht werden:

• Wir benötigen eine zugesicherte Aktualität der Inhalte unserer aktuellen Unternehmensarchitektur („as is model)".

• Wir müssen in der Lage sein, Szenarien aus einem IST-Zustand der Unternehmensarchitektur abzuleiten und fortzuentwickeln (auch häufig als „what-if analysis" bezeichnet). Es ist also erforderlich, dass das Dokumentationsmedium für unsere Unternehmensarchitektur ein Versionierungsverfahren unterstützt, wobei mehrere Versionen sinnvollerweise in einem gemeinsamen Modell zu halten sind, um gemeinsame Elemente zu teilen und Vergleichsanalysen durchzuführen.

- Das favorisierte Szenario muss zum Soll-Zustand („to be model") entwickelt werden können. Mehrere im Gültigkeitszeitraum unterschiedliche Modelle müssen also miteinander vergleichbar und unter Verwendung gemeinsamer Elemente verwaltet werden. Das Dokumentationsmedium sollte eine entsprechende Historisierung unterstützen.

Service Level Agreement für die Unternehmensarchitektur
Eine Unternehmensarchitektur existiert durch den aktuellen Zustand der Geschäftsprozesse, der Aufbauorganisation, der Anwendungssysteme und der Infrastruktur. Wie aktuell ist das Modell der Unternehmensarchitektur? Immer genau so aktuell, wie das schwächste Glied es vorgibt. Ein Service Level Agreement für Ihre Unternehmensarchitektur kann eine Aktualität zusagen, die sich aus den möglichen Aktualisierungszyklen der in der Unternehmensarchitektur dokumentierten Artefakte ableitet. Die Frage, ob Sie manuell updaten oder Informationen aus anderen Systemen maschinell übernehmen, wird die Aktualität Ihrer Unternehmensarchitektur beeinflussen.

Aktualisierung der Unternehmensarchitektur
Es gilt eine Grundregel: Je detaillierter Sie die Modelle in Ihrer Unternehmensarchitektur gestalten, je mehr Details Sie auswerten wollen, umso größer die Notwendigkeit eines automatischen Updates. Denn viel Information mit geringer Aktualität ist im Zweifel nutzlos. Auch aus diesem Grund ist die initiale Entscheidung über die in die Unternehmensarchitektur aufzunehmenden Informationen und Artefakte von hoher Bedeutung.

Historisierung
Wollen Sie historische Zustände aufbewahren, Auswertungen über die Vergangenheit machen und daraus lernen? Dann benötigen Sie auch eine Historisierung der Unternehmensarchitektur. Sicherlich aber werden Sie die Unternehmensarchitektur als Planungsinstrument nutzen, in dem Sie verschiedene Szenarien einer denkbaren Zukunft und auch mehrere geradlinige zukünftige Zustände vorhalten. Auch in diesem Kontext muss das Dokumentationsmedium zur Verwaltung Ihrer Unternehmensarchitektur die Ablage und Auswertung historischer und zukünftiger Zustände unterstützen (s. Abb. 6-1).

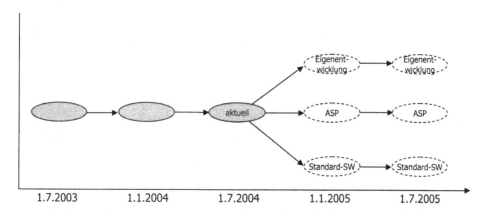

Abb. 6-1: Historisierung und Versionierung

**Alternativsze-
narien**

Die Abbildung zeigt uns deutlich, dass nicht nur Gültigkeitszeit-räume verwaltet werden müssen, sondern auch mehrere zeit-gleich parallele Versionen zu betrachten sind. Sie definieren Planzustände Ihrer Unternehmensarchitektur, die abhängig von zukünftig eintretenden Ereignissen oder Entscheidungen unter-schiedliche Ausprägungen haben können – eine Bebauung auf der Basis eines Eigenentwicklungsszenarios, ein „application ser-vice providing" oder eine Standardsoftwarebebauung sind die in unserer Abbildung gezeigten Alternativszenarien.

**Bildung von
Ausschnitten
und Projekti-
onen**

Neben der Verwaltung historischer, zukünftiger und alternativer Zustände stehen auch noch die Bildung von Ausschnitten und Projektionen auf dem Programm. Der Vorstand möchte eine Top-Sicht auf Unternehmensziele, deren Unterstützung durch Geschäftsprozesse und Anwendungssysteme. Der Bereichsleiter Infrastruktur und Produktion will eine Landkarte für den System-betrieb. Ein Projekt zur Einführung einer Standardsoftware benö-tigt einen Ausschnitt aus der Anwendungsarchitektur mir allen relevanten und anzuschließenden Schnittstellen. Alle diese In-formationen sind in einer Unternehmensarchitektur zu finden – sie müssen lediglich extrahiert und aufbereitet werden. Keine tri-viale Aufgabe für das Verwaltungswerkzeug.

Wie Sie sehen, stehen die hier diskutierten Fragen in sehr engem Zusammenhang mit der Werkzeugfrage. Werkzeuge zur Verwal-tung einer Unternehmensarchitektur können selbst entwickelte Architekturdictionaries, die auf einem eigenen Metamodell basie-ren, oder Standardtools vom Markt sein. In jedem Fall benötigen sie

- die Fähigkeit zur Ablage historischer und zukünftiger Zustände,

- die Möglichkeit zur Verwaltung verschiedener Versionen mit identischen Gültigkeitszeiträumen

- und die Möglichkeit, Ausschnitte und Projektionen für spezifische Interessengruppen bilden zu können.

6.3 Planungsszenarien entwickeln

Die Entwicklung von Planszenarien kann durch unterschiedliche Auslöser veranlasst werden. Einige Beispiele folgen:

- In der laufenden Analyse der Unternehmensarchitektur wurden Schwachstellen identifiziert (z.B. mangelhafte Integration von Anwendungssystemen, die gemeinsame Geschäftsprozesse unterstützen), deren Beseitigung in die Bebauungsplanung einfließen soll.

- Ein Großprojekt wird aufgesetzt, das große Teile der Anwendungs- und/oder Infrastrukturlandschaft verändern wird. Lösungsszenarien für dieses Großprojekt müssen entwickelt und in die Bebauungsplanung integriert werden.

- Teile der Anwendungs- oder Infrastrukturlandschaft werden ausgelagert, d.h ein externer Service-Provider übernimmt Anwendungsentwicklung, -bereitstellung, Infrastrukturbereitstellung oder -betreuung. Szenarien für die Abgrenzung der auszulagernden Services müssen unter Kosten-, Nutzen-, Termin- und Risikogesichtspunkten durchgespielt werden. Schnittstellen sind ggf. neu zu definieren. Das Ergebnis muss in die Bebauungsplanung einfließen.

- Ein Merger hat stattgefunden. Teile der Anwendungs- und Infrastrukturlandschaft sind nun redundant vorhanden. Die Systeme müssen aufgenommen und bewertet werden. Szenarien für eine zukünftige Gestaltung der IT-Landschaft sind zu entwickeln, um eine Grundlage für die Konsolidierung zu gewinnen.

Szenarientechnik anwenden

Warum müssen denn überhaupt Szenarien entwickelt werden? Geht das nicht einfacher? Wie bei allen komplexen Planungsaufgaben hat sich das Vorgehen der Szenarienbildung auch bei der Weiterentwicklung von Unternehmensarchitekturen bewährt. Eine Bebauungsplanung wird ausgehend vom Ist-Zustand ggf. unter Definition verschiedener Prämissen in mehreren Planszenarien entwickelt. Die Szenarientechnik bietet den Vorteil, verschiedene Aspekte des Planungsproblems aus mehreren Perspektiven zu beleuchten und auf diese Weise vollständigere und damit risikoärmere Lösungen zu generieren.

Schwachstellenanalyse

Ausgangspunkt ist in jedem Fall eine Schwachstellenanalyse, sei es nun die laufend im Zuge der Weiterentwicklung der Unternehmensarchitektur betriebene oder eine speziell angepasste. In der Planung der Unternehmensarchitektur müssen die in der Analyse gewonnenen Erkenntnisse genutzt werden, um Strategien zur Beseitigung der Schwachstellen zu finden. Dabei müssen einbezogen werden:

- Die Ergebnisse der Schwachstellenanalyse,

- Erfahrungswerte zu den im Hause eingesetzten Referenzarchitekturen,

- Marktinformationen (Produkte, Erfahrungsberichte von Analysten, Instituten, Organisationen, Anwendern und Herstellern (best practices),

- Anforderungen und Rahmenbedingungen (funktionale und nicht-funktionale Anforderungen),

- Kosten,

- Risiken,

- Termine.

Bebauungsplanung und Projektportfolio

Außerdem muss die Bebauungsplanung laufende Projekte und neue Vorhaben aus dem Projektportfolio berücksichtigen. Das „to be model" einer Unternehmensarchitektur entwickelt sich aus den Optimierungsmaßnahmen, die aus dem strategischen Architekturmanagement initiiert werden, den laufenden Wartungsmaßnahmen und Projekten. Nicht selten können Optimierungsmaßnahmen gar nicht als eigenständige Vorhaben aufgesetzt werden, sondern müssen im Rahmen von Projekten und Wartungsmaßnahmen umgesetzt werden. Der Bebauungsplanung kommt hier die überaus wichtige Aufgabe zu, die von den Fachbereichen initiierten Projekte und Wartungsvorhaben mit der Optimierung und Beseitigung von Schwachstellen zu synchronisieren. Zur Verdeutlichung dieses Zusammenhangs sei nochmals auf die bereits in Kap. 2.7 gezeigte Abbildung zu den IT-Managementprozessen hingewiesen (Abb. 6-2):

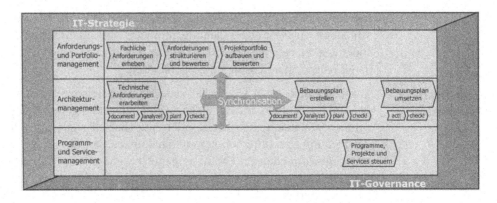

Abb. 6-2: Synchronisation von Maßnahmen im Bebauungsplan

moving targets Planungsszenarien werden basierend auf diesen Informationen entwickelt und fortlaufend angepasst. Eine Unternehmensarchitektur muss laufend aktualisiert werden. Damit ist nicht nur der Ist-Zustand gemeint, sondern auch Planzustände müssen gegebenenfalls an veränderte Situationen angepasst werden. Wir bewegen uns in einem hoch volatilen Umfeld: Veränderungen des Marktes und des Geschäfts, neue fachliche Anforderungen, Veränderungen der Organisation, neue Technologien, Erweiterung des Unternehmens – viele Ursachen für notwendige Anpassungen von Ist- und Soll-Zuständen der Unternehmensarchitektur. Flexibilität ist gefragt, frühe Reaktion auf „moving targets" - ja besser noch agiles Handeln, Veränderungen vorausdenken und mitmachen.

 Das erfordert eine sehr hohe Nähe zum Kunden der IT: den Fachbereichen. Unternehmensarchitektur muss sich immer nah am Geschäft bewegen, benötigt genaue Kenntnisse darüber. Das ist Voraussetzung für Agilität und Governance mit Sachverstand. Deshalb kann Unternehmensarchitektur nicht als Projekt[20] geführt werden, sondern muss Instanz, Prozess werden.

6.4 Planungsszenarien bewerten

Aus der Entwicklung von Planungsszenarien entstehen üblicherweise mehrere Varianten, die bewertet werden müssen, um den

---

[20] Lediglich für den initialen Aufbau von Unternehmensarchitektur und Architekturmanagement empfiehlt sich ein entsprechendes Projekt, dessen Ergebnisse dann in eine Instanz zu überführen sind.

Favoriten für das „to be model" zu bestimmen. In Abb. 6-3 sehen wir ein Beispiel für die Hauptkategorien geeigneter Bewertungskriterien.

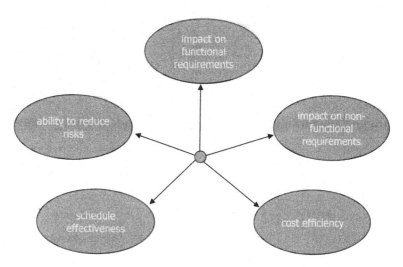

Abb. 6-3: Bewertungskriterien für Planungsszenarien (Beispiel)

Eine Bewertung dieser Kriterien führt letztlich zur Identifikation eines Favoriten, was uns Abb. 6-4 zeigt.

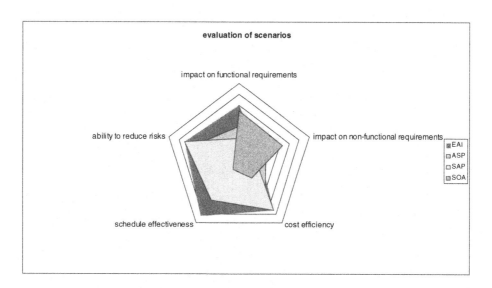

Abb. 6-4: Evaluation der Szenarien (Beispiel)

Die Darstellung von „as is model" und „to be model" in der Unternehmensarchitektur zeigen uns die nachfolgenden Abbildungen am Beispiel der bereits bekannten Produkt-Prozess-Anwendungssystem-Matrix (Abb. 6-5 bis Abb. 6-7).

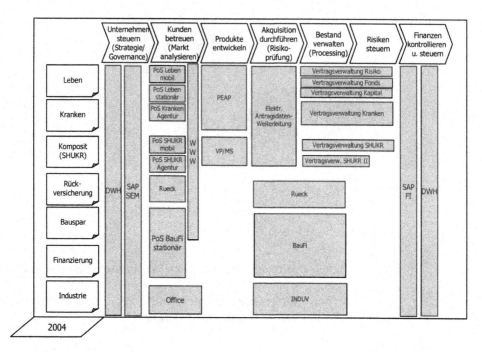

Abb. 6-5: as is model

Im "to be model" sind die Veränderungen bezogen auf den Gültigkeitszeitraum markiert. Beide Modelle nebeneinander gelegt verdeutlichen die geplante Veränderung der Anwendungslandschaft über die Zeit. Analog sehen Landkarten der Infrastrukturlandschaft und deren zeitlicher Veränderung aus.

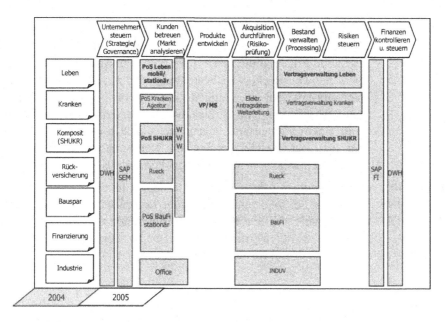

Abb. 6-6: to be model (per date)

Alternativ können natürlich auch Sichten erstellt werden, in denen z.B. die Veränderungen durch ein Projekt sichtbar gemacht werden (Abb. 6-7).

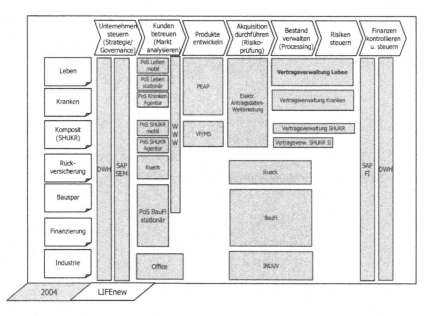

Abb. 6-7: to be model (per project)

6.5 Bebauungsmaßnahmen planen

Nach Auswahl des favorisierten Bebauungsszenarios gilt es, die Bebauungsmaßnahmen zu planen. Die Gap-Analyse hilft uns dabei, die Wegstrecken zu bestimmen, die wir überbrücken müssen, um ans Ziel zu gelangen. Sie zeigt uns, welche Entfernungen zwischen einem Ist-Zustand der Unternehmensarchitektur und einem Planzustand liegen, welchen Schwierigkeitsgrad dieser Pfad hat, welche Früchte am Wegesrand zu pflücken sind und durch welche Sehenswürdigkeiten wir belohnt werden.

Komplexität, Nutzen, quick wins

Die Beseitigung der Gaps wird in Maßnahmen ausgedrückt, die in einem Portfolio hinsichtlich ihrer Komplexität, ihres potenziellen Nutzens und der mit ihnen verbundenen Chancen auf „quick wins" bewertet werden können. Daraus leitet sich die Priorität der Maßnahmen für die Umsetzung ab (s. Abb. 6-8).

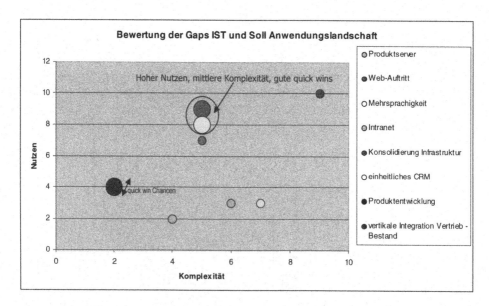

Abb. 6-8: Bewertung der Maßnahmen (Beispiel)

7 Umsetzung: Unternehmensarchitekturen entwickeln

Architects must work with their heads in the clouds

and their feet on the ground

Wenn es um Entwicklung der Unternehmensarchitektur geht, wenn die strategische Bebauungsplanung umgesetzt werden will, wenn IT-Governance auf der Agenda steht, dann ist es die Hauptaufgabe von IT-Architekten, den Brückenschlag von der strategischen Planung hin zur operativen Umsetzung zu schaffen. Welche Konsequenzen hat diese Aufgabenstellung nun für die Organisation des Architekturmanagements? Wie sichern wir die durchgängige Transformation von Strategie in operative Systeme ab? Wie sehen die zugehörigen Prozesse und Gremien aus, wie sichern wir Ergebnisse ab, welche Verfahren und Werkzeuge helfen uns dabei?

Welche Anforderungen leiten sich daraus für den IT-Architekten ab? Der oben zitierte Satz skizziert sehr treffend die Notwendigkeit, einerseits mit strategischem Weitblick zu planen, andererseits aber an der Basis, im operativen Geschäft zu analysieren und zu handeln. Der IT-Architekt ist der zweckmäßigen Lösung verpflichtet, ohne dabei Auswirkungen der Lösung und übergreifende Planung zu vernachlässigen.

Durchgängig-keit und Ver-bindlichkeit

In diesem Kapitel will ich versuchen, Ihnen einen Überblick zur Umsetzung von Unternehmensarchitekturen zu geben. Dabei stehen Methoden, Verfahren, Prozesse, Organisationsformen im Mittelpunkt, die uns helfen, strategische Vorgaben aus der Dokumentation, Analyse und Planung von Unternehmensarchitekturen in operative Wirklichkeit zu transformieren. Durchgängigkeit und Verbindlichkeit sind wichtige Prinzipien bei der Durchsetzung und Steuerung der Unternehmensarchitektur.

7.1 Strategie in operative Wirklichkeit übersetzen

Eine der bedeutendsten Herausforderungen für den Aufbau eines funktionsfähigen Architekturmanagements liegt in der Überwindung der Kluft zwischen strategischer Planung und operativer

Umsetzung. Architekturmanagement muss den Spagat (Abb. 7-1) beherrschen:

- einerseits nah an der IT- und Unternehmensstrategie, die Entwicklung des Geschäfts und der IT-Leitlinien aufnehmend, Wissen über technologische Trends, „business cases", entstehende Standards und „enabling technologies" einbringend,

- andererseits nah an den Projekten, praktischen Nutzen generierend, endlose Diskussionen über Architekturalternativen abkürzend, methodisch unterstützend, Leitlinien einbringend, Strategie umsetzend, Erfahrungen sammelnd und auswertend.

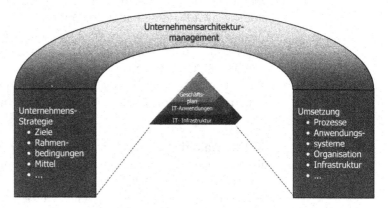

Abb. 7-1: Unternehmensstrategie in operative Maßnahmen übersetzen

Strategische Planung - ein unbestelltes Feld

So kann ein Architekturmanagement nachhaltig wirksam für den Nutzen des Gesamtunternehmens sein. Aber genau an dieser Kluft scheitert es häufig. Ein Diskussionsteilnehmer hat es einmal an einem unserer Architekturmanagementtage auf eine einfache, aber sehr treffende Formel gebracht: „Einerseits bin ich mit meinen Architekten sehr erfolgreich: Sie werden in den Projekten akzeptiert, rege nachgefragt und häufig kaum mehr freigegeben. 80% der Abteilungsleistung kann über Projekte verrechnet werden. Aber andererseits bekomme ich meine Leute kaum noch zu Gesicht. Rückfluss aus den Projekten, Akkumulation Personenunabhängiger Erfahrung findet nicht statt. Und strategische Planung der Unternehmensarchitektur? Ein unbestelltes Feld!"

Verwurzelung im operativen Geschäft

So oder ähnlich stellt sich die Situation in vielen bereits etablierten Architekturmanagementorganisationen dar. Tiefe Verwurzelung im operativen Geschäft der Gestaltung von Software- und Systemarchitekturen. Personenabhängig, wenig standardisiert in Methoden und Ergebnistypen, wenig effizient. Nach wie vor gibt es kein Berufsbild des IT-Architekten, keine Curricula für die Ausbildung, keine methodisch definierte Vorgehensweise, die übergreifend akzeptiert und umgesetzt wird.

Architekturmanagement als planerische Disziplin

In manchen Unternehmen herrscht das andere Extrem: Architekturmanagement wird als planerische Disziplin angesehen, Ergänzung zum Portfoliomanagement. Hier steht die Strategie im Mittelpunkt, ist Leitlinie für die Bebauungsplanung. Aber wie kommen die Pläne zur Umsetzung? Wer kümmert sich nach vollzogener Bebauungsplanung um die Architektur einzelner Systeme? Wer sorgt dafür, dass Entwurfsentscheidungen konform zum großen Plan sind? Dokumentation und Planung der Unternehmensarchitektur als zentrale Stabsstelle ohne Anbindung an das operative Geschäft bleibt allzu häufig wirkungslos - Planung ohne Umsetzung, Elfenbeinturm ohne Bodenhaftung, Dokumentation dessen, was in Projekten ohne Berücksichtigung eines strategischen Plans umgesetzt wurde, Produktion schöner Poster.

Bridging the gap

„Bridging the gap" - die Lücke zwischen Strategie und Umsetzung schließen, das muss das Ziel einer wirkungsvollen Architekturmanagementorganisation sein. Deshalb müssen die zugehörigen Prozesse operative und strategische Elemente miteinander vereinbaren, definierte Schnittstellen besitzen. Die Prozesse (Abb. 7-2) des strategischen Architekturmanagements

* Unternehmensarchitektur planen und entwickeln,
* Anwendungslandschaft planen und entwickeln,
* Geschäftsarchitektur planen und entwickeln,

müssen mit den Prozessen des operativen Architekturmanagements

* Softwarearchitektur planen und entwickeln,
* Systemarchitektur planen und entwickeln,
* Referenzarchitekturen planen und entwickeln

synchronisiert werden[21]. Das ist Voraussetzung für den Aufbau einer Unternehmensarchitekturpyramide, ihre dauerhafte Pflege und Weiterentwicklung.

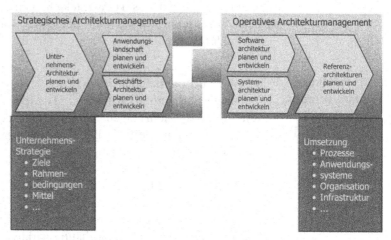

Abb. 7-2: Operatives und strategisches Architekturmanagement

7.2 Strategisches Architekturmanagement aufbauen

Dem strategischen Architekturmanagement obliegt zunächst einmal die Aufgabe, die Unternehmensarchitektur als Ganzes zu definieren. Die Geschäftsarchitektur muss erhoben und laufend aktualisiert werden. Ergebnisse aus dem Anforderungs- und Portfoliomanagement (Projekt- und Wartungsvorhaben) müssen mit den Ergebnissen aus der Analyse der Anwendungslandschaft synchronisiert und in eine Bebauungsplanung integriert werden.

Im Teilprozess „Unternehmensarchitektur planen und entwickeln" geht es darum,

- Struktur, Inhalte und Visualisierung der Unternehmensarchitektur festzulegen (document!),

---

[21] Die detaillierte Beschreibung der genannten Prozesse würde den Rahmen dieses Buches sprengen. Siehe hierzu die Website www.unternehmensarchitektur.de und „toolbox for enterprise architecture management" (ACT2004).

- Methodik und Prozesse des Architekturmanagements zu definieren,

- die Organisation des Architekturmanagements festzulegen.

Geschäfts-
Architektur
planen und
entwickeln

Der Teilprozess „Anwendungslandschaft planen und entwickeln" kümmert sich um

- die Festlegung und Anwendung der Auswertungsverfahren (analyze!),

- die Entwicklung von Szenarien und Planzuständen der Unternehmensarchitektur (plan!)

- die Definition von Messverfahren und „key performance indicators" (KPI) (check!).

Geschäfts-
Architektur
planen und
entwickeln

Mit den im Teilprozess „Geschäftsarchitektur planen und entwickeln" beschriebenen Aktivitäten werden die Elemente der Geschäftsarchitektur erhoben und zur Dokumentation und Pflege in der Unternehmensarchitektur bereitgestellt:

- Ziele, Strategien, Rahmenbedingungen, Risiken,

- Geschäftsprozesse,

- Produkte,

- Organisationseinheiten,

- fachliche Services und Komponenten.

Das strategische Architekturmanagement ist u.a. verantwortlich für die Erstellung eines Bebauungsplans, der sowohl den IST-Zustand des Anwendungsportfolios darstellt wie auch Planzustände. Grundlage für die Entwicklung der Planzustände sind Analysen des aktuellen Anwendungsportfolios z.B. hinsichtlich der Tragfähigkeit von Architekturen (technische Qualität), der Schnittstellen oder der fachlichen Abdeckung. Das strategische Architekturmanagement zeichnet verantwortlich für den effizienten Einsatz der IT-Mittel und ergänzt das Portfoliomanagement, um das Beste nicht nur aus Neuprojekten, sondern auch aus dem vorhandenen Anwendungsportfolio zu machen.

Das strategische Architekturmanagement konzentriert sich darauf, die vorhandene IT-Unterstützung des Geschäfts zu optimieren.

**Anforderungs-
und Portfolio-
management**

Strategisches Architekturmanagement ist nicht verantwortlich für Anforderungsmanagement, Priorisierung und Budgetierung der Neuprojekte und Wartungsvorhaben. Das Anforderungs- und Portfoliomanagement arbeitet eng mit dem strategischen Architekturmanagement zusammen (s. Abb. 7-3):

- die Ergebnisse aus dem Anforderungs- und Portfoliomanagement fließen in die Bebauungsplanung ein,

- Erkenntnisse aus der Analyse des Anwendungsportfolios unterstützen die Strukturierung des Projektportfolios.

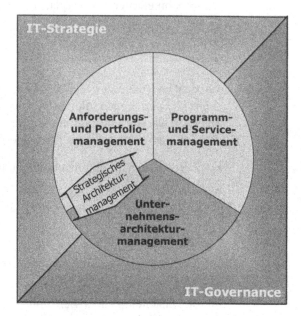

Abb. 7-3:   Schnittelle des Architekturmanagements zum Anforderungs- und Portfoliomanagement

Die Verbindung von Anforderungs- und Architekturmanagement hilft uns, die richtige Verankerung für IT-Maßnahmen im Geschäft zu finden. Der häufig anzutreffende Effekt der Fehlleistung („Geniale Lösung! Braucht aber keiner!") ist nicht selten in mangelnder Abstimmung zwischen „Housekeeping" und Neubau begründet – fachliche Anforderungen, technische Optimierungen, Synergieeffekte, Defizite, Risiken müssen ganzheitlich betrachtet werden.

7.3   Operatives Architekturmanagement aufbauen

Das operative Architekturmanagement ist verantwortlich für die Umsetzung der Vorgaben aus dem strategischen Architekturmanagement in Projekten und Linienarbeit. Software- und Systemarchitekten sind für Lösungen verantwortlich, deshalb bezeichnen manche Unternehmen sie auch als „solution architects". Sie greifen die Vorgaben aus der strategischen Planung auf und sorgen für deren Transformation in operative Wirklichkeit. Außerdem liefern sie Feed-back aus ihrer Arbeit an das strategische Architekturmanagement. Software- und Systemarchitekten legen mit ihrer Erfahrung die Grundlage für die Definition von Referenzarchitekturen und Einsatzszenarien. Sie entwickeln neue Architekturszenarien, wo dies notwendig ist, spezifizieren diese und legen die Entwürfe einem Architekturboard zur Abstimmung und Entscheidung vor. Software- und Systemarchitekten sorgen für eine konvergente Weiterentwicklung der Architekturen im Unternehmen, bekämpfen Wildwuchs und Heterogenität.

Software architektur planen und entwickeln

Der Teilprozess „Softwarearchitektur planen und entwickeln" beschreibt die Arbeit des Softwarearchitekten in Projekt und Linie:

- Erhebung aller Parameter, die Architekturentscheidungen beeinflussen (z.B. Mengengerüste, Anforderungen, Rahmenbedingungen),

- Auswahl geeigneter Referenzarchitekturen oder Entwicklung neuer Architekturszenarien,

- ggf. Entwicklung technischer Prototypen,

- Bewertung von Architekturszenarien,

- Spezifikation von Architekturen und Entscheidungsvorlage für das Architekturboard,

- Umsetzung der Architekturvorgaben (act!).

System- architektur planen und entwickeln

Im Teilprozess „Systemarchitektur planen und entwickeln" werden alle Aktivitäten beschrieben, die von Systemarchitekten in Projekt und Linie durchzuführen sind, um die strategischen Vorgaben für die Infrastruktur umzusetzen:

- Unterstützung des Softwarearchitekten bei der Erhebung und Bewertung Architektur-bestimmender Parameter,

- Technologieplanung für Projekte oder Linienvorhaben,

- Technologieberatung,

- Unterstützung technischer Prototypen,

- Spezifikation von Systemarchitekturen und Entscheidungsvorlage für das Architekturboard,

- Unterstützung von Technologieprojekten (act!).

Der Teilprozess „Referenzarchitekturen planen und entwickeln" spezifiziert alle Aktivitäten, die von Software- und Systemarchitekten durchzuführen, um

- Entwicklungslinien zu identifizieren und zu spezifizieren,

- Entwicklungslinien zu bewerten und die Unternehmensarchitekten bei der Konsolidierung zu unterstützen,

- Referenzarchitekturen abzuleiten und zu spezifizieren,

- Refererenzarchitekturen zu nutzen und weiter zu entwickeln (act!).

**Programm-
und Service-
management**

Das operative Architekturmanagement ist direkt involviert in laufende Projekte und Wartungsaktivitäten. Es erbringt damit Dienstleistungen für das Programm- und Servicemanagement. Operative Architekten, „solution architects" müssen der Lösung verpflichtet sein und das Architekturmanagement mit dem Programm- und Servicemanagement synchronisieren. Abb. 7-4 zeigt uns die Schnittstellen des Unternehmensarchitekturmanagements:

- Die Verbindung zum Anforderungs- und Portfoliomanagement wird über das strategische Architekturmanagement hergestellt.

- Das Programm- und Servicemanagement wird mittels des operativen Architekturmanagements angebunden.

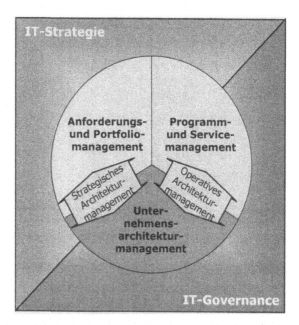

Abb. 7-4:   Strategisches und operatives Architekturmanagement im IT-Strategie-Framework

Die Top-Prozesse des IT-Strategie-Frameworks werden über diese Schnittstellen miteinander synchronisiert. Fachliche Anforderungen werden im Anforderungsmanagement erhoben und strukturiert. Das Architekturmanagement zeichnet verantwortlich für das „Housekeeping", dokumentiert, analysiert, plant die Unternehmensarchitektur. Ergebnisse des Anforderungs- und des Architekturmanagements fließen unter dem Dach der IT-Strategie in das Porfoliomanagement ein, dessen Ergebnisse wiederum in die Bebauungsplanung münden. Programm- und Servicemanagement sind für die Umsetzung in Projekten, Programmen und Linie verantwortlich. Die Transformation von Geschäfts- und IT-Strategie in operative Wirklichkeit wird durch den Governanceprozess gesteuert (Abb. 7-5, Wiederholung von Abb. 6-2).

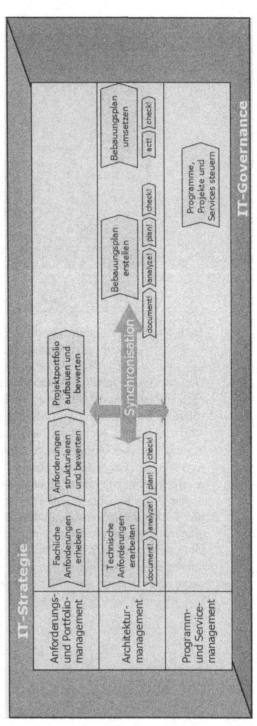

Abb. 7-5: Synchronisation der IT-Managementprozesse

7.4   Organisation aufbauen

Unternehmensarchitekturmanagement benötigt eine dauerhafte und verbindliche Organisation. Denn so wie Governance nicht eine temporäre, durch ein Projekt einmalig gelöste Aufgabe ist, so ist auch eine Unternehmensarchitektur nicht ein Monument, das einmalig errichtet und statisch aufgebaut wird. Das Informationssystem hinter dem Governanceprozess muss dauerhaft gepflegt und aktualisiert werden, um jederzeit informiert steuern und handeln zu können.

Zum Aufbau dieser Organisation gehören folgende Punkte:

- Definition und verbindliche Einführung der in Kap. 7.2 und 7.3 genannten Architekturmanagementprozesse,

- Entwicklung einer Linienorganisation für strategisches und operatives Architekturmanagement,

- Qualifizierung der IT-Architekten.

Architekturmanagementprozesse einführen

IT-Architekten eilt oft der Ruf voraus, Methodiker zu sein, Modellierung und Prozesse im Blick zu haben und über deren Einhaltung zu wachen. So lange der Zweck im Mittelpunkt steht, nicht die Methodik zum Selbstzweck wird, ist dagegen wohl nichts einzuwenden. Sorgt es doch für Wiederholbarkeit und Sicherheit im IT-Prozess. Doch wird der Architekt nach den Prozessen, Verfahren und Methoden gefragt, denen seine eigene Arbeit unterliegt, dann herrscht oft Schweigen.

Prozesse definieren

Um aber eine Architekturmanagementorganisation zu etablieren, die IT-Governance wirksam unterstützt, sind definierte, Personen-unabhängige und wiederholbare Prozesse ein Muss! Begibt man sich auf die Suche nach Standards für dieses Thema, dann lautet die gängige Formel: Das Gute an den Standards ist, dass es so viele davon gibt. Es gilt, eines der gängigen Architekturmanagement-Frameworks auszuwählen (s. Kap. 7.5) und für die eigenen Bedürfnisse anzupassen, oder die Prozesse selbst zu definieren.

Unter dem Strich zählt das Ergebnis: Die Prozesse des strategischen und operativen Architekturmanagements müssen verbindlich eingeführt sein. Vermeiden Sie lange Diskussionen, nutzen Sie die Initialbeschleunigung vordefinierter Frameworks, wo immer möglich. Über nichts wird im IT-Bereich so gerne und lange diskutiert, wie über Architekturen!

Hand in Hand mit der Definition der Prozesse geht die Festlegung von Methoden, Werkzeugen, zu erzielenden Ergebnissen, Rollen und Standards.

Linienorganisation entwickeln

Die Aufbauorganisation des Unternehmensarchitekturmanagements orientiert sich an den Aufgaben des strategischen und des operativen Architekturmanagements. Eine Verankerung im IT-Management im Gleichklang mit dem Portfolio- und Anforderungsmanagement ist für die strategische Aufgabenstellung erforderlich. Die operative Wirkung entfaltet sich im Verbund mit dem Service- und Programmmanagement, wo Architektur in Projekten und Linienaufgaben stattfindet. Die Größe und Komplexität (räumliche Verteilung, organisatorische Gliederung) der gesamten IT-Organisation entscheidet über die geeignete Form der Architekturmanagementorganisation.

Zentrale Organisation des Architekturmanagements

Kleinere und wenig komplexe IT-Organisationen werden eher zu einer zentralen Organisation tendieren, in der das Architekturmanagement als eigenständige Organisationseinheit in der Linie oder im Stab ausgeprägt ist (s. Abb. 7-6). Strategische und operative Aufgaben werden dort gemeinsam bearbeitet. Es ist Sorge dafür zu tragen, dass die strategischen Aufgaben nicht vom Tagesgeschäft überrollt werden.

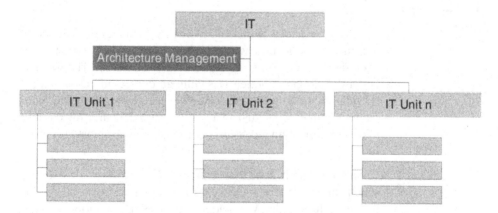

Abb. 7-6: Zentralisiertes Architekturmanagement

Diversifizierte Organisation

Alternativ kann das Architekturmanagement diversifiziert werden (s. Abb. 7-7). Strategische und operative Funktionen werden organisatorisch getrennt, was die Gefahr des „Überrolltwerdens" für das erstere verringert. Die Kommunikation zwischen den Organisationseinheiten ist hier der kritische Punkt. Das muss formal geregelt und verbindlich etabliert werden. Die operativen Architekten müssen sich ggf. in den Aufgabenbereichen der IT-Units spezialisieren, wenn diese Organisationsform auf größere IT-Einheiten angewandt wird.

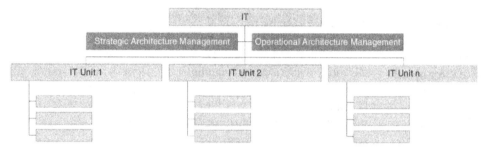

Abb. 7-7: Diversifiziertes Architekturmanagement

Verteilte Organisation des Architekturmanagements

Große IT-Einheiten bevorzugen häufig die Form des verteilten Architekturmanagements (s. Abb. 7-8), bei der die operativen Architekten direkt den IT-Units (die dann z.B. Business Units zugeordnet sind) unterstellt werden. Strategische Architekten sind zentral im Stab zu finden. Die Kommunikation zwischen den operativen und den strategischen Architekten wird hier noch kritischer, die Schlagkraft der operativen Architekten aber vergrößert sich. Barrieren zwischen strategischen und operative Architekten können durch Rotation verringert werden, was auch die Gefahr des „Elfenbeinturms" für die strategischen Architekten mindert. Bei diesem Organisationsmodell ist Sorge dafür zu tragen, dass Konsolidierung und Wiederverwendung über die Grenzen der IT-Units hinweg stattfinden.

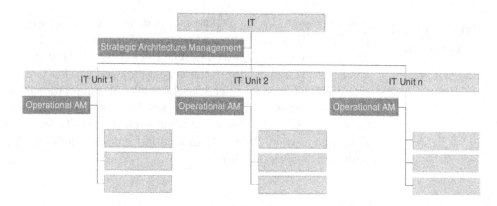

Abb. 7-8: Verteiltes Architekturmanagement

Dezentralisierte Organisation des Architekturmanagements
Sehr große und komplexe IT-Organisationen wählen das dezentralisierte Architekturmanagement, in dem sowohl strategische wie auch operative Architekturmanagementfunktionen bei den IT-Units angesiedelt werden (s. Abb. 7-9). Dieses Modell erschwert Konsolidierung und Wiederverwendung über die Grenzen der IT-Units hinweg, lässt sich folglich sinnvoll nur mit einem Ansatz kombinieren, der die IT-Units konsequent zu „Solution, Profit and Cost Centers" macht.

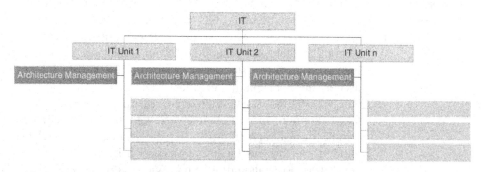

Abb. 7-9: Dezentrales Architekturmanagement

Es gibt natürlich auch Mischformen dieser Organisationsmuster, wie in diesem Beispiel (HAG2004):

- Zentrale Architekturabteilung mit ca. 40 Architekten, die in den Bereichen Anwendung, Technik, Sicherheit, Systemmanagement und Integration spezialisiert sind, ihr Hauptaufgabengebiet in der Bebauungsplanung haben, aber zu mind. 30% auch in Projekten arbeiten,

- ca. 20 „domain architects", die jeweils für ein fachliches Anwendungsgebiet verantwortlich sind und zu jeweils der Hälfte ihrer Arbeitszeit in zentralen Architekturthemen und in ihrer Anwendungsdomäne arbeiten,

- ca. 10 „lead engineers", die jeweils für eine technische Domäne verantwortlich sind.

Personalkapazität für das Architekturmanagement

Neben der Organisationsform des Architekturmanagements steht die Frage nach der erforderlichen Personalkapazität. Für das strategische Architekturmanagement werden Zahlen in der Größenordnung von 0,7 bis 1% des gesamten IT-Personals genannt, oder es wird von einem Team mit 5 – 7 Personen gesprochen (KEL2004). Diese Angaben werden in der Literatur und in der Praxis vielfach bestätigt: „Forrester found that 84 percent of companies it surveyed had centralized enterprise architecture groups of fewer than 10 people, regardless of company size" (KOC2005).

Kapazitätsbedarf operatives Architekturmanagement

Im operativen Architekturmanagement schwanken die Zahlen zur Personalkapazität sehr stark. In Zeiten großer Projektvorhaben sind hier z.B. steigende Tendenzen bei der Personalkapazität zu verzeichnen. Häufig sind auch auf Grund undefinierter Prozesse und Rollen die Abgrenzungen zwischen operativen Architekten, Chefentwicklern, technischen Projektleitern, Systemspezialisten etc. unklar, was die genaue und vergleichbare Benennung der Personalkapazitäten erschwert. Eigene Erhebungen zeigen, dass im Mittel ca. 3,4 % der gesamten IT-Personalkapazität im Bereich Architektur angesiedelt sind (s. Abb. 7-10, ACT2003). Darin sind alle Kapazitäten in den Bereichen strategisches und operatives Architekturmanagement enthalten.

Die Erfahrung zeigt, dass die Arbeit von IT-Architekten in kleinen Organisationen häufig (noch) nicht institutionalisiert ist und auch die zugehörigen Rollen nicht definiert sind. Es wird also Architektenarbeit geleistet, ohne dies so zu benennen. Daraus erklärt sich die unterdurchschnittliche Personalkapazität in den eher kleinen IT-Organisationen.

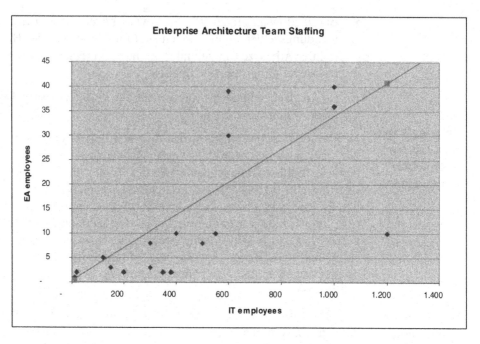

Abb. 7-10: Personalkapazität für Architekturmanagement

 Unter dem Strich müssen wir also davon ausgehen, dass in jeder IT-Organisation bereits Architektenarbeit in einem Umfang von ca. 2,5% von der Gesamtkapazität stattfindet, auch wenn dies nicht explizit so benannt ist. Es geht dabei um operative Architekturmanagementaufgaben in den Bereichen Anwendungs- und Systemarchitektur. Der Aufbau eines strategischen Architekturmanagements, die Entwicklung und Pflege einer Unternehmensarchitektur als Navigationsinstrument der IT-Governance erfordert weitere 0,7 bis 1% der IT-Personalkapazität.

IT-Architekten qualifizieren

In den 80er Jahren gab es bei einem großen deutschen Computerhersteller (eher scherzhaft) die folgende Devise:

> Wie bildet man Projektleiter aus? Man wirft sie ins kalte Wasser. Wie bildet man gute Projektleiter aus? Man lässt die Haie herein.

Ähnlich sieht es heute mit der Ausbildung von IT-Architekten aus. Es herrscht aktuell viel Bewegung auf diesem Gebiet. Universitäten nehmen sich des Themas an, Trainingsinstitute wittern einen Markt, Technologie-orientierte Schulungen zu J2EE oder

.NET werden mit neuen Überschriften versehen als Architektenausbildung verkauft, Organisationen wie die OpenGroup führen bereits Zertifizierungen durch (www.opengroup.org) oder streben solche an (www.geao.org).

Aber das alles ist nicht hinreichend. Ein guter Anfang zwar, wenn Sie das richtige Programm auswählen, aber noch nicht genug.

Die IT-Architekten, von denen ich in diesem Buch gesprochen habe, sind in allererster Linie der Umsetzung verpflichtet (Isn't it nice when things just work), haben ein solides Fundament in der Umsetzung, besitzen aber auch den Blick für das Wesentliche und die strategische Planung (Architects must work with their heads in the clouds and their feet on the ground).

Eher Generalist als Spezialist

Das setzt genaue Kenntnis des Geschäfts voraus, Wissen über die Organisation und die Geschäftsprozesse, Verständnis für die Geschäftsstrategie. Und das basiert auf einem soliden Erfahrungshintergrund im IT-Bereich. Es erfordert eher den Generalisten als den Spezialisten. Es bedarf des Wissens und der Erfahrung, die richtigen Fragen zu stellen, die Parameter einer Architekturentscheidung zu identifizieren, die Anforderungen zu ergründen, die Rahmenbedingungen abzuprüfen. All das sind Anforderungen an die Qualifikation des IT-Architekten, neben vielen anderen formalen, die in Rollenprofilen festgelegt sind (ACT2004). Die hier genannten Anforderungen weisen auf eine Qualifizierung des IT-Architekten in der Praxis hin, ein „training on the job".

Definierte Architekturmanagementprozesse

Bleibt uns also doch nur der Weg, die Haie hereinzulassen? Einfacher geht es mit definierten Architekturmanagementprozessen (s. Kap. 7.2 und 7.3). Haben Sie diese Definition vorliegen, dann können Ihre IT-Architekten auf dieser Basis intern trainiert und „on the job" weiterqualifiziert werden. Gezieltes Coaching durch erfahrene Kollegen und Mentoren, definierte Methoden, Checklisten und Standards helfen dabei. Virtuosität im Umgang mit den Instrumentarien des IT-Architekten entwickelt sich in der Praxis unter gezielter Hilfestellung. Die Standardisierung von Ergebnissen und die Verpflichtung darauf hilft dabei mehr, als die Standardisierung von Vorgehensweisen. Definieren Sie Ihre Prozesse in diesem Sinne und bauen Sie darauf eine Fachlaufbahn für IT-Architekten auf. Dann kann man mit den Haien schwimmen.

7.5 Kosten einer Unternehmensarchitektur

Im vorangegangenen Kapitel habe ich dargestellt, dass ein Unternehmensarchitekturmanagement eine Kapazität von ca. 0,7 – 1% des IT-Personalbudgets beansprucht. Daraus können wir die laufenden Personalkosten eines strategischen Architekturmanagements ableiten. Das CIO-Magazine nennt einen Betrag „between $650,000 and $1 million per year for four to six full-time architects." (KOC2005). Dafür erhalten wir laufende Fortschreibung, Analysen und Planungen der Unternehmensarchitektur, Input für die operative Umsetzung in Initiativen und Projekten.

Aufbau in 12 – 14 Monaten

Der Aufbau einer Unternehmensarchitektur wird in der Regel mit einem kleineren Team, ggf. verstärkt um externe Berater erfolgen. Dieses Projekt sollte nach einer Gesamtplanungsphase in ca. 3 Monaten eine erste Version der Unternehmensarchitektur bereitstellen und in weiteren 9 – 12 Monaten diese Version vervollständigen, Prozesse und Methoden einführen, die Organisation, die Werkzeugumgebung und das erforderliche Know-How aufbauen, Kennzahlen und IT-Governance-Prozesse etablieren. Anschließend erfolgt optional der Rollout in weitere Konzerneinheiten.

Dauer und Aufwand sind abhängig von

- Komplexität der Anwendungslandschaft (Größe, Heterogenität, Integrationsgrad, räumliche Verteilung),

- Umfang und Qualität verfügbarer Modelle und Dokumentationen,

- Umfang und Qualität der Werkzeugunterstützung,

- Umfang und Qualität der methodischen Unterstützung,

- Anforderungen und Ansprüchen

- und nicht zuletzt vom Ausmaß der Unterstützung in der Organisation.

Die hier genannten Zahlen werden durch eine Studie der Meta Group bestätigt, die davon spricht, dass ein Projekt zum initialen Aufbau einer Unternehmensarchitektur durchschnittlich 14 Monate dauert (PRA2002).

Zusätzlich zu den Personalkosten für den Aufbau und den laufenden Betrieb sind Sachkosten für Frameworks und Werkzeuge, Training und Consulting zu berücksichtigen. Letztendlich kann ich hier nur Richtwerte nennen. Der konkrete Kostenplan ist nur

Was kostet es, keine Unternehmensarchitektur zu haben?

situativ, nur im konkreten Fall zu ermitteln, da Ausgangssituationen und Zielsetzungen zu verschieden sind.

Unter dem Strich reden wir also über eine nennenswerte Investition und dauerhafte Kosten. Aber was kostet es, **keine** strukturierte und jederzeit auswertbare Unternehmensarchitektur zu besitzen? Gewiss, diese Frage hilft nicht wirklich weiter, aber sie ist hilfreich, um die Dinge aus einer anderen Perspektive zu sehen.

Schauen wir einmal gemeinsam auf den Aspekt Sicherheit und Risikomanagement, den ich eingangs als wesentlichen Nutzenaspekt einer Unternehmensarchitektur dargestellt habe. Eine Hausratversicherung ist ein Instrument des Risikomanagements im privaten Bereich. Nur wenige, die einen Hausrat von hohem monetären Wert besitzen, stellen den Nutzen einer Hausratversicherung in Frage. Dass dieses Risikomanagement mit Kosten verbunden ist, ist für jedermann einsichtig und wird akzeptiert. Erst nachdem wir die Risiken abgewogen haben, nachdem wir zur Entscheidung für eine Hausratversicherung gekommen sind, stellen wir die Frage nach der Police mit dem günstigsten Preis-Leistungsverhältnis. Gewiss, wären die Kosten der Police so hoch, dass sie ein potenzielles Risiko im Gegenwert übersteigen, dann würden wir wohl Abstand davon nehmen.

Auseinandersetzung mit dem Risiko

Aber was halten wir von einer Entscheidungsfindung, die eine Auseinandersetzung mit dem Risiko überhaupt erst dann in Angriff nimmt, wenn der Preis für das Risikomanagement stimmt - der Preis für das Management eines Risikos, das noch gar nicht identifiziert und operationalisiert ist?

Auch bei dem Blick auf die beiden anderen Nutzenaspekte eines Architekturmanagements eröffnen sich Vergleiche, die für die Entwicklung einer anderen Sichtweise auf das Thema sprechen. Niemand im modernen Bauwesen zweifelt die Notwendigkeit von Plänen sowohl für die Stadtentwicklung wie auch für den Bau des Einfamilienhauses an. Jeder weiß, das diese Pläne für den optimalen Einsatz der Mittel notwendig sind (immer notwendig, aber nicht immer hinreichend!). Und niemand bezweifelt, das solche Pläne hilfreich bei der richtigen, dass heißt bedarfsgerechten Bebauung sind (auch hier gilt: Irren ist menschlich). Oder wollen Sie wirklich ein Bauwesen nach mittelalterlichem Vorbild in einer modernen und dicht besiedelten Industrienation? Im Bauwesen haben wir also richtig erkannt und aus der jahrhundertealten Praxis gelernt, dass Pläne dabei helfen, effizient und effektiv vorzugehen. Wenn Sie es dürften, würden Sie dann beim Bau Ihres Eigenheims nach der Devise vorgehen:

„Wenn der Architekt und der Statiker nicht zu teuer sind, dann leiste ich mir den Plan, sonst wird es wohl auch ohne gehen?" Wohl kaum!

Großprojekte ohne Gesamtbebauungsplan

Aber bei der IT-Bebauung gehen wir genau so vor. Da werden Großprojekte gestartet ohne einen Schimmer vom Gesamtbebauungsplan. Da entscheidet man sich für den großflächigen Einsatz von Standardsoftware, hat aber keine Ahnung davon, wie die Integration, die Migration, die Koexistenz laufen sollen. Und fragt dann jemand danach, dann wird die Kostenfrage gestellt: „Bei den Projektkosten, ja glauben Sie denn, dafür hätten wir noch Geld?"

Es muss noch transparenter werden, dass ein Unternehmensarchitekturmanagement Werte schafft, Kosten einspart, Risiken minimiert. Dazu will ich im Folgenden eine Quantifizierung von Kosten und Nutzen versuchen.

7.6 Nutzen einer Unternehmensarchitektur

In der Literatur gibt es viele Angaben zu Kosteneinsparungspotenzialen rund um die Begriffe Konsolidierung, Homogenisierung, Architekturmanagement. IBM UBG Research und McKinsey gehen allein durch Einführung eines Architekturmanagements von einer Kostenreduktion von 20% aus (HAR2002). Robert Handler von der Meta Group stellt fest: „Our studies show, however, that those with governed enterprise architecture standards in place during this timeframe enjoyed a 30% reduction in enduser computing costs" (HAN2004). ATKEARNEY spricht von Kosteneinsparungen im Bereich Konsolidierung von Rechenzentren in der Größenordnung von 15 – 20% und gibt an, dass die Infrastrukturkosten allein durch Architekturmanagementmaßnahmen in Summe um 20 – 30% gesenkt werden können (ATK2002). Die HVB-Group (WEB2003) geht von einem Kostensenkungspotenzial in Höhe von 25% durch konsequente Sanierung aus (s. Abb. 7-11) und meint damit

- Ablösung Anwendungen,
- Konsolidierung Anwendungen,
- Nutzung Standardsoftware,
- Standardisierung Technologien,
- Lifecycle-Management,
- Straffung IT-Prozesse.

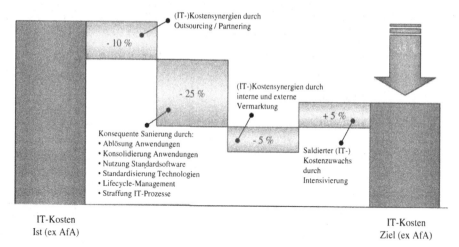

Abb. 7-11: Kostensenkungspotenziale (nach WEB2003)

Da werden also Einspareffekte in Größenordnungen zwischen 20 und 30% genannt. Was sagen wir nun aber denen, die mit den empirischen Auswertungen der Analysten zu diesen Kosteneinsparungspotenzialen durch Unternehmensarchitekturen nicht zufrieden sind, auch durch meine Fallbeispiele nicht überzeugt werden, die Spezifika ihrer ureigenen Situation reklamieren und die auf konkrete Zahlen drängen?

Ich will einen Versuch der Quantifizierung wagen, mich dabei auf den Bereich der Effizienzsteigerung konzentrieren. Denn wie wollen wir den Wert eines „business alignment" messen, wie wollen wir greifen, was sich an zusätzlicher „asset poductivity" auftut. Das genau ist die Empfehlung der Gartner Group, wenn es um die Wertbestimmung einer Unternehmensarchitektur geht (LOP2002). Auch die Messung von Sicherheit ist umstritten. Wie groß ist der potenzielle Schaden, gegen den uns eine Unternehmensarchitektur absichert? Das Scheitern eines Projektes? Mit welchem Budget? Zeitverluste? Budgetüberschreitungen? Fehlinvestitionen?

Das Prinzip der folgenden Beispielrechnung verdanke ich W. Keller (KEL2004):

Prämissen:

- Anteil des Personalaufwands am gesamten IT-Budget: ca. 30% (GLO2003)

- Aufwand für das Team „Unternehmensarchitektur": ca. 0,7% vom IT-Personal (KEL2004, ACT2003)

- Einsparungspotenzial durch Architekturmanagement 3,5% (KEL2004, ACT2003)[22].

Ableitung:

Mit einem jährlichen Aufwand von 0,21% des IT-Budgets (0,7% von 30%) werden Kosteneinsparungen in der Größenordnung von 3,5% über das gesamte IT-Budget erreicht. Dieser Effekt entsteht allein aus dem Unternehmensarchitekturmanagement durch Konsolidierung von Entwicklungslinien und Infrastrukturen.

Das Nutzen/Kosten-Verhältnis für den Aufbau eines Unternehmensarchitekturmanagements liegt demnach bei 17 : 1.

Erfahrungs-werte aus der Praxis

Können wir diese Beispielrechnung mit weiteren Erfahrungswerten aus der Praxis untermauern? Dazu möchte ich auf die wohl umfangreichste Auswertung von Unternehmensarchitekturprogrammen zurückgreifen, die das „General Accounting Office" (www.gao.gov) im Zuge seiner Aufsicht über die US-Bundesbehörden erstellt hat. Da die amerikanischen Behörden bereits im Jahre 1996 durch den so genannten Clinger-Cohen Act (CCA1996) auf die Einrichtung eines Unternehmensarchitekturmanagements verpflichtet wurden, liegen hier bereits mehrjährige Erfahrungen zu diesem Thema vor, die durch das GAO quantifiziert wurden.

In (HIT2002) wird eine Übersicht zu Kosten und zum quantifizierten Nutzen aus Unternehmensarchitekturen diverser US-Behörden gegeben. David Frico[23] hat das Zahlenmaterial bearbeitet. Auf seinen Ergebnissen basiert die folgende Tabelle (Abb. 7-12). Frico stellt für die genannten Behörden die vom GAO erfassten kumulierten Gesamtkosten der Unternehmensarchitekturprogramme dem quantifizierten Nutzen (Einsparungen, Optimierungen, verhinderte Risikofälle) gegenüber. Das Nutzen/Kosten-Verhältnis liegt bei durchschnittlich 27:1, der Return on Invest-

---

[22] Die oben genannten Einsparpotenziale von 20 – 30% wurden bei dieser Annahme auf ein praxisnahes Maß und auf die Effekte reduziert, die eindeutig dem Architekturmanagement zuzuweisen sind.

[23] www.davidfrico.com

ment bei 2553%. Im Durchschnitt wurde der Breakeven der Unternehmensarchitekturprogramme nach 3 Monaten erreicht.

Behörde	Kosten	Quantifizierter Nutzen	Nutzen / Kosten	ROI%	Breakeven
International Trade Administration (ITA)	$120.000	$5.869.907	49:1	4.792%	1 Monat
Defense Legal Services Agency (DLSA)	$194.000	$5.880.011	30:1	2.931%	2 Monate
Federal Railroad AdministrationFRA	$194.000	$5.880.011	30:1	2.931%	2 Monate
Food Standards Agency (FSA)	$200.000	$5.880.831	29:1	2.840%	2 Monate
Federal Bureau of Prisons (BoP)	$276.000	$5.891.227	21:1	2.035%	3 Monate
Children's Bureau (CB)	$285.000	$5.892.459	21:1	1.968%	4 Monate
Defense Contract Audit Agency (DCAA)	$358.000	$5.902.465	16:1	1.549%	5 Monate
Office of Personnel Management (OPM)	$400.000	$5.908.229	15:1	1.377%	5 Monate
Durchschnitt	**$253.375**	**$5.888.142**	**27:1**	**2.553%**	**3 Monate**

Abb. 7-12: Kosten/ Nutzen einer Unternehmensarchitektur

7.7 Hilfsmittel: Frameworks und Werkzeuge

Eine Unternehmensarchitektur habe ich als strukturierte Sammlung von Plänen beschrieben. Ein Framework für eine Unternehmensarchitektur liefert uns nicht etwa Musterpläne, sondern vielmehr das Rahmenwerk für die Organisation der Pläne und deren Entwicklung. In der Praxis kann ein solches Framework je nach Umfang und Ausrichtung verschiedene Aspekte einer Unternehmensarchitektur spezifizieren:

- Prinzipien einer Unternehmensarchitektur,

- Prozesse zum Aufbau und zur Nutzung einer Unternehmensarchitektur,

- Analyse- und Evaluationsmethoden, Ergebnismuster, Standard, Spezifikation eingesetzter Werkzeuge und Verantwortlichkeiten,

- die Struktur zur Modellierung einer Unternehmensarchitektur in Form eines Rasters oder eines Metamodells,

- organisatorische Regelungen z.B. zum Aufbau und zur Verantwortung von Gremien.

In einem Unternehmensarchitektur-Framework finden Sie z.B. Templates für Bebauungspläne, Auswertungs- und Analyseverfahren für die Anwendungslandschaft, Planungsverfahren, Kennzahlen und „key performance indicators", Muster für die Spezifikation von Referenzarchitekturen bezogen auf fachliche Einsatzszenarien, Prozessmodelle für die Entwicklung von Bebauungsplänen, die Planung von Anwendungs- und Systemarchitekturen, die Ableitung von Referenzarchitekturen und die Modellierung von Geschäftsarchitekturen.

Das Zachman-Modell einer Unternehmensarchitektur

Urbild der Unternehmensarchitektur-Frameworks ist sicher das Zachman-Framework (ZAC1987) (s. Abb. 7-13). In diesem Modell werden die Teilmodelle einer Unternehmensarchitektur in eine Matrix eingeordnet, deren Spalten die Themengebiete wie Daten, Funktionen, Netze, Menschen, Zeit, Motivation enthält. Die Zeilen beschreiben die spezifischen Sichten für Interessengruppen wie Planer, Eigentümer, Designer, Entwickler, Zulieferer. So findet sich in jeder Zeile der Matrix ein Modell, das zu einem spezifischen Thema genau in der für die zugehörige Interessengruppe erforderlichen Tiefe und Detailliertheit Aussagen trifft.

Aufbau einer Unternehmensarchitektur beschleunigen

Ein Unternehmensarchitektur-Framework kann den Aufbau einer Unternehmensarchitektur deutlich beschleunigen, da es viele notwendige Elemente in vorgefertigter Form enthält. Das Framework kann die Standardisierung vorantreiben, Prozesse und Methoden regeln, Personenunabhängigkeit herstellen, Kopfmonopole auflösen.

Professionalisierung der IT-Architekturprozesse

IT-Architekten fordern von den Projekten, die sie beraten, geordnete Vorgehensweisen, standardisierte Dokumentation und methodisches Arbeiten. Fragt man den IT-Architekten selbst, welche Methodik, welches Vorgehensmodell, welche Dokumentationsstandards er einsetzt, so erntet man größtenteils Schweigen. Professionalisierung der IT-Architekturprozesse, Personenunabhängige Wiederholbarkeit, Management der Prozesse sind dringend erforderlich. Genau diese Zielsetzungen werden durch Architekturmanagementframeworks verfolgt.

	DATA	FUNCTION	NETWORK	PEOPLE	TIME	MOTIVA-TION
SCOPE	Identify Entities	Identify Business Processes	Map of Business Locations	Identify External & Internal Agents	List Significant Events	Business Goals and Strategy
ENTER-PRISE MODEL	Entity Relationship Model	High Level Process Flow Diagram	Logistics Network	Organization Chart	Master Schedule	Business Plan
SYSTEM MODEL	Attributed Data Model	Data Flow Diagram	Distributed System Architecture	Human Interface Architecture Function<=> Person Role	Processing Structure	Knowledge Architecture
TECH-NOLOGY MODEL	Relational Model	Module Structure Chart	System Architecture	Human Technology Interface	Control Structure	Knowledge Design
COM-PONENTS	Database Schema	Program Source	Network Architecture	Security Architecture	Timing Definition	Knowledge Definition
FUNCTION-ING SYSTEM	Database	Program Object	Network	Organization	Schedule	Strategy

Abb. 7-13: Das Zachman-Framework (aus AGI2004)

Architektur findet zwischen zwei Ohren statt

Aber ein Framework macht nicht die Modellierung obsolet, liefert nicht die Unternehmensarchitektur von der Stange. Das Framework beschleunigt und standardisiert den Prozess, verhindert Ehrenrunden. Es gilt aber dennoch: „Architektur findet zwischen zwei Ohren statt". Erfahrene, gut ausgebildete und akzeptierte Architekten sind notwendige Voraussetzung für ein erfolgreiches Unternehmensarchitekturprogramm.

Die aktuell verfügbaren Frameworks haben unterschiedliche Ausrichtungen. Manche konzentrieren sich darauf, die Struktur einer Unternehmensarchitektur zu spezifizieren, andere fokussieren auf die Architekturmanagementprozesse. Manche beinhalten auch Aussagen und Best Practices zur Organisation des Architekturmanagements. In der folgenden Tabelle (Abb. 7-14) finden Sie einen Überblick zu einigen gebräuchlichen Frameworks[24].

---

[24] Weitergehende Informationen finden Sie unter den angegebenen Links, unter www.unternehmensarchitektur.de und in SCH2004. Eine Vertiefung dieses Themas würde den Rahmen dieses Buches sprengen.

	Zachman	TOGAF	FEAF	t-eam	C4ISR
Beschreibung	„Urvater" der Frameworks	Das Modell der OpenGroup	Das Unternehmensarchitektur Modell der Regierungsbehörden und öffentlichen Auftraggeber in den USA. Nicht nur Framework, sondern auch Referenzarchitektur	Prozessmodelle für strategisches und operatives Architekturmanagement, Metamodell der Unternehmensarchitektur, Organisationsmodell Architekturmanagement	Das Unternehmensarchitektur modell des DoD.
Struktur	+++	+	+++	+++	+++
Prozesse	+	++	++	+++	++
Organisation	+	++	+++	+++	+++
Quelle	www.zifa.com	www.opengroup.org	www.whitehouse.gov/omb/egov	www.unternehmensarchitektur.de	www.dsc.osd.mil/C4ISR/index.htm

Abb. 7-14: Architekturmanagement-Frameworks (Beispiele)

Neben Frameworks, die Prozesse, Strukturen und Organisation eines Unternehmensarchitekturmanagements beschreiben, spielen Werkzeuge zur Dokumentation, Analyse, Planung und Messung einer Unternehmensarchitektur eine wichtige Rolle. Die Tabelle in Abb. 7-15 gibt einen Überblick zu einigen der gebräuchlichsten Tools[25].

	CASE-Herkunft	**BPM-Herkunft**	**Enterprise Architecture-Herkunft**	**Dictionary-Herkunft**
Erläuterung	Weiterentwicklung klassischer CASE-Werkzeuge, Modellierung IT-getrieben	Weiterentwicklung klassischer Business Process Management (BPM)-Werkzeuge, Modellierung fachlich getrieben	Spezialisierte Werkzeuge für Enterprise Architecture, Portfolio Management und/oder IT-Management	Weiterentwicklung von Dictionarysystemen, Schwerpunkt nicht Modellierung, Analyse und Planung sondern Dokumentation
Stärken	Viele vordefinierte Diagrammtypen und Reports aus den Bereichen Geschäfts-, Anwendungs- und Systemarchitektur	Viele vordefinierte Diagrammtypen und Reports aus dem Bereich Geschäftsarchitektur	Spezialisierte Modelle für EA-Aufgaben (z.B. Bebauungsplanung); Analyseverfahren für die Unternehmensarchitektur	große Detailtiefe

---

[25] Unter www.unternehmensarchitektur.de finden Sie weitergehende Informationen zu Architekturmanagement-Werkzeugen und einen Kriterienkatalog zur Evaluation von Tools. Eine Vertiefung dieses Themas würde aber den Rahmen dieses Buchses sprengen.

	CASE-Herkunft	BPM-Herkunft	Enterprise Architecture-Herkunft	Dictionary-Herkunft
Schwächen	Geringe Flexibilität (Anpassung des Metamodells, Analysen)	Geringe Flexibilität (Anpassung des Metamodells, Analysen)	Komplexität	Komplexität, mangelnde Unterstützung bei der Analyse
Beispiele	Popkin, CASE-WISE, Proforma	MEGA, ARIS, ADONIS	alfabet, Metis	ASG Rochade

Abb. 7-15: Architekturmanagement-Werkzeuge

8 Absicherung: Unternehmensarchitekturentwicklung steuern

Work expands to fill the time

available for its completion

(Parkinson´s Law)

Was hilft der schönste Plan, wenn es nicht gelingt, die Umsetzung zu steuern? Was hilft es, Konsolidierungspotenziale z.B. bei den Entwicklungslinien im Unternehmen zu identifizieren, wenn nicht auch tatsächlich die Umsetzung folgt, Referenzarchitekturen spezifiziert und verbindlich eingeführt werden? Was hilft es, redundante Entwicklungslinien zu beseitigen, wenn nicht dann auch die freiwerdende Kapazität sinnvoll eingesetzt wird, um z.B. die Innovationskraft der IT zu stärken? Wir alle haben schon das o.g. Parkinsonsche Gesetz in der Praxis wirken sehen, demzufolge Arbeit die Tendenz hat, den verfügbaren Raum auszufüllen. Das heißt, Einsparungen werden nur dort realisiert, wo nicht andere, nutzlose Tätigkeiten den Raum ausfüllen, der vorher mit überflüssigen Entwicklungslinien, Infrastrukturkomponenten oder den falschen Projekten belegt war!

Prüfung von „key performance indicators"

Das verlangt nach Performancemessung, nach Prüfung von „key performance indicators" (KPIs), nach Forschrittsverfolgung. Architekturmanagement muss messbar gemacht werden, eine Unternehmensarchitektur muss mit Performanceindikatoren versehen werden. Das erfordert ein Verständnis von Architektur, das sich sehr nah am Zweck des Ganzen orientiert, das nicht Schönheit des Systems, sondern Zweckmäßigkeit in den Mittelpunkt stellt.

In Schulungen für IT-Architekten werden die Grundbegriffe der Architektur zitiert, die Vitruvius im Jahre 25 v. Chr. seinem Kaiser Augustus gegenüber postuliert hat[26]:

---

[26] Ungefähr 25 v. Chr. präsentierte der römische Architekt Marcus Vitruvius Pollio seinem Kaiser Augustus zehn Schriftrollen, die alles enthielten, was er über Architektur wusste.

- Utilitas: Nutzen, Zweck

- Firmitas: Stabilität, Dauerhaftigkeit

- Venustas: Schönheit

Der Zweck des Systems steht im Mittelpunkt! Geht denn heute jemand wirklich ehrfurchtsvoll vor der Schönheit eines IT-Systems auf die Knie oder wird man in 1000 Jahren Urlaubsfotos davon mit nach Hause bringen? Nein, für uns steht der Zweck des Systems im Mittelpunkt.

Dieses Verständnis ist Voraussetzung für den erfolgreichen Aufbau und Einsatz einer Unternehmensarchitektur. Der Nutzen für das Unternehmen besteht darin, dass ein Zweck erfüllt wird. So kann Architektur auch zum tragfähigen Vehikel der IT-Governance werden.

Beherrschung und Steuerung der IT IT-Governance ist aktuell in aller Munde. Was aber bedeutet in der Praxis „Beherrschung" oder „Steuerung" der IT? Das IT Governance Institute formuliert seine Aufgabenstellung wie folgt:

„The IT Governance Institute (ITGI) exists to assist enterprise leaders in their responsibility to ensure that IT is aligned with the business and delivers value, its performance is measured, its resources properly allocated and its risks mitigated."[27]

Kennen wir unsere aktuelle Position (vielleicht auch im Vergleich mit dem Wettbewerb) bezüglich der Ausrichtung unserer IT auf das Geschäft, der damit verbundenen Wertschöpfung, messen wir die Leistung der IT, wissen wir, ob Ressourcen ziel- und mittelgerecht eingesetzt und Risiken begrenzt werden?

Unternehmensarchitekturen bringen Licht in die IT-Governance Aus meinen bisherigen Darstellungen zur Anatomie einer Unternehmensarchitektur ist erkennbar, dass wir es mit einem mächtigen Instrument zu tun haben, das in der Lage ist, genau die vom IT Governance Institute genannten Aufgaben zu unterstützen. Unternehmensarchitekturen bringen Licht in die IT-Governance, liefern die zur Steuerung notwendige Positionsbestimmung (Dokumentation und Analyse), den zukünftigen Kurs (Planung) und die Navigationsinstrumente (Kennzahlen).

8.1 Prozesse

Definierte Prozesse, definierte Ergebnistypen, definierte Verantwortlichkeiten: diese Dinge habe ich im vorangegangenen Kapi-

---

[27] www.itgi.org, 12.3.2005

tel als unabdingbare Voraussetzung einer durchgängigen Entwicklung der Unternehmensarchitektur beschrieben. Auch zur Absicherung, zur Kontrolle und Steuerung dieser Entwicklung bedarf es dieser Definitionen und deren verbindlicher Einführung. Und genau daran scheitert es häufig. Prozesse und Verantwortlichkeiten werden definiert, das Ganze wird in die Organisation ausgerollt, Qualifizierungsmaßnahmen finden statt: Eigentlich ist alles auf dem richtigen Weg. Und dennoch gibt es immer wieder Situationen, wo sich trotz all dieser Voraussetzungen der Erfolg nicht einstellen will. Es mangelt an Verbindlichkeit. Es mangelt an Messbarkeit, an Marketing, an Abstimmung, an Unterstützung. Es sind wichtige Erfolgsfaktoren unberücksichtigt geblieben:

Kritischer Erfolgsfaktor	Erläuterung
☞ Verbindlichkeit	• Prozesse sind für alle verbindlich. • Ausnahmen vom Bebauungsplan nur, wenn die nachträgliche Behebung der „Bausünde" Teil des Plans ist. • Keine„overrides" von oben. Architekturmanagement ist Teil des IT-Managements. • Kontinuität im Projekt und nach dem Projekt gewährleisten. Architekturmanagement-Instanz schaffen.
☞ Abstimmung und Beteiligung	• Alle Betroffenen beteiligen („ins Boot holen"). • Möglichkeiten zur Mitwirkung und Einflussnahme schaffen. • Akzeptanz sichern. • Kommunikation auf „gleicher Augenhöhe". • Endlose Diskussionen vermeiden (wer mitreden will, muss auch mitarbeiten)

Kritischer Erfolgsfaktor	Erläuterung
☞ Ergebnisorientierung	• Fokussierung auf „quick wins". • Den Zweck in den Mittelpunkt stellen. • Das Geschäft ist treibende Kraft für die Architektur. • Ausgezeichnete IT- und Fachqualifikation im Team sicherstellen. • Projekt portionieren. • Erstes Ergebnis in drei Monaten. • Projekt in ca. einem Jahr, dann Instanz Unternehmensarchitekturmanagement.
☞ Marketing	• Kommunikation aktiv betreiben. • Ziele und Nutzen, Pläne und Fortschritte darstellen. • Wichtigkeit und Dringlichkeit deutlich machen.
☞ Unterstützung	• Unterstützung im IT-Management ist unverzichtbar. • Treibende Kraft muss aus dem IT-Management kommen. • Mentor im Business hilfreich. • Unternehmensarchitektur muss in die Köpfe der IT-Mitarbeiter gelangen.
☞ Agilität	• Regelmäßige Positionsbestimmung. • Flexibilität bei veränderten Rahmenbedingungen. • Aktive Auseinandersetzung mit der Veränderung.
☞ Messbarkeit	• Die Ergebnisse des Architekturmanagements müssen messbar definiert sein.

☞ Verbindlichkeit

Das Management der Unternehmensarchitektur spielt eine wichtige Rolle im IT-Management: Es spielt im Dreiklang mit Anforderungs-/Portfoliomanagement und Service-/Programmmanagement unter dem Dach von IT-Strategie und -Governance. Würden Sie tatenlos mit ansehen, dass wichtige Großprojekte aus dem Ruder laufen? Würden Sie es akzeptieren, dass geschäftskritische Anforderungen im Projektportfolio übergangen werden? Wohl eher nicht!

The road to hell is paved with tactical solutions

Warum gibt es dann aber zahllose Beispiele für Großprojekte, die ohne jeden Bebauungsplan gestartet wurden? Warum gibt es immer wieder Ausnahmeregelungen für so genannte strategische Vorhaben, die in der Folge dann die Bemühungen des Architekturmanagements um Homogenisierung zunichte machen?

Architekturmanagement im Unternehmen verbindlich einzuführen, heißt auch, keine Schutzzonen und Ausnahmen zuzulassen, heißt „overrides" zu unterlassen. Seien Sie darauf vorbereitet, konsequent handeln zu müssen. Das spricht nicht gegen pragmatische Lösungen, das schränkt nicht die Flexibilität ein. Aber es erfordert, das Ziel im Auge zu behalten und auf den Kurs zurückzukommen, auch wenn mal ein Umweg gefahren werden muss.

Sonst bleibt alles beliebig, alles unverbindlich!

Verlässlichkeit muss demonstriert werden

Verbindliche Einführung von Architekturmanagement hat auch Konsequenzen für die IT-Architekten selbst: Zugesagte Termine und Aufwände sind einzuhalten, Funktionalität und Qualität von Ergebnissen sind sicherzustellen, Verlässlichkeit muss demonstriert werden.

Und abschließend ist der Aufbau einer Architekturmanagement-Instanz ein deutliches Zeichen für Verbindlichkeit. Die Kontinuität nach dem Projekt wird so gewahrt, Architekturmanagement ist verbindlicher Bestandteil der IT-Organisation.

☞ Abstimmung und Beteiligung

Über nichts wird im IT-Bereich so gerne und ausführlich geredet wie über Architektur. Es gibt nahezu keinen, der sich nicht berufen fühlte, seine Erfahrungen und Kenntnisse einzubringen. Das scheint auf den ersten Blick eine gute Voraussetzung dafür zu sein, das Thema Unternehmensarchitektur in die Breite zu kommunizieren und abzustimmen. Doch leider trügt der Anschein.

Vielfach wird mehr geredet als geliefert

Großes Interesse heißt nicht automatisch große Wirkung. Vielfach wird mehr geredet als geliefert. Es erscheint also opportun, die Diskussion zu fokussieren, ggf. den Teilnehmerkreis für die Abstimmungen zu reduzieren.

Anderseits wissen wir aber, dass es wichtig ist, alle Betroffenen zu beteiligen, sie „ins Boot zu holen", Möglichkeiten zur Mitwirkung und Einflussnahme zu schaffen, Akzeptanz zu sichern, und Kommunikation auf „gleicher Augenhöhe" zu betreiben.

Eine Einschränkung des Diskussions- und Abstimmungskreises scheint also einerseits unter Effizienzgesichtspunkten erforderlich, andererseits aus Akzeptanzgründen hinderlich. Hier hat sich ein selbst regulierendes System bewährt: Wer mitreden will, muss auch mitarbeiten!

Bei der Vorbereitung zur Abstimmung der Architekturmanagementprozesse wird mit den einzubeziehenden Bereichen (Anwendungsentwicklung, Betrieb, etc.) vereinbart, dass die Teilnehmer in ein erweitertes Projektteam aufgenommen werden, in dem sie eine Verpflichtung zur Mitarbeit in definiertem Umfang übernehmen. Das verhindert einerseits „Meeting-Tourismus" und schafft andererseits Identifikation bei den Mitarbeitern des erweiterten Projektteams, die das Thema Architekturmanagement dann als ihr eigenes annehmen, in ihre Bereich mitnehmen und via Schneeballeffekt verbreiten.

So können Architekturmanagementprozesse und Methodik abgestimmt und nicht nur formal, sondern auch in den Köpfen verbindlich etabliert werden.

☞ **Ergebnis-orientierung**

Wie bereits mehrfach festgestellt, ist das Geschäft treibende Kraft für die Architektur. Unmittelbar nutzbare Ergebnisse, „quick wins" sind erforderlich. Jede Unternehmensarchitektur muss in kurzen Zyklen unter Beweis stellen, dass sie Nutzen generiert (s. Kap 3), dass Effizienz, Effektivität, Governance und Sicherheit der IT von ihr profitieren. Architekten müssen zeigen, dass der Zweck der Systeme ganz oben auf ihrer Agenda steht, sie müssen sich auf die „low hanging fruits" konzentrieren und dafür sorgen, dass einmal entwickelte Lösungen wieder verwendet werden. In der Organisation muss das so genannte „not invented here" (NIH)-Syndrom überwunden werden, das verantwortlich für die Entwicklung immer neuer Lösungen zu bereits gelösten Problemen ist (Abb. 8-1).

Eine Unternehmensarchitektur schafft Transparenz, stellt Referenzen her, baut Navigationsmöglichkeiten auf und fördert damit aktiv die Wiederverwendung von Ideen, Wissen und Komponenten. Denn vor dem Wiederverwenden kommt bekanntlich das Wiederfinden, und daran scheitert die Idee für gewöhnlich.

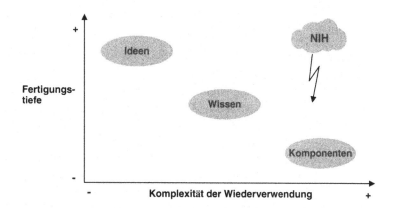

Abb. 8-1: not invented here

Auch die Qualifikation des Teams spielt eine entscheidende Rolle, wenn es um die Ergebnisse geht. Stellen Sie eine ausgezeichnete IT- und Fachqualifikation im Team sicher.

Bereits bei der Entwicklung des Architekturmanagements muss der Erfolgsfaktor Ergebnisorientierung berücksichtigt werden: Eine erste Instanz der Unternehmensarchitektur sollte innerhalb von 3 Monaten präsentiert werden, das Projekt zur Entwicklung des Architekturmanagements sollte nicht mehr als ca. ein Jahr beanspruchen. Dann muss Unternehmensarchitekturmanagement zur Instanz und zum laufenden Prozess werden. Eine Portionierung des Projektes zum Aufbau von Unternehmensarchitektur und Architekturmanagement ist also dringend erforderlich. Kleine Schritte, schnelle Ergebnisse, direkte, regelmäßige und Zielgruppen-adäquate Kommunikation sind eng miteinander verbunden.

☞ **Marketing**
Die Ziele einer Unternehmensarchitekturinitiative (s. im Detail Kap 3) sind ebenso anspruchsvoll wie die Ergebnisse unverzichtbar sind:

- Effizienz der IT,
- Effektivität der IT,
- Sicherheit der IT,
- Transparenz und Governance.

Diese Zielsetzung kann man nicht im Dunkeln verfolgen. Das erfordert aktive Kommunikation: Ziele und Nutzen, Pläne und Fortschritte darstellen. Wichtigkeit und Dringlichkeit deutlich machen. Eine Unternehmensarchitekturinitiative benötigt Unterstützung auf allen Ebenen, deshalb gehört Kommunikation und Marketing einfach dazu.

**☞ Unterstüt-
zung**

Um eine Unternehmensarchitektur als wirksames Instrument der IT-Governance zu etablieren, bedarf es der Unterstützung des IT-Managements. Mehr noch: da ein Unternehmensarchitekturmanagement Teil des IT-Managements ist, muss von dort die treibende Kraft kommen. Eine Unternehmensarchitektur in dem umfassenden Sinn, wie sie in diesem Buch diskutiert wird, die im Ensemble des IT-Managements mitspielt und IT-Governance wirksam unterstützt, kann nicht von unten entwickelt werden. Sie muss vom Management getragen, unterstützt und gewollt sein, sie muss vom Geschäft her entwickelt werden.

Deshalb ist ein Mentor auf der Fachseite, im Business hilfreich, der möglichst dem Top-Management angehört. Wird auch dort der Stellenwert einer Unternehmensarchitektur für die Ausrichtung der IT auf das Geschäft erkannt und vom Mentor vertreten, dann stehen die Ampeln auf Grün.

Unterstützung muss es aber auch durch die Mitarbeiter der IT geben. Erst dann, wenn Unternehmensarchitektur nicht nur formal eingeführt, sondern auch in den Köpfen präsent ist, kann die Medizin wirken. Hier hilft uns die bereits oben erwähnte Mitarbeit der operativen IT-Einheiten im erweiterten Projektteam.

☞ Agilität

Der Umgang mit beweglichen Zielen gehört zum Tagesgeschäft des Unternehmensarchitekten. Das setzt Flexibilität, regelmäßige Positionsbestimmung, Anpassung des Kurses, schnelle Reaktion auf veränderte Rahmenbedingungen voraus.

Mehr noch: eine direkte Verbindung zum Geschäft, intime Kenntnis des Marktes und der Unternehmensstrategie erlauben es dem Unternehmensarchitekten, sich aktiv auf Veränderungen vorzubereiten, Dinge voraus zu denken, vielleicht sogar Anstöße zu geben. Agilität des Architekturmanagements ist gefragt in Zeiten hoch volatiler Märkte, Strategien und Rahmenbedingungen.

☞ Messbarkeit

Wie soll ich steuern, was ich nicht messen kann? Wie soll ich den Kurs bestimmen oder korrigieren, wenn ich gar nicht meinen Standort kenne? Messverfahren, Kennzahlen, Performanceindikatoren, Benchmarks: das alles ist unabdingbare Voraussetzung für die professionelle Steuerung der Unternehmensarchitekturentwicklung. Damit kann man so manchen selbst ernannten IT-Architekten schrecken, dessen Selbstbild bisher auf die Schönheit der Architektur (venustas) beschränkt war.

Aber in der Messbarkeit der Unternehmensarchitektur liegt der Schlüssel zum Erfolg. Damit kann der Wert bestimmt werden, den Anwendungssysteme für das Unternehmen schaffen. Damit kann Heterogenität gemessen werden. Damit können Kosten zugeordnet werden. Nur mit Hilfe messbarer Attribute in Ihrer Unternehmensarchitektur können Sie ein wirklich hilfreiches Navigationsinstrument für Ihre Governance schaffen.

Tom Gilb hat einmal etwas überspitzt formuliert: Jede Zahl ist besser als keine Zahl, wenn es darum geht, IT-Prozesse zu steuern (GIL1988). Häufig werden wir beim Aufbau der Unternehmensarchitektur noch an Grenzen stoßen, werden feststellen, dass Zahlen nicht oder nur in unzureichendem Maße vorhanden sind. Kein Grund, es sein zu lassen.

Keine Unternehmensarchitektur ohne KPIs
Eine Unternehmensarchitektur ohne Maßzahlen und Messverfahren, ohne „key performance indicators" ist nur wenig wert. Das bringt nicht nur empirische Herleitung von Kosten und Nutzen, hilft damit dem Marketing von Unternehmensarchitektur im eigenen Haus, sondern unterstützt auch die Steuerung des Architekturmanagements im Unternehmen. Und außerdem: eine wirksame Unterstützung für die Steuerung der IT kann eine Unternehmensarchitektur nur liefern, wenn sie operationalisiert ist. Das Modell der Unternehmensarchitektur muss also entlang dieser Anforderungen entwickelt werden.

8.2 Gremien

Wer ratifiziert eine Bebauungsplanung? Wer erklärt eine Referenzarchitektur für verbindlich? Wer definiert Compliance Rules? Wer prüft Architekturentwürfe hinsichtlich ihrer Konformität mit Referenzarchitekturen? Wer prüft Technologieprojekte auf Einhaltung der Regeln? Wer bringt Erfahrung aus Projekten und Linienarbeit in den Architekturmanagementprozess ein?

Prüfung, Absicherung und Entscheidung stehen im Mittelpunkt dieser Fragestellungen. Das ist eine Managementaufgabe, die häufig in Boards gelöst wird, z.B.

• Governance-Board

• Architektur-Board

• Sounding-Board

Governance-Board

Das Governance-Board ist ein IT-Management-Gremium, das richtungsweisend für die IT-Prozesse ist. Es entscheidet über Bebauungspläne[28], verabschiedet Referenzarchitekturen und Einsatzszenarien, nimmt die Definition des Infrastruktur-Warenkorbs ab, entscheidet über IT-interne Investitionen („Housekeeping") und ist Eskalationsstufe für alle Architektur- und Governancefragen. Das Governance-Board ist in der Regel mit dem CIO, den IT-Führungskräften und dem verantwortlichen Unternehmensarchitekten besetzt. Es definiert das IT-Governance-Regelwerk.

Architektur-Board

Das Architektur-Board ist eine Prüfungsinstanz, deren Aufgabe darin besteht, Architektur-relevante Vorhaben auf Einhaltung der vom Governance Board verabschiedeten Regelwerke zu prüfen. In der Regel ist das Architektur-Board besetzt mit Vertretern aus den Bereichen strategisches und operatives Architekturmanagement, Entwicklung und Betrieb. Eine Spezialisierung in Geschäftsarchitektur-, Anwendungs- und Systemarchitekturboards ist möglich.

Nicht jedes Vorhaben ist wirklich Architektur-relevant. Standardwartungsaufgaben, Kleinprojekte, Arbeit in bekanntem Terrain bedürfen nicht der Prüfung durch ein Architekturboard. Je weiter gehend Einsatzszenarien und Referenzarchitekturen definiert sind, je mehr der Architekturmanagementprozess in den Köpfen verankert ist, umso seltener wird das Architekturboard eingreifen müssen. Zur Prüfung der Architekturrelevanz dienen Kriterien wie

- Größe und Umfang des Vorhabens,

- erwartete Lebensdauer,

- strategische Bedeutung,

- wirtschaftliche Bedeutung,

- technische Komplexität,

- fachliche Komplexität,

- technischer Innovationsgrad,

- fachlicher Innovationsgrad,

- erwartete Häufigkeit von Änderungen,

---

[28] nach vorheriger Abstimmung dieser Pläne mit den Fachbereichen und den IT-Einheiten.

- notwendige Skalierbarkeit,
- funktionale und nicht-funktionale Anforderungen,
- Rahmenbedingungen (z.B. Termine, Ressourcen, Budget).

Nach Klärung der Architekturrelevanz prüft das Architektur-Board z.B. Architekturentwürfe aus Projekten hinsichtlich ihrer Konformität mit den definierten Referenzarchitekturen. Ein Standard für die Spezifikation von Architekturentwürfen ist hierzu erforderlich. Abb. 8-2 zeigt uns ein Muster-Inhaltsverzeichnis:

Spezifikationsformular Architekturentwurf für Architekturboard

Inhalt

1	Name	2
2	Beschreibung	2
2.1	Aufgabenstellung	2
2.2	Lösung	2
2.3	Struktur	2
2.4	Konsequenzen	2
2.5	Implikationen für andere Projekte/strategische Auswirkungen	2
2.6	Referenzen	2
3	funktionale Anforderungen	3
3.1	Mengengerüst Benutzergruppen/Niederlassungen	3
3.2	Mengengerüst Geschäftsprozesse	3
3.3	Mengengerüst Fachkomponenten	3
3.4	Mengengerüst Schnittstelle/externes System	3
3.5	Sonstige funktionale Anforderungen	4
4	nicht-funktionale Anforderungen	7
5	Grundlagen	10
5.1	organisatorische Ressourcen	10
5.2	personelle Ressourcen	10
5.3	technische Ressourcen	10
6	Projektrandbedingungen	11
6.1	Termine	11
6.2	Kosten	11
6.3	Risiken	11

Abb. 8-2: Spezifikationsformular Architekturentwurf

Sounding-Board

Das Sounding-Board ist ein Gremium, dem insbesondere in der Aufbauphase des Architekturmanagements hohe Bedeutung zukommt. Hier wird nichts geprüft, hier wird nichts entschieden. Es geht vielmehr darum, Erfahrungen, Anforderungen, Wissen aus den verschiedenen IT-Bereichen in den Architekturmanagementprozess zu integrieren. Es ist ein Forum, in dem alle, die mitreden wollen, auch mitarbeiten können. Es ergänzt also die oben genannte Idee eines erweiterten Projektteams. Das Sounding-Board liefert Feed-back aus der Projekt- und Linienpraxis für den Aufbau, aber auch für den Betrieb des Architekturmanagementprozesses.

8.3   Messverfahren

Ich habe die Unternehmensarchitektur beschrieben als das Informationssystem des CIO, als Navigationshilfe für den IT-Governance-Prozess. Um Standorte sicher bestimmen zu können, Positionswechsel zu erkennen, den Kurs festzulegen bedarf es eines Koordinatensystems. Die Längen- und Breitengrade, die GPS-Koordinaten unseres Governance-Kurses werden aus den Kennzahlen unserer Unternehmensarchitektur hergeleitet. Je umfassender die Unternehmensarchitektur angelegt ist, umso mehr Kennzahlen kann sie für den Governance-Kurs liefern. Vorteil: eine Unternehmensarchitektur ist eine dauerhafte, laufend aktualisierte Quelle dieser Kennzahlen.

COBIT®

Das bekannte Kennzahlensystem COBIT® (ITG2000A) entstammt dem Audit Bereich, evaluiert also eher von außen und „Ex-Post". Sobald wir eine laufend aktualisierte Quelle von Kennzahlen verfügbar haben, eine Unternehmensarchitektur, können wir zur begleitenden Steuerung und Messung aus einer „Ex Ante"-Perspektive übergehen.

COBIT® misst in den vier Dimensionen (Abb. 8-3)

- Planning and Organisation,
- Acquisition and Implementation,
- Delivery and Support,
- Monitoring.

PLANNING AND ORGANISATION

PO1	Define a Strategic IT Plan
PO2	Define the Information Architecture
PO3	Determine Technological Direction
PO4	Define the IT Organisation and Relationships
PO5	Manage the IT Investment
PO6	Communicate Management Aims and Direction
PO7	Manage Human Resources
PO8	Ensure Compliance with External Requirements
PO9	Assess Risks
PO10	Manage Projects
PO11	Manage Quality

ACQUISITION AND IMPLEMENTATION

AI1	Identify Automated Solutions
AI2	Acquire and Maintain Application Software
AI3	Acquire and Maintain Technology Infrastructure
AI4	Develop and Maintain Procedures
AI5	Install and Accredit Systems
AI6	Manage Changes

DELIVERY AND SUPPORT

DS1	Define and Manage Service Levels
DS2	Manage Third-Party Services
DS3	Manage Performance and Capacity
DS4	Ensure Continuous Service
DS5	Ensure Systems Security
DS6	Identify and Allocate Costs
DS7	Educate and Train Users
DS8	Assist and Advise Customers
DS9	Manage the Configuration
DS10	Manage Problems and Incidents
DS11	Manage Data
DS12	Manage Facilities
DS13	Manage Operations

MONITORING

M1	Monitor the Processes
M2	Assess Internal Control Adequacy
M3	Obtain Independent Assurance
M4	Provide for Independent Audit

Abb. 8-3: COBIT®-Prozesse

Es sind 34 Prozesse definiert, zu denen jeweils „critical success factors" (CSF), „key goal indicators" (KGI), „key performance indicators" (KPI) und eine Klassifikation von Reifegraden zum Benchmarking der eigenen Organisation spezifiziert sind.

Zum Prozess „Define a Strategic IT Plan" findet sich z.B. unter den Erfolgsfaktoren: „All assumptions of the strategic plan have been challenged and tested". Bei den KGIs finden wir: „Percent of business units using strategic technology covered in the IT strategic plan". Und die KPIs umfassen u.a.: „Time lag between change in the IT strategic plans and changes to operating plans". Die Klassifikation der Reifegrade erfolgt in den Stufen:

0. Non existent
1. Initial /ad hoc
2. Repeatable but intuitive
3. Defined Process
4. Managed and Measurable
5. Optimised

Umfangreiches Rahmenwerk von Kennzahlen

Insgesamt bietet uns COBIT® also ein umfangreiches Rahmenwerk von Kennzahlen, die zur Messung im Kontext der IT-Managementprozesse eingesetzt werden können. COBIT® sagt uns wenig zur Quelle dieser Kennzahlen, zu ihrer Verwaltung und zu der Frage, wo sie aufbewahrt werden, wie sie aktualisiert werden, wie sie dauerhaft zur Steuerung eingesetzt werden können.

CIO-Management-Infomationssystem

Genau hier kommt unser CIO-Management-Informationssystem ins Spiel, die Unternehmensarchitektur. Sie unterstützt Messung, Positionsbestimmung, IT-Governance dauerhaft. In der Unternehmensarchitektur finden wir den richtigen Platz zur Ablage und Bereitstellung der Kennzahlen für das IT-Management.

Es bleibt die Frage, wie wir anfangen und wie wir die Fortschritte des Architekturmanagements selbst messen? Auch dieser Prozess, der sich mit der Weiterentwicklung einer Unternehmensarchitektur befasst, bedarf einer Steuerung und Messung. Die Architekturmanagement-Scorecard (Abb. 8-4) misst diesen Prozess anhand seiner Zielerreichung in den Kategorien Effizienz, Effektivität und Sicherheit. Zusätzlich wird der Architekturmanagementprozess hinsichtlich Diffusion und Durchführung gemessen.

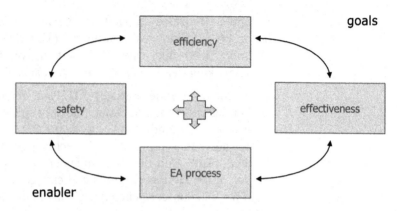

Abb. 8-4: Architekturmanagement-Scorecard

Architektur-
management-
Scorecard

Die Kennzahlen in der Architekturmanagement-Scorecard können sukzessive unter Zuhilfenahme von COBIT® erweitert und nach Bedarf verfeinert werden. Dabei sollte berücksichtigt werden, dass der Aufwand für Erhebung und Pflege der KPIs zu minimieren ist. Merke: Der Tacho darf nicht teurer werden als der Motor! Außerdem hat es sich bewährt, Kennzahlen so weit wie möglich auszuschließen, die subjektiv via individueller Einschätzung oder Befragung erhoben werden müssen.

Die Entwicklung und Anwendung der Architekturmanagement-Scorecard sollte Top-Down erfolgen, ausgehend von aktuellen Problemstellungen und daran geknüpften Zielen. Gegebenenfalls müssen neue Perspektiven ergänzt werden, um Maßnahmen zu spezifischen Problemstellungen zu monitoren. Die Gewichtung der Perspektiven ist abhängig von der Ausgangssituation und Problemstellung, so impliziert z.B. eine hohe Heterogenität im Infrastrukturbereich einen Schwerpunkt im Bereich "Effizienz". Abb. 8-5 zeigt uns ein Beispiel für eine initiale Gestaltung der Architekturmanagement-Scorecard mit ihren KPIs:

Kategorie Goals	Perspektive	Messbereich	KPIs	Frequenz
Goals	Effektivität	Zielunterstützung	Zieleinfluß der Anwendungssysteme (in %)	monatlich / Quartal
		Kundensicht	Kundenzufriedenheit bzgl. IT Unterstützung	jährlich
	Effizienz	Heterogenität	Standardisierungsgrad von Infrastruktur (Anzahl Zellen im Warenkorb / Anzahl Infrastrukturkomponenten)	monatlich / Quartal
			Standardisierungsgrad von Anwendungen (Anzahl Funktions(Fach)-bereiche / Anzahl Anwendungen) oder: (Anzahl Zellen in der Produkt/ Prozess-Matrix / Anzahl Anwendungssysteme)	monatlich / Quartal
			Anteil nicht-Standard-konformer Projekte am Gesamtbudget	jährlich
		Komplexität*	Anzahl Schnittstellen zwischen Anwendungssystemen	jährlich
			Anzahl Schnittstellen zwischen Infrastrukturkomponenten	jährlich
		Wiederverwendung	Durchschnittl. Anzahl von Zellen in der Prozess/Produkt Matrix, die ein Anwendungssystem besiedelt	jährlich
			Durchschnittl. Anzahl Anwendungssysteme pro Referenzarchitektur	jährlich
		Flexibilität	Duchschnittl. Rüstzeiten für Projekte mit hoher Innovation	jährlich
			Durchschnittl Aufwände für Technologieauswahlprozesse	jährlich
Enabler	Sicherheit	Abweichung	proz. Anteil von Projekten in Time/Budget	jährlich
			proz. Anteil der Fehlerbehebungskosten am gesamten IT Budget	jährlich
		Fehler	Anzahl Fehler in Systemen, die nicht älter als ein halbes Jahr sind	monatlich / Quartal
	AM Prozess	Diffusion	Anzahl Projekte mit Architekturcheck / Anzahl Projekte gesamt	monatlich / Quartal
			Anzahl Monate seit letztem Architekturreview	jährlich
			proz. Anteil der Aufwände im Bereich Architektur am IT-Budget	jährlich
			proz. Anteil der Zellen im Warenkorb, zu denen Ist-Zustände, Zukunftsszenarien und Implementierungspläne vorliegen	monatlich / Quartal
			proz. Anteil der Zellen in der Produkt/ Prozess-Matrix (alternativ.: Funktionsbereiche), zu denen Ist-Zustände, Zukunftsszenarien und Implementierungspläne vorliegen	monatlich / Quartal
		Durchführung	Anzahl der Architekturanfragen (z.B. an das Architekturboard): in Arbeit, erledigt, offen	monatlich / Quartal
			Durchschnittl. Bearbeitungszeit für Anfragen/ Architekturvorschläge	monatlich / Quartal
			Durchschnittliche Dauer vom Zeitpunkt der Identifikation einer neuen Technologie bis zur Entscheidung über deren Nutzung	monatlich / Quartal
			Anzahl ausgebildeter/zertifizierter IT-Architekten	monatlich / Quartal

* hier: Kommunikationskomplexität, Messung inhärenter Komplexität setzt entsprechende Metriken in der SW-und Infrastrukturentwicklung voraus

Abb. 8-5: KPIs der Architekturmanagement-Scorecard

9   Schluss: Den richtigen Kurs finden

Success is defined by the beholder,

not the architect

Die im Jahr 2003 angeregt geführte Diskussion über Sinn und Nutzen der IT, initiiert durch den Artikel von Nicholas Carr im Harvard Business Manager („IT doesn't matter"), ist nach aktuellem Punktestand für diejenigen entschieden, die an eine wichtige Rolle der IT für den Unternehmenserfolg glauben und dies nachzuweisen versuchen.

Ausrichtung am Geschäft

Diese in schwarzweiß geführte Diskussion ist aber nicht den tatsächlichen, aktuellen Erfordernissen angemessen. Wirklich erfolgreiche Organisationen sind diejenigen, deren Beteiligte im richtigen Moment von den festgelegten Regeln abweichen. Ständige Positionsbestimmung und Bereitschaft zur Kurskorrektur sind gefragt. Die Ausrichtung am Geschäft und dessen Veränderung steht dabei im Mittelpunkt. Statt strikter Vorgaben werden Werkzeuge und Kompetenzen für das Überleben in einer sich ständig verändernden Umwelt benötigt.

Agilität

Agilität im Umgang mit der IT ist gefragt, Flexibilität der IT ist entscheidend. Die Wichtigkeit der IT bemisst sich an ihrem operativen, taktischen und strategischen Nutzen. Lässt der sich nicht erkennen, dann sind provokatorische Thesen wie die von Nicholas Carr die Folge.

Unternehmensarchitektur schafft Planungsgrundlagen

Umso wichtiger ist es, den Nutzen der IT transparent zu machen, Effektivität und Effizienz sicher zu stellen. So wie die verschiedenen Planungsebenen des Gebäudearchitekten uns den Nutzen jedes Balkens, jeder Wasserleitung und jedes Dachziegels unmittelbar vor Augen führen (oder mögen Sie im Regen stehen?), so verdeutlicht uns die Unternehmensarchitektur den Nutzen jedes Programms, jeder Anwendung, jedes Administrationswerkzeugs für die Geschäftsfunktionen des Unternehmens. Und genau so erlaubt uns eine Unternehmensarchitektur auch Analysen z.B. hinsichtlich von Abdeckungs- und Auslastungsgraden, Komplexität, Kosten und Abhängigkeiten. Diese Analysen sind Grundlage für eine Optimierung der bestehenden Landschaft, um aus dem Vorhandenen das Optimale herauszuholen, bevor dann wieder etwas ganz Neues produziert wird. Genau so ist die Unternehmensarchitektur Grundlage für agiles Handeln, für Flexibilität und Proaktivität, schafft Planungsgrundlagen, erlaubt es uns, Szenarien zu entwickeln und zu bewerten.

Unternehmensarchitektur ist Basis für das IT-Management

Die Dokumentation und Pflege einer Unternehmensarchitektur erweitert die Basis für eine vorausschauende Planung, Organisation, Kontrolle und Steuerung der IT, kurz: für das IT-Management. Analyse und Planung auf Basis einer Unternehmensarchitektur schaffen Transparenz, die Grundlage für Konsolidierung, Alignment und Risikomanagement ist.

Konsolidierung von Infrastruktur- und Anwendungslandschaften setzt Kenntnis der Topografie voraus. Wirkungen und Abhängigkeiten müssen erkennbar sein, Lücken, Redundanzen, Kostentreiber sind zu identifizieren. Dann sind mit einer auf der Analyse der Unternehmensarchitektur basierenden Konsolidierung deutliche Kosteneinsparungen realisierbar.

Übersetzung von Strategie in Wirklichkeit

Mehr noch: eine Unternehmensarchitektur stellt das Management-Informationssystem für ein effektives IT-Management bereit und schafft die notwendige Transparenz, um zukünftigen Herausforderungen gerecht zu werden. IT muss sich als wertschöpfendes Asset beweisen, muss einen aktiven Beitrag zu Transformationsprozessen leisten, muss das Unternehmen dabei unterstützen, zukünftig neue Opportunitäten in 6 – 12 Monaten und damit doppelt so schnell wie heute zu ergreifen. Alignment setzt Wissen über die aktuelle Verknüpfung von IT und Geschäft voraus, muss dieses Wissen auswerten.

Risikomanagement

Die Übersetzung in operative Realität muss unter weitgehendem Ausschluss von Risiken erfolgen. Fehlschläge werden teuer, wenn es nicht mehr allein um technologische Risken geht, sondern die Entwicklung neuer Geschäftsfelder, neuer Geschäftsmodelle davon abhängig ist. Risiken erkennen, Risiken managen, das erfordert Wissen, das setzt Transparenz voraus, das gelingt durch Analyse und Planung von Unternehmensarchitekturen.

Gute Steuerung: Das richtige Ziel, der richtige Weg, sichere Reise

Das richtige Ziel verfolgen, den richtigen Weg benutzen und alle Vorkehrungen für eine sichere Reise treffen, das ist ein Ergebnis guter Steuerung. Eine Unternehmensarchitektur schafft uns die notwendige Transparenz, um Effizienz durch Konsolidierung, Effektivität durch Alignment und Sicherheit durch Risikomanagement sicher zu stellen und ist damit primäres Instrument der IT-Governance (s. Abb. 9-1).

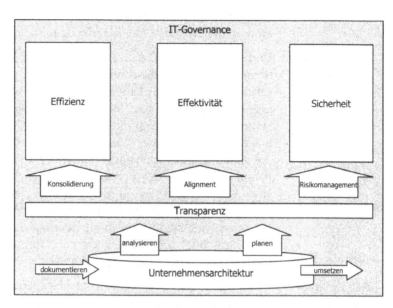

Abb. 9-1: Von der Unternehmensarchitektur zur IT-Goverenance

Die Entwicklung der Unternehmensarchitektur mit diesen Zielen im Fokus folgt dem roten Faden dieses Buches:

- Transparenz schaffen und verständlich für das Management sein, ein Management-Informationssystem, das Radar des CIO,

- analytisch nutzbar sein, neue Informationen aus vorhandenen ableitbar machen, sie muss auf neue Fragen reagieren können, flexibel sein, besser noch, sich agil auf Veränderungen vorbereiten,

- Aussichten auf die Zukunft eröffnen, darf nicht nur statisches Bild des IST sein, sondern muss auch Grundlage für Szenarien, für Planungen des SOLL sein,

- umsetzbar und operativ wirksam sein, mit den Methoden, Organisationsformen und Werkzeugen des Architektur-managementprozesses die Transformation von Strategie in operative Wirklichkeit nachhaltig unterstützen,

- messbar und verbindlich sein, wirksame Grundlage für Steuerung und Kontrolle strategischer IT-Maßnahmen.

Was bleibt jetzt noch zu tun, fragt sich der Autor. Navigationshilfe für das Architekturmanagementprogramm? Konkrete Koordinaten und Wegabschnitte können nur situativ nach Positionsbestimmung vor Ort ermittelt werden, aber die auf dem Weg lauernden Risiken lassen sich bestimmen und eindämmen.

Falsche Orientierung Und die gibt es tatsächlich. Es gibt das Risiko der falschen Orientierung: einseitige Ausrichtung auf Strategie oder operative Umsetzung. Das Ergebnis haben wir schon in Fallbeispielen kennen gelernt. Richten wir die Unternehmensarchitektur allein auf die Strategie aus, dann droht uns der Elfenbeinturm, dann haben wir Planung ohne operative Wirkung und ohne Bodenhaftung. Wird das Architekturmanagement allein an der operativen Linie aufgehängt, dann droht der Verlust der strategischen Steuerung: Das Housekeeping gerät ins Abseits, die Pflege der IT-Assets tritt in den Hintergrund operativer Projekte, die sich an den Kundenwünschen orientieren. Bebauungsplanung, Einsatzszenarien und Referenzarchitekturen finden keinen Nährboden zur Entfaltung ihrer Konvergenz fördernden Wirkung.

Falsche Abstraktion Und es gibt das Risiko der falschen Flughöhe, der falschen Abstraktion: zu detailliert oder zu abstrakt. Wenn wir es zu detailliert anfangen, dann sterben wir in Schönheit, dann sind wir nicht in der Lage, „quick wins" zu produzieren, unter Beweis zu stellen, was eine Unternehmensarchitektur leistet. Gehen wir zu abstrakt vor, dann sind die Ergebnisse aus der Analyse unserer Unternehmensarchitektur wertlos für die Steuerung: Die Flughöhe verhindert Orientierung am Boden.

Es gilt also, das Ziel im Auge zu behalten, auf das Zielgebiet zuzusteuern, indem wir die individuelle Balance zwischen abstrakt und detailliert, strategisch und operativ finden (s. Abb. 9-2).

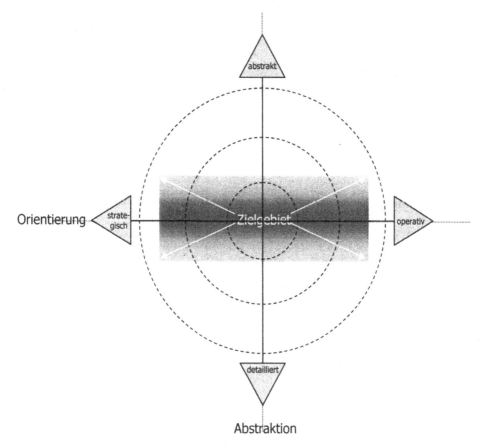

Abb. 9-2: Richtige Orientierung und Abstraktion

Wenn wir abdriften, das Ziel aus dem Auge verlieren, dann stranden wir (s. Abb. 9-3)

- im Land der Elfenbeintürme: abstrakt und strategisch ausgerichtet, ohne Bodenhaftung, ohne Feedback aus den operativen Projekten.

- im Land des Lächelns: operativ ausgerichtet, aber ohne ausreichende Detailkenntnisse, wird der Architekt aus der Perspektive von Projekten belächelt.

- im Land der Ameisen: laufende Aktualisierung und Pflege der Unternehmensarchitektur mit zu hohem Detaillierungsgrad erzeugen enormen Aufwand.

- im Land der Schönheit: viele Details, wenig Wissen und Feed-back über das operative Geschehen.

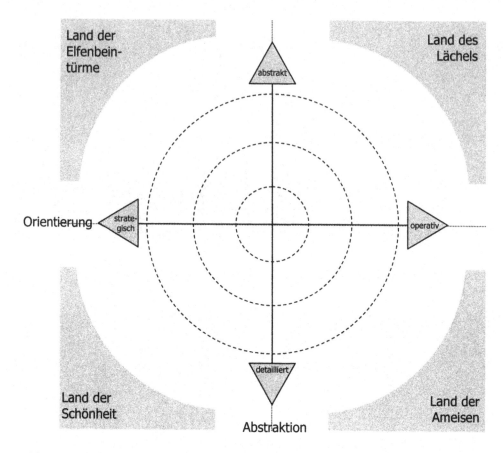

Abb. 9-3: Den richtigen Kurs finden

Wie verhindern wir das Abdriften, wie navigieren wir unser Unternehmensarchitekturprogramm? Die richtige Orientierung finden wir durch Verankerung an beiden Seiten, auf der strategischen, wie auch auf der operativen. Wir definieren Compliance Rules für die eigene IT-Strategie:

- Wo findet sich die IT-Strategie in der Unternehmensarchitektur wieder? Welche Elemente indizieren eine Compliance mit der IT-Strategie?

- Wie wird die IT-Strategie durchgesteuert? Welche Einsatzszenarien, Referenzarchitekturen, Regelwerke für das Architekturboard und operative Architekten gibt es, die eine Umsetzung an die Strategie ankoppeln?

- Wo schlagen sich Ergebnisse und Beschlüsse des Governance Boards in der Unternehmensarchitektur nieder?

Den richtigen Abstraktionsgrad finden wir ausgehend von der IT-Strategie und den IT-Steuerungszielen:

- Welche Informationen und Steuerungsparameter benötigen wir?
- Welche Analysen sind notwendig, um diese Steuerungsinformationen zu erhalten?
- Welche Elemente, Attribute, Beziehungen sind im Modell der Unternehmensarchitektur erforderlich, um diese Analysen durchzuführen?

Wir gehen also von der Mitte aus, von den Steuerungsparametern und Analysen. Die Unternehmensarchitektur wird immer so detailliert aufgebaut, dass die zur Steuerung erforderlichen Analysen machbar sind: nicht weniger detailliert (dann können wir nicht steuern, dann fehlen uns Informationen), nicht detaillierter (dann bleiben Elemente, Beziehungen, Attribute der Unternehmensarchitektur ungenutzt).

Mit den genannten Hilfsmitteln finden wir Orientierung und Abstraktionsgrad für den Aufbau von Unternehmensarchitektur und Architekturmanagement, fokussiert auf die Ziele und Erfordernisse des IT-Managements.

10 Literaturverzeichnis

ACT2003   ...act! consulting: Umfrage zum Architekturmanagement, 1st architecture management day, Hannover 2003

ACT2004   ...act! consulting: t-eam, Handbuch zur toolbox for enterprise architecture management, Braunschweig 2004

ACT2005   ...act! consulting: mt-team, Handbuch zum Metis® template für t-eam, Braunschweig 2005

AGI2004   AGILENS: Comparison of the Agilense and C4ISR Enterprise Architecture Frameworks, (Internet Download vom 20.3.2004)

ATK2002   ATKEARNEY: Competitive and cost advantages by realigning the IT strategy -Corporate IT strategy framework for a large european utility; Case Study, Ilmenau, June 25th 2002, (Internet Download vom 6.1.2003)

AUJ2002   Ashkenas, Ulrich, Jick, Kerr: The Boundaryless Organization – Breaking the chains of organizational structure., San Francisco, 2002

BBB2003A   Bernhard, Blomer, Bonn: Strategisches IT-Management; Band 1: Organisation, Prozesse, Referenzmodelle; Düsseldorf, 2003

BBB2003B   Bernhard, Blomer, Bonn: Strategisches IT-Management; Band 2: Fallbeispiele und praktische Umsetzung; Düsseldorf, 2003

BBW2004   Benson, Bugnitz, Walton: From Business Strategy to IT Action, New Jersey, 2004

BCK1998   Bass, Clements, Kazman: Software architecture in practice – 6.Aufl., Reading, 1999

BLE2005   T. Blevins: Enterprise Architecture: Return on Investment; Internet "http://www.opengroup.org/cio/CIOCornerArticle11.htm" am 15.3.2005

BNS2003   Bernus, Nemes, Schmidt: Handbook on Enterprise Architecture, Heidelberg, 2003

BOA1999   Boar: Constructing Blueprints for Enterprise IT Architectures, New York, 1999

BRO2004   Brown: The Value of Enterprise Architecture, 2004 (Internet Download von www.zifa.com am 10.12.2004)

BRY1998   Brynjolfsson, Hitt: Beyond the Productivity Paradox; COMMU-NICATIONS OF THE ACM, August 1998/Vol. 41, No. 8

BST2002   Blevins, Spencer, The Open Group Architecture Forum, San Franciso, 2002

CCA1996   Clinger-Cohen Act, 104. Congress der Vereinigten Staaten von Amerika, Washington 1996 (Internet Download von www.cio.gov am 7.6.2004)

CURR2005   Curran: Link IT Investments to Business Metrics, Enterprise Ar-chitect, Vol. 3, No. 1, 2005; Internet Download von http:// http://www.fawcette.com am 29.3.2005

DEM2003   Tom DeMarco, Timothy Lister: Bärentango, München, 2003

DER2003   Dern: Management von IT-Architekturen, Wiesbaden, 2003

DGI2003   Deutscher Corporate Governance Kodex (Fassung vom 21. Mai 2003); http://www.corporate-governance-code.de/ger/kodex/index.html

FET1999   Federal Energy Technology Center, *Final Report* Enterprise Ar-chitecture, *August 31, 1999*

FRI2005   Friedman: The World Is Flat, New York, 2005

GCA1987   Grady, Caswell: Software metrics: Establishing a company-wide program, New Jersey, 1986

GIL1988   Tom Gilb: Principles of Software Engineering Management, , Reading, 1988

GLO2003   Carsten Glohr: IT Performance Management, 2003 (Internet Download v. www.top-consultant.com/France/ am 2.7.2004)

GRA1992   Grady:Practical software metrics for project management and process improvement, New Jersey, 1992

HAF2004   Hafner, Schelp, Winter: Architekturmanagement als Basis effi-zienter und effektiver Produktion von IT-Services, HMD237, 06/2004.

HAG2004   Dr. Claus Hagen, Architecture Management and Application In-tegration at Credit Suisse, Päsentation auf dem EAI-Tag der TU Berlin 25.11.2004 (Internet Download von http://www.sysedv.tu-berlin.de, Dezember 2004)

HAM2002	Harmon: Developing an Enterprise Architecture,2002 (Internet Download von http://research.bizreport.com am 29.3.2005)
HAN2004	Handler, Robert: Enterprise Architecture is Dead -- Long Live Enterprise Architecture, 30.4.2004, (Internet Download von www.itmanagement.earthweb.com am 12.6.2005)
HAR2002	A. Harbecke: Kostenoptimierung in der IT, Vortrag auf der CE-BIT 2002
HIL2000	Hilliard: Impact Assessment of IEEE 1471 on The Open Group Architecture Framework, Concord, 2000
HIT2002	Hite, R.C.: Enterprise architecture use across the federal government can be improved (GAO-02-6). Washington, DC: U.S. Government Accounting Office 2002
HNS2000	Hofmeister, Nord, Soni: Applied Software Architecture, Reading, 2000
ITG2000A	IT Governance Institute: COBIT® 3rd Edition, Management Guidelines, July 2000 (Internet-Download von www.isaca.org am 29.6.2004)
ITG2000B	IT Governance Institute: COBIT® 3rd Edition, Control Objectives, July 2000 (Internet-Download von www.isaca.org am 29.6.2004)
JAC2004	Jackson: Architectural Thinking, Vortrag auf der OpenGroup Architecture Practitioners Conference, Brussels 2004
JON1991	Jones: Applied Software Measurement- Assuring Productivity and Quality, United States of America, 1991
KEL2004	Keller: Perfect Order versus the Timeless way of Building, Vortrag auf dem EAI-Tag der TU Berlin 2004 (Internet Download von http://www.sysedv.tu-berlin.de, Dezember 2004)
KOC2005	Koch, Christopher: ENTERPRISE ARCHITECTURE: A New Blueprint For The Enterprise; CIO Magazine, Mar. 1, 2005
KRU2003	Kruchten: The 4+ 1 view model of software architecture, IEEE Software 12 (6), Nov. 1995
KSE2003	Krüger, Seelmann-Eggebert: IT-Architektur-Engineering, Bonn, 2003
KÜT2003	Kütz: Kennzahlen in der IT - Werkzeuge für Controlling und Management, Heidelberg, 2003

LAR2005   Larston Business Reports: Enterprise Architecture Government Survey (Internet Download von http://research.bizreport.com am 29.3.2005)

LEG2003   Leganza: Project Governance and Enterprise Architecture Go Hand in Hand; Giga Research, 2003 (Internet Download vom 7.8.2004)

LOP2002   Lopez: Return on Enterprise Architecture: Measure it in Asset Productivity; Gartner Group, 2002 (Internet Download vom 7.8.2004)

LUF1999   Luftman, Papp, Brier: Enablers and Inhibitors of Business-IT Alignment; Communications of the Association for Information Systems, Vol. 1 Article 11, 1999

LUT2004   Lutchen: Managing IT as a Business - A Survival Guide for CEOs; New Yersey, 2004

MAR2003   Martin, Robertson: A Comparison of Frameworks for Enterprise Architecture Modeling, 2003 (Internet Download vom 20.3.2004)

MAT2004   Matthes, Wittenburg: Softwarekarten zur Visualisierung von Anwendungslandschaften und ihren Aspekten – Eine Bestandsaufnahme, TU München 2004, (Internet Download von http://wwwmatthes.in.tum.de/de/main.htm vom 19.12.2004)

MCC1976   McCabe: A Complexity Measure; IEEE Transactions on Software Engineering, Dez. 1976, S. 308 -320

MCG2004   McGovern, Amber, Stevens, Linn, Sharan, Jo: A practical Guide to enterprise architecture; Upper Saddle River, 2004

MMO2001   Malveau, Mowbray: Software Architect Bootcamp, Upper Saddle River. 2001

MRE2002   Maier, Rechtin: The Art Of Systems Architecting – 2nd ed; Boca Raton, 2002

MUL2004   Müller: Zeit der Dürre, Zeit der Flut, Manager Magazin; 4/2005; S. 132

OFS2003   O'Rourke, Fishman, Selkow: Enterprise Architecture Using the Zachman Framework, Boston, 2003

PBE2003   Perks, Beveridge: Guide to Enterprise IT Architecture, New York, 2003

PFE2003	Pfeifer: Zum Wertbeitrag von Informationstechnologie, Dissertation, Passau, 2003 (Internet Download von http://www.opus-bayern.de/uni-passau/volltexte/2004/34/ am 24.6.2005)
PMY1992	Putnam, Myers: Measures for excellence – Reliable Software on Time, within Budget, New Jersey, 1992
PRA2002	Praxmarer (Meta Group): IT 2002 – Strategie oder Aktionismus? Die Businessanforderungen an den IT- Manager in 2002, IIR-Konferenz, 2002 (Internet-Download)
RFS2003	Rourke, Fishman, Selkow: Enterprice Architecture Using the Zachmann Framework, Canada, 2003
SAL2004	Saleck: Chefsache IT-Kosten, Wiesbaden, 2004
SAR2002	Sabanes Oxley Act, 107. Congress der Vereinigten Staaten von Amerika, Washington 2002 (Internet Download von www.findlaw.com am 29.6.2004)
SCH2004	Schekkermann: How to survive in the jungle of Enterprise Architecture Frameworks; Victoria, 2004
SEI2003	Software Engineering Institute: How Do You Define Software Architecture? (Internet Download von www.sei.cmu.edu/architecture/definitions.html am 22.11.2003)
SGA1996	Shaw, Garlan: Software architecture - perspectives on an emerging discipline, Upper Saddle River, 1996
SPE1992	Spewak: Enterprise Architecture Planning, Princeton, 1992
STA2002	Starke: Effektive Software-Architekturen; München, 2002
WEB2003	Weber: Wege zur Entwicklung von Wertschöpfungsnetzen; Vortrag auf dem EAI-Tag der TU Berlin im Februar 2003; Internet Download von www.sysedv.tu-berlin.de am 17.11.2003
WER2004	Weill, Ross: IT Governance; Boston, 2004
WIN2004	Diverse Autoren: Unternehmensarchitekturen in der Praxis – Architekturdesign am Reißbrett vs. situationsbedingte Realisierung von Informationssystemen, Meinung/Dialog, Wirtschaftsinformatik 46 (2004) 4, S. 311 - 322
ZAC1987	Zachman: A Framework for Information Systems Architecture, IBM Systems Journal, Vol 26, No. 3, 1987
ZAC2004	Zachman: Enterprise Architecture – the Issue of the Century; (Internet Download von www.zifa.com am 30.12.2002)

ZBR2004   Zimmermann, Bach, Raub: Von der Pflicht zur Kür im Risiko-
                 management 2 – Vorbereitung auf Solvency II; Versicherungs-
                 wirtschaft,Heft 5, 2004

11 Abbildungen

12 Sachwortverzeichnis

Strategie und Realisierung

Frank Victor, Holger Günther
Optimiertes IT-Management mit ITIL
So steigern Sie die Leistung Ihrer IT-Organisation -
Einführung, Vorgehen, Beispiele
2., durchges. Aufl. 2005. X, 247 S. Br. € 49,90   ISBN 3-528-15894-8
Erfolgreiches IT-Management - ITIL - Siegeszug eines praxisorientier-
ten Standards - Leitfaden für die erfolgreiche ITIL-Umsetzung in der
Praxis - Positionierung der IT im Unternehmen und Ausrichtung auf
das Tagesgeschäft - Referenzprojekte

Marcus Hodel, Alexander Berger, Peter Risi
Outsourcing realisieren
Vorgehen für IT und Geschäftsprozesse zur nachhaltigen Steigerung
des Unternehmenserfolgs
2004. XII, 226 S. mit 40 Abb. Br. € 34,90   ISBN 3-528-05882-X
Grundlagen und Aufgabenstellung - Entscheidungskriterien -
Vorgehen, Phasen, Lifecycle (von der Planung zur Implementierung) -
Nachhaltige Sicherung des Projekterfolgs - Case Studies: Beispiele
und Ergebnisse - Checklisten

Klaus-Rainer Müller
IT-Sicherheit mit System
Strategie - Vorgehensmodell - Prozessorientierung -
Sicherheitspyramide
2003. XIX, 257 S. Geb. € 49,90   ISBN 3-528-05838-2

vieweg
Abraham-Lincoln-Straße 46
65189 Wiesbaden
Fax 0611.7878-400
www.vieweg.de

Stand 1.1.2005. Änderungen vorbehalten.
Erhältlich im Buchhandel oder im Verlag.